★ 全 军 院 校 统 编 教 材

大学语文

写作与演讲

（第三版）

主　编　王吉尧　何　静
（以下以姓氏笔画为序排列）
副主编　刘　艳　刘同干　刘建杰
刘登阁　罗　琦
编　写　马桂启　王　娥　王雷平
吕爱丽　刘姝赟　孙永兴
李茂增　肖　伟　张德瑞
武善彩　底庆光　胡晓萍
贾利芳　徐同林　韩怀仁
曾凡解

外语教学与研究出版社
北京

图书在版编目（CIP）数据

大学语文写作与演讲 / 王吉尧，何静主编 ；马桂启等编．—— 3 版．—— 北京 ：外语教学与研究出版社，2018.2（2022.8 重印）
ISBN 978-7-5135-9908-5

Ⅰ．①大… Ⅱ．①王… ②何… ③马… Ⅲ．①汉语－写作－军事院校－教材②演讲－写作－军事院校－教材 Ⅳ．①H15

中国版本图书馆 CIP 数据核字（2018）第 031609 号

出 版 人　王　芳
项目编辑　杨　益
责任编辑　向凤菲
装帧设计　姚　军
出版发行　外语教学与研究出版社
社　　址　北京市西三环北路 19 号（100089）
网　　址　http://www.fltrp.com
印　　刷　三河市嘉科万达彩色印刷有限公司
开　　本　787×1092　1/16
印　　张　17
版　　次　2018 年 2 月第 3 版　2022 年 8 月第 8 次印刷
书　　号　ISBN 978-7-5135-9908-5
定　　价　44.90 元

购书咨询：（010）88819926　电子邮箱：club@fltrp.com
外研书店：https://waiyants.tmall.com
凡印刷、装订质量问题，请联系我社印制部
联系电话：（010）61207896　电子邮箱：zhijian@fltrp.com

物料号：299080101

第三版前言

本套教材出版以来，受到了解放军和武警部队各院校的欢迎和好评，并得到了广泛和长期的使用。为更好地适应军队特别是军队院校改革发展的新形势，适应军队编制和一些法规的新变化，更好地满足解放军和武警部队院校大学语文课程的教学需要，我们在本教材第二版的基础上，进行了一次新的修订和完善，形成了本教材的第三版。

这次修订，仍保持了原教材的性质、教学基本内容和结构体系。修订的内容主要有以下几个方面：一是根据新发布的《军队机关公文处理工作条例》和国家军用标准《军队机关公文格式》，改写了原教材的相关章节。二是对部分内容和文字论述进行了修订，以适应改革形势的发展和变化。三是在附录部分收录了现行的《党政机关公文处理工作条例》和最新发布实施的《军队机关公文处理工作条例》，已停止使用的党政军机关公文处理的原相关条例不再收录；删去了原附件中的经典演讲选录。四是更换、删减了部分例文。此外，教材的版式也作了一些更新改进。

为配合课堂教学，我们还制作了配套课件。授课教员如有需要，可联系 chinese@fltrp.com。

借此，对长期关注和使用本教材，在修订过程中给予我们关心和帮助的相关单位和同志们表示衷心的感谢和敬意。

由于水平有限，第三版仍可能有些不尽完善的地方，敬请批评指正。

编　者

2018 年 1 月

第二版前言

为贯彻落实总参军训和兵种部颁发的《军队院校本科〈大学语文〉课程教学基本要求》(以下简称《基本要求》)精神，我们于 2007 年编写出版了全军院校统编教材《大学语文》(外语教学与研究出版社出版)。几年来，我们围绕教材，编制出版了与之配套的多媒体教学课件，组织了全军院校大学语文课程的教材建设研讨和教学观摩会。教学实践和效果表明，作为全军院校课程的规范性教材，《大学语文》在落实《基本要求》精神、规范军队院校大学语文教学内容、完善课程建设等方面起到了重要的作用，在培养学员人文素养方面也收到了显著的成效。为此，本教材得到了广泛的使用和好评。

为适应军队院校教学改革形势的不断发展，更进一步地贯彻落实好《基本要求》的精神，根据几年来的教学实践和经验，吸取了各方面的宝贵意见，我们在现行统编教材的基础上进行了修订和完善，形成了全军院校统编教材《大学语文》第二版，以更好地满足解放军和武警部队院校教学的需要，更加完满地实现军队院校大学语文课程的教学培养目标。

这次修订，仍然以《基本要求》为依据，并保持了现行教材作为军队院校统编教材的性质、适用范围、教学内容体系和框架结构。修订的具体内容主要包括以下几方面：一是增写了语文基本常识的分篇简述，附于教材的文选编，将《基本要求》所规定的教学要点及原则进一步系统化和具体化。二是收录了国家和军队有关公文写作的条例、规定和标准，附于教材的写作编，以增强教材的规范性和实用性。三是调整、增补了部分写作文体和演讲类型的例文，以增强教材的时代性和创新性。四是修订了文字叙述和作品注释中一些疏漏和不妥之处。此外，对教材的版式也有所更新。

修订过程中，得到了各方面的关心和帮助，吸收了不少同志的宝贵意见，在此一并表示感谢。

由于水平有限，第二版仍可能有不尽完善的地方，敬请批评指正，以便进一步修改，使教材适应课程教学改革发展的需要。

编　者

2011 年 4 月

初版前言

自20世纪80年代初期军队院校全面开设大学语文课程以来，在总参军训部组织下，先后出版了《语文》(解放军出版社1992年版)、《大学语文教材》(国防科技大学出版社1995年版)、《大学语文》(黄河出版社2001年版）军队院校三部统编教材。这三部教材，随着教育理念的不断更新，构建和逐渐完善了军队院校大学语文课程的教学内容体系，体现了军队院校大学语文课程教学改革不断深入的发展轨迹，为课程建设作出了突出的贡献。为使军队院校大学语文课程教学内容进一步规范和科学化，在总结和吸收多年来大学语文课程教学改革经验和成果的基础上，受总参军训和兵种部的委托，军队院校语文（人文）协作组长联席会及大学语文课程指导组(以下简称联席会)拟制了《军队院校本科〈大学语文〉课程教学基本要求》(以下简称《基本要求》)，并于2006年5月由总参军训和兵种部批准印发全军各院校执行。为满足全军各院校教学要求，根据《基本要求》对军队院校大学语文课程教学的基本内容和能力、素质培养基本目标的规定，联席会又组织编写了这部教材。本教材是新一代全军院校统编教材，适用于解放军和武警部队院校各专业。

大学语文课程是军队院校本科教育的一门重要的公共基础课，在人文素质教育体系中，处于核心课程的地位。该课程是培养学员阅读、写作、口语表达能力和提高其文学欣赏品位的主要途径，其蕴含的民族文化精髓和人文精神也极大地影响着学员基本素质的形成，对优化学员知识结构、培养人文素养具有重要的基础性作用。通过本课程的教学，使学员能较系统地掌握汉语言文学基础知识；具备较强的书面、口语表达和文学阅读、欣赏能力，具备军事文书写作的基本能力；能借助工具书阅读古代军事和历史方面的文献，受到民族优秀文化传统和爱国主义等崇高思想道德情操的熏陶。

根据课程的性质和教学目的，遵循《基本要求》的精神，我们在本教材的编写中确立和坚持了以下编写原则：与普通高等教育接轨，将规格档次定位于国民高等教育相应的学历层次标准上；建立具有军队教育特色的教学内容体系，增加、突出为培养高素质军事人才所需的相关内容，在基本理论的阐述和基本技能训练上，着眼军队工作特点。本教材旨在实现素质培养和技能训练的有机结合，课程体系与军队特色、专业教学与思想教育的有机统一。

通过多年来的深入探讨和不断实践，在先进的教育理念和素质教育思想的指导下，军队院校大学语文课程的教学改革取得了显著的成就。对大学语文课程的定位认识也由单纯的工具课、知识能力课上升到了人文素质教育的主干课程的高度。这一点在《基本要求》中得到了充分的体现，也融进了本教材的编写思想和内容体系。这里我们要特别指出的是，在实现本课程的人文素质教育功能时，必须是在保持语文课程的本质属性的前提下进行的，而不能脱离大学语文特有的教学目的和课程体系，否则就是从根本上取消了大学语文课程。因此，在本课程的教学和建设中，必须坚持大学语文课程“本体”的回归，坚持大学语文课程人文精神的回归。只有坚持了这两个“回归”，大学语文课程的改革才可能保持正确的方向。这也是确立本教材整体结构和内容体系的一个基本出发点。

从军队院校学员培养目标所要求的人才类型出发，不同于地方高校的大学语文课程通常只有作品选读一块，本教材根据《基本要求》的规定，采用了由文选、写作、演讲三部分组成的教学内容体系，并各自成编。在文选编里，注重了经典性、军旅性、思想性和人文性的选文标准，以培养和提高学员的基本人文素质；而写作编和演讲编则突出了学员岗位语言的实际运用的能力。因此，我们在写作编里，就没有纳入通常的写作基础理论的内容，而是分章专门安排了军队机关公文、军队常用事务文书等军队常用文体写作的讲授；演讲编则强化了口语表达和演讲技能的培养和训练。

本教材在编写中，查阅和参考了其他教材、有关论著和文献，并斟酌吸收各家之长，特别是前述所列在总参军训部组织下先后出版的三部大学语文统编教材，它们为本教材的编写打下了良好的基础。在此一并向有关的编著者表示谢意。

本教材在编辑出版过程中，外语教学与研究出版社汉语分社的编辑们付出了不少努力，谨致谢意。

由于编者水平有限，本教材可能有不少不当和疏漏之处，敬请批评指正，以便再版时修改完善。

编　者

2007 年 1 月

目录

写作编

演讲编

附　录

写作编

第一章　军队机关公文

第一节　军队机关公文概说

一、军队机关公文的含义和特点

（一）军队机关公文的含义

军队机关公文，是军队机关处理公务的具有特定效力和规范体式的文书，是军队机关履行职能的重要工具。它是传达党中央和中央军委的方针、政策，下达任务，发布军事法规、军事规章，布置和指导工作，请示和答复问题，实施奖惩，报告情况，交流经验的重要工具，是军队各级机关行使职能的重要手段。

2017 年 10 月 1 日起施行的《军队机关公文处理工作条例》规定，军队机关公文种类分为：命令、通令、决定、指示、通知、通报、报告、请示、批复、函、通告、纪要。

（二）军队机关公文的特点

1. 强烈的政治性

军队机关公文是传达党中央、中央军委的方针、政策的工具，是部队各级党委和首长意图的体现，是部队开展工作和执行任务的依据。因此，强烈的政治性是军队机关公文的首要特征。

2. 作者的法定性

公文的作者是制发公文的法定机关或其法定领导人。也就是说，军队机关公文的作者是具有法定职能和权限、能以自己的名义行使权力并承担责任的组织或个人。而作为机关工作人员的文件起草者不能视为公文的法定作者。这与通常人们习惯的文章署名方式不同，也是军队机关公文的显著特点之一。公文是机关履行职能的重要工具，每份公文都表明制发机关的意图。军队机关公文多以机关名义制发，如“×× 战区政治工作部”，就表明该公文是由 ×× 战区政治工作部制作和发布的。以首长名义发文，也不是首长以私人身份行文，而是作为所在机关法定的领导人、负责人行使职权。我军军政主官发布命令、通令，必须以党中央和中央军委作出的规定为依据，必须经过法定的程序，必须在其权限范围内行文。

3. 法定的权威性

军队机关公文代表了制发机关、首长的意图，具有制发机关的法定权威，是所属部队开展工作的重要依据。尊重公文的权威性是使军队工作正常运转的必要保障。上级机关所发的下行文，受文单位必须贯彻执行。即使是下级对上级的请示，上级也必须按规定及时批复，否则就是失职。军队机关公文的权威性和约束力是确保我军这一战斗整体坚不可摧的必要保障。军队机关公文的这一特点使它区别于其他文字材料。通常的报刊文章、图书资料以传播知识和宣传主张为己任，人们对一篇文章可以各抒己见甚至争议评论，但却不一定完全照文行事。军队机关公文则不同，它体现了权力机关的指挥、意志和行动意图，对所属部队具有领导和指挥的权威，约束着每个军人的言行。

4. 严格的时效性

注重时间和成效是公文固有的特性，讲究时效更是军队机关公文的特点。无论是请示、报告还是下发命令、指示都要有时间观念、效率意识，必须及时反映和有效解决工作中出现的新情况、新问题。军队领导机关的公务活动往往与军事斗争密切相关，情况复杂多变，战机稍纵即逝，这些都对军队机关公文的时效性提出了极高的要求。

5. 标准的规范性

规范性是指军队机关公文有着特定体裁和固定的格式，从行文关系到处理程序都有着严格的规范和统一的要求，这是由军用公文反映的特定内容、承担的特殊任务及其特有的受文对象所决定的。军用公文在融政策性、权威性和机密性于一体的发展过程中构成了独立的形态，形成了从内容结构到外部形式的独特体式。它体现了公文的严肃性与规定性，为公文的拟制、办理和管理提供了方便，为工作效率的提高提供了保证。

6. 表述的直接性

军队机关公文的语言表述以直接叙述说明为主，要求准确、简明、庄重、朴实，一般不使用描写和抒情等表达方式，更不能运用虚构等文学手段。

二、军队机关公文的行文规则

军队机关行文规则总的要求是：确有必要，讲求实效，严格控制规格、范围和篇幅。“确有必要”是指行文理由、依据要充分，行文条件要成熟。“讲求实效”是指公文必须紧密结合实际，一切从实际出发，制定的方针政策措施办法等切实可行，能够解决实际问题。“严格控制规格、范围和篇幅”是指对确需制发的公文的规格、印发范围和字数篇幅等进行控制。

（一）按隶属关系行文的规则

《军队机关公文处理工作条例》规定，军队机关必须根据隶属关系行文。各级机关之间有隶属关系的，可逐级向上或向下行文；无隶属关系的，适用于“函”这一文种，用以商洽工作、通报情况、询问和答复问题等事项。

（二）根据各自的职权范围行文的规则

各级机关必须在各自的职权范围内行文，所有的公文内容不能超越制发机关自身的职权范围。

（三）逐级行文的规则

通常情况下，应按隶属关系逐级行文，不能越级行文，特别是上行文的“请示”“报告”，更要注意这个问题。如遇特殊情况需要越级行文时，也应将公文同时抄送被越过的机关。

（四）向上级机关行文的规则

1．上行文原则上主送一个上级机关，根据需要同时抄送相关上级或者同级机关，但不得抄送下级机关；受双重领导的下级机关向一个上级机关行文，通常应抄送另一个上级机关。

2．各级机关部门对于本部门职权范围内的事项可以直接报送上级机关部门，但重要事项应当经本级机关同意或者授权后方能向上行文。

3．向上级机关请示报告工作，应当使用“请示”“报告”等文种，不得以本机关名义向上级机关领导行文，也不得以本机关领导名义向上级机关行文。

4．用“请示”文种向上级机关行文时，“请示”应当一文一事，不得在“报告”等其他非请示性的公文中夹带请示事项。

5．本级机关可以行文的事项，不得请求上级机关行文。确需以上级机关名义行文的，应在“请示”中说明理由、提出建议，并附代拟稿。

6．下级机关的请示事项，需要以本级机关名义向上级机关请示的，应当提出倾向性意见后上报，不得直接将原文转报上级机关。

7．行文内容涉及其他机关或者部门职权范围内事项的，应当与有关机关或者部门协商一致后行文；经协商仍未取得一致的，应当列明各方面意见和理由，并提出倾向性意见。

（五）向下级机关行文的规则

1. 下行文主送行文的受理机关，根据需要抄送相关机关；重要行文应当抄送发文机关的直接上级机关。向受双重领导的下级机关行文，必要时抄送该下级机关的另一个上级机关。

2. 各级机关部门在各自职权范围内可以向下级机关相关部门行文，但不得向下级机关行文。

3. 行文内容涉及其他机关或者部门职权范围内事项的，应当与有关机关或者部门协商一致后行文；经协商仍未取得一致的，不得向下行文；擅自行文的，上级机关应当责令其纠正或者撤销。

（六）平行、联合与对外行文的规则

1. 军队同级机关、军队机关的同级部门、军队机关及其部门与相应党政机关及其部门，必要时可以联合行文。经本级机关批准，军队机关部门可以与相应党政机关部门联合向军队和党政机关的下级机关同时行文。

2. 机关部门依据职权可以相互行文。

3. 军委机关部门的办公厅（秘书局、综合局）可以对外正式行文；履行特定职能与党政机关之间有业务往来的内设机构，根据需要可以向党政机关部门或者其内设机构正式行文；其他各级机关部门的内设机构，均不得对外正式行文。

三、军队机关公文拟制

军队机关公文拟制包括公文的起草、审核、审批签发等程序。

（一）起草

公文起草是公文拟制中最重要的环节，起草公文时，应当深入调查研究，充分进行论证，广泛听取意见，机关领导应当主持并指导重要公文的起草工作。公文起草应遵循下列要求：

1. 符合党的路线方针政策、国家法律法规以及军队的有关规定，完整准确体现发文机关意图

军队机关公文政策性较强。作为传达贯彻党和军队的方针、政策，上级命令、指示，处理公务的工具，它的内容必须要与党和国家及军队的方针政策相符合。这些方针政策，是军队机关公文写作的重要依据，只有把它们吃透，才能在公文写作中正确地体现上级精神。

军队机关公文所代表的是一级部队、机关及其领导者的意图，而不是起草者个人的意见。

因此，起草公文时，必须首先领会发文机关首长的意图。这就需要正确理解发文机关首长的基本意见、观点，严格遵循其思想脉络，不走样、不曲解，必要时适当融会、加工，将其意图体现得更加系统、周密、准确，这样才能在公文拟制中完整准确地体现发文机关的意图。这是制定好军队机关公文的关键，也是提高公文写作效率的保证。

2. 一切从实际出发，分析问题要实事求是，所提措施和办法要切实可行

拟制公文时，必须准确把握事物的真相，深刻地认清事物的本质。这就要求一切从实际出发，弄清事物的前因后果和发展脉络，实事求是地分析问题，从而得出正确的结论，提出切实可行的措施和办法。只有这样，才能保证军队机关公文的科学性、针对性和可操作性。

3. 内容简洁，主题突出，观点鲜明，结构严谨，表述准确，文字精练

这是对任何应用文章写作的要求，对于实用性强和操作性突出的公文写作来说，更应如此。伴随着起草过程的逐步展开，应逐渐形成明确的基本观点，比如对训练工作的指示，要确定什么样的指导思想；报告，要讲几个问题、怎样讲等。这是行文的基本思路，没有这一点，就不可能准确行文，也很难顺畅下笔。而要使主题明确，观点鲜明，在结构层次、语言表达和文字精练上，就要下一番功夫，否则，就很难实现公文行文的目的。

4. 文种正确，格式规范

这是由军队机关公文的权威性和规范性所决定的，必须严格地按照有关条例和标准执行，不能有丝毫的随意性。

（二）审核

公文文稿签发之前，应当由发文机关主管公文处理工作的部门进行审核。审核主要包括以下几个方面的内容：

1. 是否确实需要行文，依据是否准确，程序是否规范。

2. 内容是否符合党的路线方针政策、国家法律法规以及军队有关规定，是否完整准确地体现了发文机关意图，是否同现行有关公文相衔接，所提政策措施和办法是否切实可行。

3. 涉及其他机关或者部门职权范围内的事项是否经过协商并达成一致意见；意见不一致的，行文中是否充分反映了各方意见。

4. 文种、格式、定密以及文字、数字、计量单位和标点符号等的使用是否准确规范。

5. 属于军事法规、规章或者军事规范性文件的，是否经过相应法制部门审核。

6. 其他事项和要素是否符合公文起草的相关要求。

经审核，对不符合上述规定的公文文稿，应当商请起草部门作出处理。经审核不宜行文的，应当退回起草部门并说明理由。符合发文条件但内容需作进一步研究和修改的，由起草部门修改后重新报送。

（三）审批签发

公文一般由发文机关主要领导审批签发。联合发文时，由各联署机关的领导审批签发。领导审批签发公文，应当签署意见、姓名和日期。只圈阅或者签名的，视为同意。

四、军队机关公文办理

公文办理包括收文办理、发文办理和整理归档。

（一）收文办理

收文办理，包括公文的签收、审核、承办、传批（传阅）、催办、答复等程序。

1. 签收

接收公文，应当逐件清点，核对无误后签收并登记；对标注“绝密·核心”“绝密”或者涉及特殊敏感事项的公文，应当按照规定程序和要求指定专人办理。紧急公文的接收，还应注明收到的具体时间；如发现问题，应及时向发文机关查询，并作相应的处理。

2. 审核

对收到的公文，有关部门首先应进行严格审核。审核主要从以下几方面进行：是否应由本机关办理；是否符合行文规则；公文种类是否正确；公文格式是否规范；涉及其他机关或者部门职权范围内的事项是否已经协商一致；是否符合公文起草的其他要求。

经审核，对不符合上述规定的公文文稿，应当商请来文机关作出处理，必要时可以退回来文机关并说明理由。

3. 承办

根据内容和要求的不同，公文可分为批办性和阅知性两类。批办性公文是指有需要具体执行办理事项的公文；阅知性公文是指只需阅读知悉了解的公文。

对批办性公文，应当提出拟办意见，报领导批示或者转有关部门承办。需要两个或两个以上部门办理的公文，应当明确主办部门；紧急公文，应当明确办理时限。承办部门接到批办公文后，应及时办理；有明确时限要求的，应当在要求的期限内办结。

对阅知性公文，应当根据公文内容、要求和工作需要，确定范围后呈送。

4. 传批（传阅）

应及时将公文呈送领导，由领导进行批示或者阅知。掌握公文去向，不得漏传、误传和延误。

5. 催办

对转有关部门办理的公文，应当跟踪催办，督促承办部门按照规定要求和时限办理完毕，并及时向首长报告办理情况。

6. 答复

公文经领导审批后，有关部门应及时答复来文机关，并根据需要告知相关部门。

（二）发文办理

军队机关公文的发文办理，包括复核、登记、印制、核发等程序。

1. 复核

已经签批的公文，在交付印制之前，应当认真进行复核。复核的主要事项包括：检查签发的手续是否完备，内容表述是否准确，文种是否正确，公文格式是否规范等。需作实质性修改的，应当报签批人复审。

2. 登记

对复核后的公文，应先确定发文字号、分送范围和印制份数，然后进行详细登记。

3. 印制

公文印制应符合国家军用标准《军队机关公文格式》的有关要求，要确保印刷质量和时效。涉密公文应当在符合保密要求的场所印制。

4. 核发

公文印制完成后，应再次对公文的文字、格式和印刷质量进行检查，登记后及时分发。

（三）传递

涉密公文应当通过规定的专门机要部门和人员进行传递，通过符合军队保密规定的网络信息系统进行传输。

（四）整理和归档

公文及其拟制过程中形成的有关材料，应当按照档案管理规定，及时收集齐全、整理归档。联合办理的公文，原件由主管部门归档，其他部门保存复制件。涉及特殊敏感事项的公文及有关材料，按照相关规定保存和归档。

五、军队机关公文管理

各级机关应当严格执行公文管理的规定，建立健全本机关公文管理的有关制度。

1. 公文密级管理

公文确定密级前按照拟定的密级先行采取保密措施，确定密级后按照所定密级严格管理。绝密级公文应当有专人管理。

2. 公文公开发布管理

公文内容需要向社会公开的，发文机关应当对公开的内容、形式、时机进行审核，涉密公文还应当按照规定作脱密、解密处理，并经保密部门审核。

3. 公文印发传达转发管理

公文的印发和传达范围，应当严格按照发文机关的要求执行，未经发文机关的批准不得变更。上级机关的绝密级公文一般不得转发，需要转发的应当报请发文机关批准。

4. 公文复制汇编翻印管理规定

复制、汇编涉密公文，应当符合保密管理规定。必须按照规定履行审批、登记手续。属于秘密级、机密级公文的复制和汇编，由团级以上机关批准；属于绝密级公文的复制和汇编，由原发文机关或者其上级机关批准。公文复制件应当加盖复印机关戳记，翻印的公文应当标注翻印机关名称、翻印时间和份数。复制、汇编的公文视同原件管理。汇编本的密级按照编入公文的最高密级标注。

5. 公文的撤销和废止管理

公文的撤销和废止，由发文机关或其上级机关根据职权范围和有关法律法规决定。被撤销的公文，应视为自始无效；被废止的公文，自废止之日起失效。

6. 公文移交管理

机关转隶或者合并时，全部公文应当随之转隶或者合并管理；机关撤销时，需要归档的公文应当移交档案部门。工作人员离职离岗时，应当将本人暂存、借用的公文及时移交、清退。

7. 公文清退和销毁管理

不具备归档价值和保存价值的公文，经批准后可以销毁。销毁涉密公文必须严格按照有关规定履行审批登记手续，确保不丢失、不漏销。个人不得私自销毁、留存涉密公文。

思考与练习

1. 什么是军队机关公文？共有哪些种类？
2. 军队机关公文行文规则有哪些？
3. 军队机关公文的拟制有哪些环节？
4. 军队机关公文的收文办理和发文办理各有哪些程序？
5. 军队机关公文管理有哪些具体规定？

第二节 军队机关公文格式

公文格式，是指公文的规格样式。军队机关公文有其特定、严格的格式规定。这既是军队机关公文权威性、约束力和规范化在形式上的体现，也是提高行文效率和质量的可靠保证。

军队机关公文的格式，包括军队机关公文通用的纸张要求、排版和印制装订要求，以及公文中各组成要素的编排规则。现行的军队机关公文格式依据 2017 年 10 月 1 日起实施的《军队机关公文处理工作条例》和国家军用标准 GJB 5100A—2017《军队机关公文格式》执行。

一、军队机关公文格式各要素编排规则

军队机关公文格式要素，一般有份号、密级、紧急程度、发文机关标志、发文字号、签发人、标题、主送机关、正文、无正文说明、署名、成文日期、印章、附注、附件、抄送机关、印制份数、承办说明、印发机关和印发日期、页码等。

国家军用标准《军队机关公文格式》将版心内的公文格式的各要素划分为版头、主体、版记三部分。公文首页红色分隔线（分隔线指位于某一要素下起分隔作用的细实线，其长度与版心宽度相同）以上的部分称为版头；公文首页红色分隔线（不含）以下、公文末页首条分隔线（不含）以上的部分称为主体；公文末页首条分隔线以下、末条分隔线以上的部分称为版记。页码位于版心外。

（一）版头

版头包括份号、密级、紧急程度、发文机关标志、发文字号、签发人和红色分隔线等要素。

1. 份号

份号即公文印制份数的顺序号。涉密公文需标注份号。用 3 号黑体阿拉伯数字顶格编排在版心左上角第一行。位数根据需要确定，最少 2 位，最多 6 位。印制份数为一位数的，份号从“01”编起；印制份数为两位数的，份号从“001”编起，以此类推。

2. 密级

指公文的秘密等级。涉密公文应当根据涉密程度分别标注“绝密 · 核心”“绝密”“机密”“秘密”。其标志形式要符合《军队保密条例》的相关规定。一般用 3 号黑体字顶格编排在版心左上角第二行。

3. 紧急程度

紧急程度是公文送达和办理的时限要求。紧急公文应当根据紧急程度分别标注“特急”“加急”。一般用 3 号黑体字顶格编排在版心左上角。如需同时标注份号、密级和紧急程度，按照份号、密级和紧急程度的顺序自上而下分行排列。

4. 发文机关标志

发文机关标志有两种形式。一种是由发文机关全称或者规范化简称加“文件”二字组成，另一种是只使用发文机关全称或者规范化简称。

实际工作中，上行文“请示”“报告”和平行文“函”不标注“文件”二字；下行文主要根据事项重要程度确定是否标注，制发全局性、长远性、指导性、规范性事项的公文，通常标注“文件”二字，制发事务性、阶段性、一般性事项的公文，可以不标注“文件”二字。

发文机关标志位于公文首页上方居中位置，其上边缘至版心上边缘距离为 35mm，使用红色小标宋体字，字号大小及字符间距以醒目、美观、端庄为原则酌定。

联合行文时，各联署机关名称通常按照编制序列排列。各发文机关名称自上而下排列且左右对齐。如有“文件”二字，应当置于发文机关名称右侧，以联署发文机关名称为准上下居中排布。如：

×××××
×××××　**文件**
×××××

5. 发文字号

即文件的编号，是发文机关对其制发的公文以年度为单位依次编排的顺序编号。由发文机关代字、年份、顺序号组成。

发文机关代字后不加“字”字，用 3 号仿宋体字标注。年份、发文顺序号用阿拉伯数字标注。年份应当标全称，不标“年”字，用六角括号“〔　〕”括入；发文顺序号不加“第”字，不编虚位，如“1”不编为“01”，在阿拉伯数字后加“号”字，如 ×××〔20××〕×× 号。

上行文的发文字号位于发文机关标志下空二行，左顶格排布；下行文和平行文的发文字号位于发文机关标志下空二行，居中排布。联合行文时，使用主办机关发文字号。

上行文的发文字号与最后一个签发人姓名处于同一行。

6. 签发人

上行文应当标注签发人姓名。由“签发人”三字加全角冒号和签发人姓名组成。“签发人”三字用 3 号仿宋体字，姓名用 3 号楷体字。联合发文时，签发人姓名按发文机关的排列顺序从左到右、自上而下依次均匀编排，一般每行排两个姓名，最多排三个姓名，两个签发人姓名之间空一字，回行时与上一行第一个签发人姓名对齐。签发人居右顶格标注。签发人为一行的，与发文字号同一行；签发人两行以上的，最后一行与发文字号处在同一行。发文字号与发文机关标志的相对位置可作适当调整，以美观庄重为原则。如：

签发人 ××× ×××

×××〔20××〕×× 号　　　　× × × ×

---

7. 版头中的分隔线

发文字号之下 4mm 处居中印一条与版心等宽的红色分隔线（推荐高度为 0.53mm）。

（二）主体

主体包括标题、主送机关、正文、署名和印章、成文日期、无正文说明、附注、附件等要素。

1. 标题

标题通常由事由和文种名称组成，应准确扼要地概括出公文的主要内容。如：

关于召开军事训练工作会议的通知

关于营房建设的请示

标题一般用 2 号小标宋体字，编排在红色分隔线下空二行位置，根据需要分一行或者多行居中排布；回行时，做到词意完整，排列对称，长短适宜，间距恰当。

多行标题排列应当使用梯形或者菱形式。主要有正梯形，如：

关于 ××××××

×××××××××××××的通知

倒梯形，如：

关于 ××××××××××××××

××××××的通知

菱形，如：

关于 ××××××××××

××××××××××××××××××

××××××××××的通知

2. 主送机关

主送机关是指公文的受理机关。公文的受理机关，应当使用机关全称、规范化简称或者同类型机关的统称。确定主送机关一定要准确。一般来说，上报公文的主送机关只有一个。下发公文，主送机关较多时，其排列方法一般按照下级机关、本级部门、直属单位的顺序；当主送机关同时包括正式编制单位和临时机构、议事协调机构时，一般为正式编制单位在前，临时机构和议事协调机构依次在后；级别不一致时，按照从高到低的原则排列。有的公文，如最高机关发布的公布令、决定、会议纪要等，多数情况下是不写主送机关的。

主送机关一般用 3 号楷体字，在标题下空一行左顶格标注，回行时仍顶格，最后一个机关后标全角冒号。如主送机关过多导致公文首页不能显示正文时，为腾出版面使公文首页有正文显示，应当在主送机关位置标注“各有关单位”并将主送机关移至版记。在版记里，除将“抄送”二字改为“主送”外，其他编排方法同抄送机关。既有主送机关又有抄送机关时，应当将主送机关置于抄送机关之上一行，之间不加分隔线。

主送机关有多个时，标点符号的使用要注意三点：一是多个主送机关的最后一个机关名称后一律标注全角冒号。二是可用括号进行加注，使统称更周延。比如，军队院校的教务部门，有的是教务处，有的是教务科，在标注统称时应用圆括号加注，写成“各院校教务处（科）”，以使统称周延。三是泛指性公文的主送机关之间要用顿号或逗号分清层次和归属。同一层次的主送机关名称之间使用顿号，不同层次的主送机关名称之间使用逗号（不使用分号），最后一个机关名称后标全角冒号。

3. 正文

正文是公文的主体，用来表述公文的内容。公文首页必须显示正文。正文（不含小标题）一般用 3 号仿宋体字，在主送机关名称下一行排布，每自然段第一行左空二字，回行顶格。

文中结构层次序数，第一层用“一、”“二、”“三、”……，第二层用“（一）”“（二）”“（三）”……，第三层用“1.”“2.”“3.”……，第四层用“(1)”“(2)”“(3)”……，分别按顺序编排；一般第一层用 3 号黑体字，第二层用 3 号楷体字，第三层和第四层用 3 号仿宋体字。

正文中，需要引用文件时，必须将其发文机关、标题、发文字号三个要素一并注明，如“××战区《关于××的通知》（××〔20××〕×号）”。仅仅注明一个要素或者两个要素，如“××战区（××〔20××〕×号）”或“《关于××的通知》（××〔20××〕×号）”等是不规范的。

附件是指根据需要附在主件后面的文字材料或图表、照片等。公文有附件的，在正文末尾空一行标注附件说明：用 3 号仿宋体字左空二字标注“附件”二字，后标全角冒号和附件名称，附件名称后不加标点符号，附件名称较长需回行时与附件名称第一字对齐。如有多个附件，应当使用阿拉伯数字编号，序号上下应当对齐。如：

附件：1. ××××××××××××××××

2. ××××××××××××××××

在实际工作中，办理下级机关的请示，需要以本级机关名义向上级机关请示的，下级机关的请示不应列入附件说明，但需作为附属材料随同本级机关的请示一并报送上级机关。

4. 署名和印章

军队机关公文的署名有两种情况：机关署名和首长署名。

机关署名用 3 号仿宋字标注，署发文机关全称或规范化简称。机关署名公文的印章用红色。

机关署名的公文，由单一机关制发的，署名位于正文右下方（有无正文说明的，在无正文说明右下方），在成文日期之上，以成文日期位置为准居中标注。印章端正，居中下压发文机关署名和成文日期，使发文机关署名和成文日期居印章中心偏下位置，印章顶端应当上距正文（或者附加说明、无正文说明）一行之内。如图：

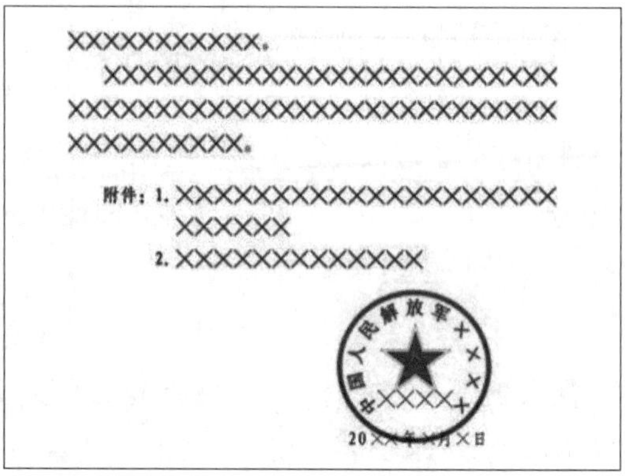

联合行文时，一般将各发文机关署名按照发文机关顺序整齐排列在相应位置，并将印章一一对应、端正、居中下压发文机关署名，最后一个印章端正、居中下压机关署名和成文日期，印章之间排列整齐，互不相交或者相切，两端不得超过版心。每排印章一般为两个。首排印章顶端应当上距正文（或者附件说明、无正文说明）一行之内。如图：

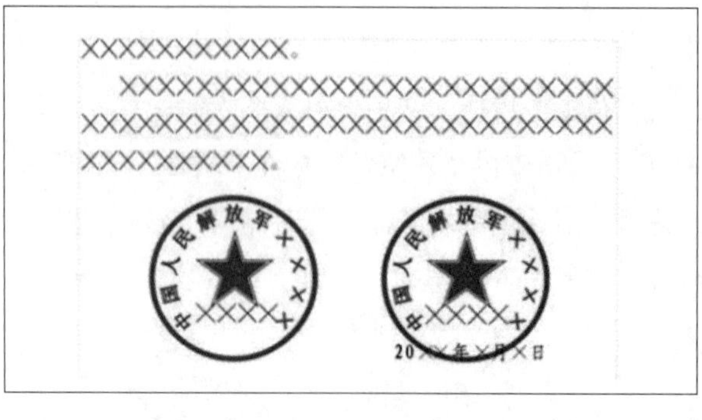

末排署名及印章为单个时，应左右居中排列。如图：

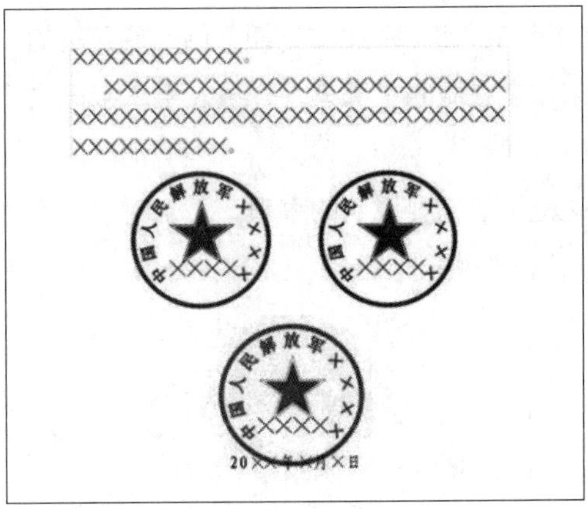

由首长署名的公文，署职务，加盖首长名章（签名章）。职务用 3 号仿宋字标注，名章（签名章）用红色。

单一机关制发的公文，在正文（或者附件说明、无正文说明）下空二行右空四字下加盖首长名章（签名章），名章（签名章）左空二字标注职务，以名章（签名章）位置为基准上下居中排布。在名章（签名章）下空一行右空四字编排成文日期。

联合行文时，按照各联署机关编制序列编排首长职务、名章（签名章）。每行只编排一个机关的首长职务、名章（签名章）。职务应标全称，特定情况可作适当调整。如图：

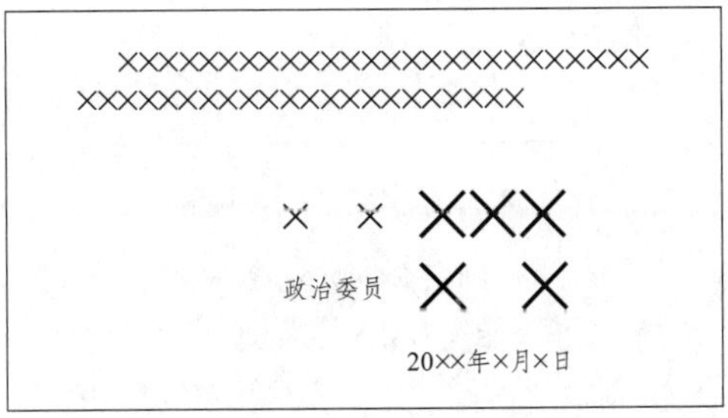

5. 成文日期

成文日期应当署公文审批签发完毕日期或会议通过的日期，用阿拉伯数字将年、月、日标全，“年”“月”“日”三字用 3 号仿宋字。年份应当标全称，月、日不编虚位，如“1”不编为“01”。于公文署名下方，右空四字编排。

确定成文日期的一般原则是：会议通过的决定、纪要等，以会议正式通过的日期为准；经发文机关领导签发的公文，以签发日期为准；多个机关联合发文，通常应为最后一个领导审批签发的日期。需要注意的是，有些公文的成文日期和生效日期不同，如一些法规性的公文，往往在正文中另行规定该公文正式施行（生效）的时间，如“本条例自 ×××× 年 × 月 × 日起施行”。

6. 无正文说明

正文排完后所剩空白处不足以排下署名、印章和成文日期时，可以采取调整正文行距、字距的措施以腾出版面编排署名、印章及成文日期。仍不能解决的，应当将署名及成文日期另起一页标注，并用 3 号仿宋体字在版心上部第三行居左空二字标注“(此页无正文)”字样。

7. 附注

公文如有印发、传达范围等需要说明的事项，可加附注。附注用 3 号仿宋体字，在成文日期下空一行左空二字加圆括号标注。如图：

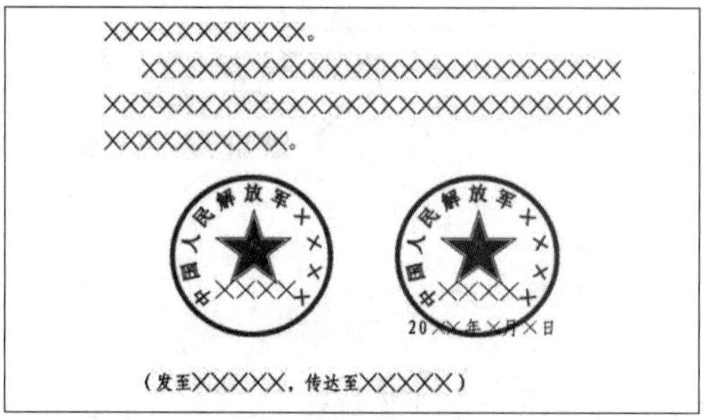

8. 附件

附件是公文正文的说明、补充或者参考资料。如有附件，应当另起一面编排，并在版记之前，与公文正文一起装订。在版心左上角第一行顶格用 3 号黑体字标注“附件”及附件顺序号，顺序号用阿拉伯数字。附件标题居中编排在版心第三行。附件格式同正文。附件顺序号和附件标题与附件说明的表述应一致。如图：

如附件不能与正文一起装订而单独装订，应在附件左上角第一行标注公文正文的发文字号，并在其后标注“附件”二字及附件顺序号。如“陆政〔20××〕×号附件×”。公文的附件与正文一起装订时，页码应连续编排。

（三）版记

版记包括分隔线、抄送机关、印制份数、承办说明、印发机关和印发日期等要素。

版记一般位于公文主体下方，版记的最后一行一般是公文末页的最后一行。如公文主体下空位不足以排印版记全部内容，应当将版记全部另起一页在末端排印。

1. 版记中的分隔线

版记应当位于公文的最后一面。版记中的分隔线与版心等宽。其中，首条分隔线和末条分隔线用粗线（推荐高度为0.35mm），中间的分隔线用细线（推荐高度为0.25mm）。首条分隔线位于版记中第一个要素之上，末条分隔线与版心下边缘重合。如图：

抄送：XXXXX、XXXXX、XXXXX，XXXXX，XXXXX， XXXXX。		（共印XX份）
承办单位：XXXXX XXXXX	联系人：XXX XXX	电话：XXXXXXXX XXXXXXXX
XXXXXXXX		20XX年X月X日印发

—12—

2. 抄送机关

抄送机关是主送机关以外的需要知晓该公文内容的其他机关，可以是上级、下级或不相隶属的机关。公文的抄送范围应严格按照工作需要和保密要求确定，不能随意抄送，也不能错抄或漏抄。

公文如有抄送机关，一般用4号仿宋体字在版记首条分隔线之下一行左顶格依次标注“抄送”二字、全角冒号和抄送机关名称。抄送机关名称使用全称、规范化简称或者同类型机关统称。抄送机关名称之间用逗号或顿号隔开，回行时与冒号后的抄送机关名称第一字对齐，最后一个名称后加句号。如：

抄送：×××，×××，×××、×××，×××，×××，×××，
　　　×××，×××、×××。

在需要将主送机关移至版记的情况下，除将“抄送”二字改为“主送”外，标注方法同抄送机关。既有主送机关又有抄送机关时，应当将主送机关置于抄送机关之上一行，其间不加分

隔线。如图：

主送：XXXXX、XXXXX、XXXXX，XXXXX，XXXXX，
XXXXX。
抄送：XXXXX、XXXXX、XXXXX，XXXXX，XXXXX，
XXXXX。 (共印××份)
XXXXXXXX 20××年×月×日印发

3. 印制份数

指公文的印制数量，为必须标注要素，一般用 4 号仿宋体字。其中，份数用阿拉伯数字标注。版记中有主送机关和抄送机关时，在最后一个机关名称后居右顶格标注“(共印 ×× 份)”。如图：

抄送：XXXXX、XXXXX、XXXXX，XXXXX，XXXXX，
XXXXX。 (共印××份)
XXXXXXXX 20××年×月×日印发
—2—

无主送机关和抄送机关时，在承办说明或者印发机关和印发日期之上一行居右顶格标注“(共印 ×× 份)”。如图：

(共印××份)
XXXXXXXX 20××年×月×日印发
—2—

在印制份数下 2mm 处印一条与版心等宽的分隔线。

4. 承办说明

承办说明包括公文的承办单位、联系人和电话。公文需要联系办理的，应标注承办说明。具体而言，请示、报告、函等文种应当标注；通知、通报、指示、批复等文种根据实际需要标注；命令、通令、决定、纪要、通告等文种不标注。

承办说明一般用 4 号仿宋体字标注。在印制份数之下一行、印发机关和印发日期之上一行居左顶格依次标注“承办单位”四字、全角冒号和承办单位规范化简称；后至少空一字依次标注“联系人”三字、全角冒号和联系人姓名；居右顶格标注“电话”二字、全角冒号和电话号码。如有多个承办单位时，“承办单位：”“联系人：”和“电话：”只在第一行标注，相应内容以整齐美观为原则自上而下依次排列。在承办说明下 2mm 处印一条与版心等宽的分隔线。如图：

抄送：XXXXX、XXXXX、XXXXX，XXXXX，XXXXX，
XXXXX。 （共印××份）

承办单位：XXXXX 联系人：XXX 电话：XXXXXXXX
XXXXX XXX XXXXXXXX

XXXXXXXX 20××年×月×日印发

5. 印发机关和印发日期

指公文的送印机关和送印日期。一般用 4 号仿宋体字，编排在末条分隔线之上。印发机关居左顶格。印发日期居右顶格，用阿拉伯数字将年、月、日标全，年份应当标全称，月、日不编虚位，如“1”不编为“01”，后加“印发”二字。

版记中如还有其他要素，应当将其与印发机关和印发日期用一条细分隔线隔开。

（四）页码

页码一般用 4 号半角宋体阿拉伯数字标注，编排在版心下边缘之下。数字左右各印一条一字线；一字线上距版心下边缘 7mm。页码自公文首页开始标注。单页码居右空一字，双页码居左空一字。公文的版记页前有空白页的，空白页和版记页均不编排页码。

A4 纸型表格横排时，页码位置与公文其他页码位置保持一致。单页码的表头在订口一边，双页码的表头在切口一边。

附件与公文正文一起装订时，页码位置应当连续编排。

（五）公文条码

公文条码是应用在公文上的一种条码技术，是采用规定标准生成的条形码。采用这种技术，可以提高公文登记录入准确率和公文运转效率，便于公文的管理。如公文需要印制二维条码，印制在版记下方右侧，与版记空开 3mm，与版心右边缘空开 5mm，条码宽不大于 50mm，高大于 10mm，小于 25mm。

二、公文的特定格式

公文的特定格式是公文通用格式的有效补充。具有特定格式的公文，其作用和效力与通用格式的公文相同，只是表现形式有所不同。

（一）信函格式

1. 信函格式的含义与适用范围

这里所说的“信函”，和公文文种之一的“函”是两个不同范畴的概念。它是公文的一种特定格式，不是公文文种。信函这种特定格式，可以适用于“通知”“函”等多个文种。而“函”这一公文文种，在不同的情况下，既可以使用公文的通用格式，也可以使用“信函”这种公文特定格式。

相对于公文的通用格式来说，机关使用公文的信函格式行文，比较便捷、灵活，既可以减少通用格式文件数量，也能解决有些一般性事项使用通用格式过于庄重的问题。实际工作中，既要注意避免信函格式不正规、不严肃、缺乏效力和信函格式只能用于平行文的模糊认识，也要注意把握信函的适用范围，避免出现信函格式随意使用的现象。具体说来，要注意以下两点：首先，要准确把握适用文种。信函格式只适用于通知、批复和函等文种，其他文种不宜用这种特定格式。其次，要准确把握适用的事项。办理事务性、一般性工作事项的行文，可使用信函格式，但具有政策性、指导性、法规性的文件，则应使用公文通用格式。

2. 信函格式的标注

发文机关标志使用发文机关全称或者规范化简称，不采用发文机关名称加“文件”二字的组合方式。居中排布，上边缘至上页边为30mm，使用红色小标宋体字，字体大小根据排布情况确定。联合行文时，使用主办机关标志。

发文机关标志下4mm处印一条与版心同宽的红色分隔线（推荐高度为0.35mm）。如需标注份号、密级、紧急程度，应当顶格居版心左边缘编排在红色分隔线下，按照份号、密级、紧急程度的顺序由上往下分行排列，第一个要素与分隔线的距离为3号汉字的7/8。发文字号顶格居版心右边缘编排在红色分隔线下，与该线的距离为3号汉字高度的7/8。

标题居中排列，与上面的最后一个要素相距一行。首页不标页码。

版记不加印发机关和印发日期。如图：

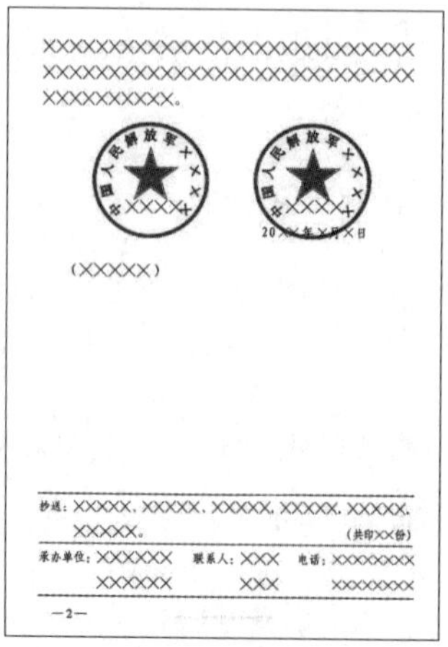

（二）命令格式

命令是最具强制约束力的文种，要求受令者无条件绝对服从、迅速坚决执行。为充分体现其权威性、严肃性，命令列为公文的特定格式，具有与通用格式不同的编排。

命令格式发文机关标志一般由发文机关全称加“命令”二字组成，居中排布，上边缘至版心边缘为 35mm，使用红色小标宋体字。发文机关标志下空两行编排发文字号，发文字号下 4mm 处居中印一条与版心同宽的红色分隔线。红色分隔线下空两行编排标题，标题只表述事由，如“××× 任职”。署名职务、名章（签名章）和成文日期的编排，与通用格式的相关规定相同。

（三）纪要格式

纪要格式发文机关标志为“×××× 纪要”，用红色小标宋体字，字号由发文机关酌定，居中排布。上边缘至版心上边缘为 35mm。纪要发文字号只标注年份和序号，不标注机关代字。不设主送机关要素，而在版记中设分送、抄送机关栏。会议纪要不署名，不标注成文日期，不加盖印章。

在正文或者附件说明下标注会议人员名单。标注正式出席人员名单，在正文或者附件说明下空一行居左空二字用 3 号黑体字标注“出席”二字和全角冒号，后用 3 号仿宋体字编排出席人姓名，回行时与冒号后的首字对齐。标注列席和缺席人员名单，除依次另起一行并将“出席”二字改为“列席”或者“缺席”外，标注方法同出席人员名单。如图：

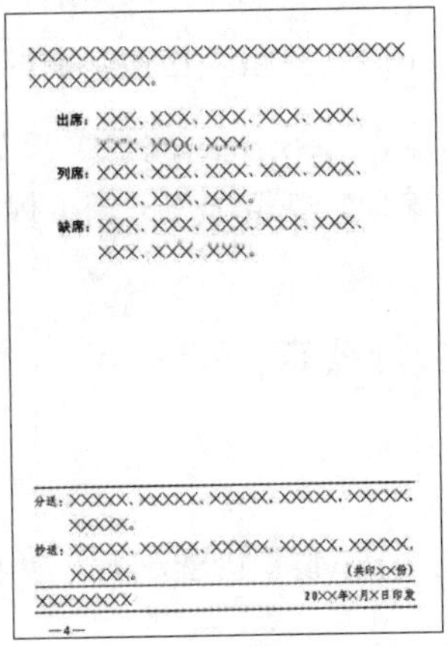
XXXXXXXXXXXXXXXXXXXXXXXXXXXXXXXXXXXXXXX。

出席：XXX、XXX、XXX、XXX、XXX、XXX、XXX、XXX。

列席：XXX、XXX、XXX、XXX、XXX、XXX、XXX、XXX。

缺席：XXX、XXX、XXX、XXX、XXX、XXX、XXX、XXX。

分送：XXXXX、XXXXX、XXXXX、XXXXX、XXXXX、XXXXX。

抄送：XXXXX、XXXXX、XXXXX、XXXXX、XXXXX、XXXXX。 （共印××份）

XXXXXXXX 20××年×月×日印发

—4—

纪要格式也可以根据实际情况制定。

（四）代拟稿格式

当某些事项不宜由本级机关行文，确需上级机关行文时，下级机关在请示中说明需要上级机关行文理由的同时，以上级机关名义拟制一份相关文稿，作为附件附在请示后面，供上级机关采用或参考。这种文稿通常称为“代拟稿”。

代拟稿为附件。公文代拟稿需排印版头和版记。用黑色小标宋体字标注发文机关标志，在标题下一行居中位置用 3 号楷体字标注“(代拟稿)”字样，如：

关于 ×××××× 的通知

（代拟稿）

其他要素的标注方法与公文的通用格式相同。

三、公文的印刷、书写标准

（一）公文用纸标准

1. 公文用纸技术指标

公文用纸一般使用纸张定量为 $70g/m^2$—$80g/m^2$ 胶版印刷纸或复印纸。纸张白度为 80%—90%，横向耐折度不小于 15 次，不透明度不小于 85%，pH 值为 7.5—9.5。

2. 公文用纸幅面尺寸及版面要求

军队机关公文用纸采用 GB/T148 中规定的 A4 型纸，其成品幅面尺寸为 210mm × 297mm。

公文用纸天头（上白边）为 37mm；订口（左白边）为 28mm；版心尺寸为 156mm × 225mm（不含页码）。

通告、公文附图（表）以及其他特殊情况下的用纸规格，根据实际需要确定。

（二）排版规格与印制装订要求

1. 排版规格

正文用 3 号字，一般每面排 22 行，每行排 28 个字，并撑满版心，特定情况可以作适当调整。

公文组成要素字体字号对照表

序号	组成要素	字体	字号	范例
1	份号	黑体	3 号	000001
2	密级	黑体	3 号	公文
3	紧急程度	黑体	3 号	公文

（续表）

序号	组成要素	字体	字号	范例
4	发文机关标志	小标宋体		
5	发文字号	仿宋体	3号	公文
6	“签发人：”	仿宋体	3号	公文
7	签发人姓名	楷体	3号	公文
8	标题	小标宋体	2号	公文
9	主送机关	楷体	3号	公文
10	正文（不含小标题）	仿宋体	3号	公文
11	第一层小标题	黑体	3号	公文
12	第二层小标题	楷体	3号	公文
13	第三层、第四层小标题	仿宋体	3号	公文
14	附件说明	仿宋体	3号	公文
15	机关署名	仿宋体	3号	公文
16	成文日期	仿宋体	3号	公文
17	无正文说明	仿宋体	3号	公文
18	附注	仿宋体	3号	公文
19	抄送机关	仿宋体	4号	公文
20	印制份数	仿宋体	4号	公文
21	承办说明	仿宋体	4号	公文
22	印发机关和印发日期	仿宋体	4号	公文
23	页码	宋体	4号	—1—

2. 制版要求

版面干净无底灰，字迹清楚无断画，尺寸标准，版心不斜，误差不超过1mm。

3. 印刷要求

未作特殊说明的，公文中图文颜色均为黑色。采用双面印刷，页码套正，两面误差不超过2mm。黑色油墨应达到色谱所标BL100%，红色油墨应达到色谱所标Y80%，M80%。印品着墨实、均匀；字面不花、不白、无断画。

4. 装订要求

公文应左侧装订，不掉页，不错页。两页页码误差不超过4mm。裁切后的成品尺寸允许误差±2mm。四角成90°，无毛茬或缺损。

骑马订或平订的订位为2个，两钉外钉眼距版面上下边缘各为70mm±4mm；骑马订钉锯均订在折缝线上，平订钉锯与书脊间的距离为3mm—5mm；无坏钉、漏钉、重钉，钉角平伏牢固；后背不可散页明订。包本装订公文的封皮（封面、书脊、封底）与书心应当吻合、包紧、包平、不脱落。

（三）公文用字及其他要求

公文使用的汉字按国家正式发布的标准和规定执行，从左至右书写，横排。驻民族自治地区部队的机关公文，可根据需要并用汉字和驻地通用的少数民族文字。

公文的标点符号，应符合国标GB/T 15834《标点符号用法》的规定。

公文中计量单位的用法应符合国标GB 3100《国际单位制及其应用》、GB 3101《有关量、单位和符号的一般原则》、GB 3102《量和单位》的相关规定。

公文中数字用法应符合国标GB/T 15835《出版物上数字用法》的相关规定。使用数字，除专用称谓（如“七一”“八一”）、结构层次序数、词组（如“七上八下”）、惯用语（如“二元论”）、缩略语（如“三反五反”），以及具有修辞色彩语句中作为词素（语素）的数字（如“三九寒天”）必须使用汉字外，其他一般使用阿拉伯数字。部队番号一般使用汉字数字，部队代号一般使用阿拉伯数字。同一份公文中，数字的用法应保持一致。公文中人名、地名、时间、数字、引文必须准确。

思考与练习

1. 军队机关公文格式由哪些要素组成？各有哪些具体标注规则？
2. 如何理解公文的通用格式和特定格式？
3. 军队机关公文用纸有哪些要求？
4. 军队机关公文的印刷装订有哪些要求？

第三节 军队机关公文文种拟写（上）

一、命令

（一）命令的适用范围

命令是上级机关对部属发布重要法规、下达任务、任免、奖励有关人员及变更编制体制的指挥性公文。《军队机关公文处理工作条例》规定，命令“适用于发布军事法规、军事规章，确定和调整体制编制，部署部队和军事行动，调动兵力，授予、变更和撤销部队番号，调配武器装备，任免干部，授予和晋升军（警）衔，选取士官，军（警）官和士兵退役，授予荣誉称号等”。

（二）命令的特点

1. 强制性

主要表现在命令的不可动摇性。命令是公文中最具有权力象征性的文种，它所规定的内容是确定无疑的，它以法律、法令和有关职权为依据，对工作实行强制干预、决断和约束，要求受令者必须无条件地服从和执行，没有商洽的余地，在任何情况下都不得违抗和延误。“军令如山倒”说的就是命令有很大的强制性和支配力。

2. 权威性

对于发布命令的主体有着专门和严格的限制和规定，任何单位、部门和人员都不可以超越权限签署和发布命令。

3. 严肃性

主要是指不能轻易使用命令这一文种。下达命令是十分严肃的事情，要“慎乃出令”；命令下达后，切不可朝令夕改，使受令者无所适从。

（三）命令的拟写方法

1. 标题

命令的标题要以鲜明、准确的文字概括并直截了当地显示出命令的中心内容，只表述事由，不标注文种，如《×× 等任职》《授予 ××× 同志 ×××× 荣誉称号》。颁布军事法规、军事规章的命令，应按照军事立法工作规范，不标注标题。

2. 正文

命令的正文通常包括三方面内容：发布命令的依据，命令的具体事项，执行命令的具体要求。其结构要素是典型的“据、事、述”模式，在大部分情况下可省略“述”，有时也可省略“据”。

不同种类的命令，其具体内容又有所不同。下面分别介绍不同类型命令的写法。

（1）下达任务令

下达任务的命令的正文一般包括：

发布命令的依据或目的。通常指当前面对的情况和上级的命令、指示，本级党委或首长的决定。

要执行的任务。这是主要部分，应着重明确执行任务的兵力、任务性质、完成方法、标准和时限。

要求或注意事项。主要说明执行任务应遵循的原则及注意事项等。这部分内容可多可少，根据情况也可以省略。完成任务的保障措施可放在要求里写，也可视情况单独列为一项。

（2）调动、调配令

兵力调动令、武器装备调配令和下达任务令基本一样，也分为三个部分：一是根据。即调动调配的依据，是哪个机关决定批准的。二是具体事项，即指明调配或调动的对象，其所属单位、所在地点，调配调动的目的地。三是要求和保障措施，武器装备的调配，要指出负责单位、运输方式；兵力的调动，要规定到达目的地的时间期限、行进方式等。

（3）变更编制、体制令

变更编制体制的命令的正文主要由以下几个方面组成：一是依据，写明变更的根据和目的；二是变更的具体事项和实施方法，包括被变更单位的番号、级别、编制、任务及隶属关系，编制变更的具体实施方法、步骤和完成的时间等；三是要求和注意事项。

（4）公布令

公布令的正文结构简单，依次写明发布文件的名称、发布依据（即由什么会议通过）和施行日期即可。

（5）任免令

任免令的正文比较简短。任职命令的内容一般是：被任命人员原所在单位担任职务以及新任命的单位、职务。免职命令为：免去 ××× 的 ×× 职务。

（6）授予、晋升军（警）衔令

授予、晋升军（警）衔令与任免令写法基本相同。

（7）授予荣誉称号令

授予荣誉称号令是《中国人民解放军纪律条令》规定的对军队在执行作战、训练和其他任务中功绩卓著、有特殊贡献的单位和个人实施的最高奖励。

授予荣誉称号命令正文的主要内容包括以下几个方面：一是被授予称号的单位或个人的主

要事迹，力求确切、简明、概括，具有说服力和感染力。如被授予荣誉称号的是个人，应先介绍其简历，后叙述其事迹。二是指出先进典型事迹的实质和所体现出来的现实意义及影响，以提高人们对典型先进性的理解和认识，通常只需用几句精辟的话概括点明即可。三是表彰决定，包括表彰的目的、决定的机关、被授予荣誉称号的单位或个人、荣誉称号。四是希望和要求，先对获得荣誉称号的单位或个人提出希望和要求，再对广大官兵提出希望和要求。

二、通令

（一）通令的适用范围和种类

通令是用于向所属机关、部队宣布功过、奖惩事项的命令性质的公文。《军队机关公文处理工作条例》规定，通令“适用于依据《中国人民解放军纪律条令》宣布奖惩事项”。通令是军队机关特有的公文文种，党政机关公文没有这一文种。

通令分为奖励通令和惩处通令。奖励通令是根据《中国人民解放军纪律条令》的规定，对于在作战、训练、施工、生产、科研、抢险救灾和其他任务中做出突出成绩的单位或个人而实施的奖励性公文。惩处通令也是根据《中国人民解放军纪律条令》的规定，对于违反纪律、造成损失或严重不良影响的单位或个人给予纪律处分的公文。

（二）通令的拟写方法

1. 标题

通令的标题一般有以下几种形式：

（1）“关于”＋事由＋“通令”，如《关于给 ××× 记一等功的通令》；

（2）事由＋“通令”，如《给 ××× 以行政记大过处分的通令》；

（3）“嘉奖令”或“通令嘉奖”＋被嘉奖单位和个人，如《通令嘉奖 ××× 医院全体官兵》。这种形式通常用于战区以上机关对完成重大任务或重要工作时做出突出成绩的先进集体和个人的奖励。

2. 正文

通令正文的主要内容包括：

（1）引言

引言是通令正文内容的开头部分，一般由时间、单位、姓名、完成某项任务或工作等要素引出通令表彰或惩处的缘由。

（2）主要事由

一般叙述受奖者的主要事迹或受惩处者违反纪律的主要情况以及所体现出来的精神或产生的影响，并对此作出评价或定性。此项内容直接体现了发布通令的意图及目的。叙述时要力求全面、准确、集中、概括；既要以事实说话，又要体现其精神，分析其根源；既要态度鲜明，又要实事求是。如同时表彰或惩处数个单位和个人，应抓其共性，归纳成几个方面逐条进行叙述。

（3）奖励或惩处的内容

应根据《中国人民解放军纪律条令》规定和本级党委决定，写明奖励或惩处的种类，受奖或惩处单位名称，个人姓名、职务、军衔等。主要事由和奖惩内容可分开写，有时也可合在一起写，即在概述主要事由后，紧接着宣布奖励或惩处的决定。在多个单位和个人受奖励时，通常先概述其共性的先进事迹，后写奖励的等级及受奖单位和个人。

（4）希望和要求

通常首先对受奖者或受惩处者提出希望和要求，或鼓励其再接再厉，作出更大贡献，或希望其接受教训，改正错误等；尔后要求所属单位和个人或向受奖者学习，或从受惩处者所犯错误中吸取错误教训，改进工作等。要力求简短，不能啰唆；同时，要求有针对性，不能离题，要利于教育部队和个人，调动积极因素，克服消极因素，防止带来副作用。

（三）通令的写作要求

1. 针对性强

无论是奖励还是惩处，都是为了调动积极因素、克服消极因素，达到教育部队和个人、加强部队建设的目的。因此，要注意选择有普遍教育意义的典型，不要所有奖惩都以通令的形式出现。惩处通令应控制在一定范围内。

2. 实事求是

无论先进事迹还是错误事实，都要客观辩证，一是一，二是二，不夸大不缩小，不主观臆测，不无限拔高。

3. 简明精练

通令大都需要宣读，要求写得朗朗上口，语言坚定、干脆，不拖泥带水。

4. 正职签署

通令一般由党委或领导集体研究，按《中国人民解放军纪律条令》规定权限批准决定后，由该级军政正职首长署名发布。这一点与命令相同。

（四）通令与其他相似文种的区别

1. 奖励通令和授予荣誉称号的命令的区别

授予荣誉称号用命令，仅限于战区以上首长授予荣誉称号时使用。通令使用范围较广，部队团以上单位首长依据其权限给所属单位、个人嘉奖或记功时，均可下达通令。

2. 通令与通报的区别

主要区别在使用范围方面。符合《中国人民解放军纪律条令》奖惩等级的用通令，够不上《中国人民解放军纪律条令》奖惩等级的用通报。

例文如下：

给李 ×× 同志记三等功的通令

各营，直属连（分队）：

步兵 ×× 旅 × 营三连战士李 ××，×××× 年 × 月出生，×××× 年 × 月入伍，×××× 年 × 月入党，湖南省 ×× 市人。

×××× 年 × 月 × 日上午，李 ×× 在探亲返回部队途中，路经 ×× 省 ×× 县 ×× 镇时，遇到三名歹徒持刀抢劫，为保卫人民生命财产安全，他奋不顾身，与歹徒搏斗，在被连捅三刀、生命垂危的情况下，毫不畏惧，直到公安人员赶到将歹徒抓获。经医院全力抢救，才脱离生命危险。他的先进事迹和英雄行为在军内外引起了强烈反响。为表彰先进，经旅党委研究决定，给李 ×× 记三等功一次，并予以通令表彰。

李 ×× 入伍以来，自觉参加政治理论学习，训练不怕苦不怕累，连续两年被评为“优秀士兵”，并两次受嘉奖。此次英雄壮举是他平时注重思想修养的结果。全旅官兵要学习他崇高的政治使命感，时刻牢记我军宗旨，忠实履行军人职责，始终把人民利益放在首位，当人民生命财产受到威胁时，不惜用鲜血和生命捍卫人民利益；学习他高度的政治责任感，为维护社会稳定，不畏强暴，不怕牺牲，敢于同邪恶势力作斗争的英勇精神。

× ×× ×

政治委员 ×××

×××× 年 × 月 × 日

给王 ×× 行政记过处分的通令

各直属队：

× 月 × 日下午，×× 兵第 ×× 旅修理厂汽车驾驶员王 ×× 擅自出车，载同乡 3 人外出就餐。餐后驾车返回营区途中，强行超车，撞倒公路隔离墩，致使车辆损坏。王 ×× 这种目无组织纪律，不经批准擅自出车，造成公共财产损坏的严重事件，性质恶劣。为此，决定给予王 ×× 严重警告处分。

希各单位接此通令后，认真组织一次遵规守纪的学习教育，以此次事故为教训，杜绝类似问题的再次发生。

× ×× ×

政治委员 ×××

×××× 年 × 月 × 日

三、决定

（一）决定的适用范围和种类

《军队机关公文处理工作条例》规定，决定“适用于对重要事项作出决策或者安排，变更或者撤销下级不适当的决定事项”。决定是军队各级党委或机关对特定事项或问题作出决策或规定的公文。决定多见于各级党委行文，在实际工作中各级党委、纪委实施奖惩时，也常用此文种。

根据功用的不同，决定可以分成四类：一是重大决策的决定，用于对某些重大事项或重大行动作出部署。二是对重要事项的决定，用于重要工作、事项的安排、部署，如某集团军党委《关于召开第三次党员代表大会的决定》。三是关于奖惩的决定，如《关于树立优秀基层政工干部标兵的决定》《关于给予 ××× 同志党内留党察看一年处分的决定》。四是对下级不适当的决定的变更和撤销。这类决定一般很少用，用时要十分慎重，因为一般发现了下级不适当的决定后，上级应首先向下级指出其不当之处，由其自己纠正。

（二）决定的特点

1. 决策性

除党内实施奖惩的决定外，只有那些事关全局、政策性强、执行时限长的重大行动和重要工作才使用决定。尤其是党中央、中央军委作出的重大决定，都是指导全党、全军工作的纲领性文件，其中，有的则成为重要的历史文献。

2. 权威性

决定所作出的判断和决策，具有很高的权威性和约束力。受文单位和人员必须在思想和行动上贯彻执行，不得有不一致的地方。

3. 稳定性

决定所涉及的都是一些重大的事项和问题，因而所起的效用时间相对较长，特别是那些已成为历史文献的决定，则具有长远的意义和永久的价值。

（三）决定的拟写方法

决定的正文一般包括三项内容，即决定的缘由、决定的事项、决定的执行要求。

1. 决定的缘由

这部分要写清作出决定的原因、背景和依据。有关重大决策的决定，通常要阐述和分析与此决策有关的事实现状、相关背景。重要事项的决定，一般先写清事件的基本情况，以为所作出的决定提供依据。如写一份开展向某先进人物学习的决定，首先要写明先进人物的简历、先进事迹；而惩处性的决定，首先对被惩处者的简历、身份、错误事实等作简要的叙述。这部分要写得简要、清楚，为后面决定的作出起到铺垫作用。

2. 决定的事项

这部分是决定的实质内容，不同内容的决定事项有不同的写法，主要是把决定的事项的内容表达清楚。全面、综合的决定，内容比较复杂，决定的事项比较多，有认识、有计划、有安排，可分成若干问题，逐项展开说明，分段叙述。

针对具体事项和工作的决定，这部分直接说清楚即可，如“为此，旅党委决定，在全旅范围内开展向 ××× 同志学习的活动”等。

3. 决定的执行要求

大多数决定是要求部属严格执行的，这就要求在决定里提出对如何执行决定的一些要求。这部分要求应写得具有概括性、原则性和指导性。还有一些决定是知照性的，不要求部属具体执行，这部分也就不一定要写了。

例文如下：

关于树立优秀基层政工干部和先进基层单位标兵的决定

为深入贯彻中央军委和空军党委关于进一步加强思想政治工作和基层建设的指示，开创基地基层建设新局面，经各单位推荐和基地基层政治工作经验交流酝酿，基地党委决定，分别树立下列同志和单位为优秀基层政工干部和先进基层单位标兵：

（所树标兵名称及人员、单位名单略）

基地党委认为，这些同志和单位，是基地部队优秀基层政工干部和先进基层单位的突出代表。他们发扬献身国防事业的自我牺牲精神；努力把继承我军光荣传统和研究新情况、解决新问题结合起来，注意从“听党指挥、能打胜仗、作风优良”各个方面加强基层建设，做出了可喜的成绩，提供了可贵的经验。树立和宣扬这些典型，对于发展大好形势，加速基层政工干部的成长，对于进一步加强连队建设，将会发挥重要作用。

基地党委号召，在全基地深入开展学标兵活动。旅以上党委和机关要把学标兵同自身整顿结合起来，坚持各部门齐抓共管，同时采用多种形式，广泛宣传标兵的先进事迹和经验，督促部队反复抓好落实。基层单位要结合自己的实际开展学习活动，特别要组织好对口学习和专题研究，加强学习的针对性和有效性。通过这一活动，要使基层形成一个学先进、赶先进、超先进的热潮，要使标兵的好经验在全基地开花结果，努力把基层建设提高到一个新的水平。

××××××

××××年×月×日

四、指示

（一）指示的适用范围

指示是各级机关使用的指挥性公文。《军队机关公文处理工作条例》规定，指示“适用于向下级机关布置工作，明确工作原则和要求”。

（二）指示的种类

指示从不同角度可以分出不同的类别。按适用范围来分，有如下三类：

1. 布置工作的指示

这类指示是在工作开始前，向下级交代工作的任务，说明工作意义、目的、要求、方法等，常常伴有一些规定事项。

2. 指导工作的指示

这类指示是针对正在进行中的工作或决定的事情，根据工作的变化，结合发现的问题，或根据上级新的指示提出新的指导性意见、要求、方法和措施。

3. 纠正错误或偏差的指示

这类指示主要用于工作进行过程中，是在上级发现下级工作中出现了某些错误或偏差的情况下，为使工作纳入正轨所制发的指示。

（三）指示的拟写方法

指示的正文一般由缘由、指示事项、结束语三部分组成。

1. 缘由

这是指示的开头。主要阐明发布指示的原因、目的、意义和依据。例如：

上半年，旅政治工作在上级党委机关的指导下，在旅党委的领导和基层广大官兵的大力支持下，各项工作进展比较顺利，发展势头很好。当前，已进入下半年，我部即将开展大规模的实战演习。部队的高度分散，势必给政治工作的落实带来难度。为使各营连、机关党委支部对下半年旅政治工作做到心中有数，早打算，早设计，确保政治工作成果“双线”丰收，切实发挥服务保障作用，根据集团军 5 月 25 日召开的主任对口会议指示精神，现将旅下半年的主要政治工作明确如下：

这一段虽是指示的“引子”或“前言”，但却很重要。要讲明为什么发布这个指示，以提高部属贯彻执行指示的自觉性和积极性。有关党的方针政策、上级的文件规定、领导的指示精神和客观现实，都可以作为阐述的依据。此段末尾一般以“为此，特作如下指示”或“特指示如下”为承上启下的过渡句，引出下文。也有的指示将这一部分省略，开门见山直接写指示事项。

2. 指示事项

指示事项是指示的主体部分，包括布置任务、讲清指示原则、说明基本要求等，有的还进一步指出完成任务的方法和步骤等，主要是回答做什么和怎么做的问题。这部分多采取分条列出的结构形式，以指示部属做什么和怎样做。例如：

一、贯彻落实好各级思想政治工作会议精神，抓好以理想信念教育为主的思想教育（略）

二、抓好政治学习规划的落实（略）

三、抓好军事斗争准备中政治工作研究（略）

四、进一步加强军营大文化建设（略）

五、抓好大学生军官培养工作（略）

六、搞好预防犯罪工作（略）

3. 结束语

指示一般无结尾部分，因为一般情况下，对执行指示的希望和要求，或执行指示时应注意的问题等，都放在主体部分指示事项里了。有些发给特定单位对特定问题的指示，也可在指示事项后另起一段，以“特此指示”或“此指示，望认真执行”为结束语。

（四）指示的写作要求

1. 根据充分，针对性强

制发指示的理由要充足，依据要确凿。要抓住部队中具有普遍性、倾向性的问题，或急需解决的重要问题，有针对性地交代任务和提出解决问题的原则、措施和方法，切忌不顾实际，照抄照搬上级指示。

2. 意见切实，措施得力

指示的事项要切实可行。指示中的工作部署要适当，下达任务要量力而行；要从所属部队的实际情况出发，提出做好工作的指导原则；提出的要求、措施要符合下情，标准高低适中，并留有余地。指示内容、采取的方法应具体而有效，使受文者明确该怎么做，以保证发文意图的圆满实现。

3. 根据需要，慎重选用

能用通知办的事，尽量用通知，确需使用的时候才用指示。一般具体性工作布置尽可能用通知形式办理，涉及全局的、有关部队建设的重大问题、重要工作才发指示。

4. 语言简洁，表达明白

指示对应做什么和不应做什么，为什么要这样做而不许那样做，应该怎样做和不应该怎样做等指示的核心问题，都必须写得确切无误，不能让下级阅后不明所指，不知所措，无从着手，难于办理。表述事项时，讲究严密的逻辑性和条理性，使领导的意图得到充分体现，有利于下级正确领会和贯彻执行。

例文如下：

关于加强部队野外驻训管理工作的指示

××，×××：

部队野外驻训，各项工作任务繁重，实弹射击单位多，人员、车炮流动量大。为切实抓好部队野外训练的管理工作，防止发生不良倾向，确保安全无事故，现对加强部队野外驻训管理工作作如下指示：

一、认真贯彻条令，严格加强管理

共同条令是军人一切行动的准则。各单位要把认真贯彻条令贯穿到部队野外驻训、实弹射击的始终，做到在野外和在营区一个样。各级干部要时时、处处、事事用条令管理部队，坚持用条令带兵，依据条令严格要求，克服营内严、营外松，集体活动严、单独活动松的现象。特别是对小、散单位人员，干部要分工负责，明确管理责任，坚持原则，大胆管理，发现问题及时纠正，使条令的各项规定在野外驻训中得到落实。

二、完善规章制度，坚持认真抓好落实

各单位要针对野外驻训人员、装备流动性大，活动范围广，管理工作的难度大的特点，依据条令、条例制定和完善野外条件下人员、车辆、武器弹药管理、执勤警戒、安全工作、卫生防病等各项规章制度。领导、机关要深入实际，检查督促，具体指导。

三、搞好武器、弹药、车辆管理，防止丢失被盗

部队在野外驻训、实弹射击、战术训练，都是实枪实弹。各级领导务必高度重视，严格执行武器、弹药的管理规定，枪弹要分开存放、专人保管。连队干部要坚持每日检查一次枪、弹、车，做到分工明确、数量质量清楚。对轻武器要支支见面，以防止丢失、被盗。野外条件差，武器装备易受潮生锈，要坚持每天进行擦拭保养，防止锈蚀、损坏。

四、大力预防事故，确保安全健康

一是要抓好车辆安全，严格干部带车制度，遵守交通规则，按章行驶，做到不翻一车一炮，不碰不伤一人。二是要搞好卫生防病，严禁食用生、冷、不洁食物，防止食物中毒。部队在驻训地点，要搞好水源调查，防止饮用被污染的水。三是要搞好警卫、警戒工作，要结合驻地情况，防止不法分子袭击。干部要坚持查铺查哨。四是要做好保密工作，教育干部战士严格遵守保密守则，不准随便谈论部队的机密事项，对文件、资料等秘密载体要加强保管，防止丢失、泄密。五是要预防训练事故。摩步分队进行实弹战术演习，要严格训练纪律，严禁枪口对人和用枪开玩笑，训练中要严格按教材规定的动作要领实施，讲究训练方法，避免意外事故发生。炮兵分队实弹射击，要严密组织，严格靶场纪律，要向部（分）队明确有关保障安全的规章和信号标志。要加强靶场观察、警戒。对未爆炮弹，要组织专业人员就地销毁。领导要亲临现场，认真组织，严守规程，确保安全无事故。

××××××

××××年×月×日

五、通知

（一）通知的适用范围

《军队机关公文处理工作条例》规定，通知“适用于传达需要下级机关执行和有关单位周知或者办理的事项，转发上级机关和不相隶属机关的公文，批转下级机关的公文”。通知是用于向所属机关、部队以及有关单位传达有关事项、规定、要求等的一种知照性文书。由于通知所反映的公务活动内容广泛，形式灵活多样，所以它是一种应用范围很广、各级机关使用频率很高的公文。

（二）通知的种类

根据通知功能的不同，可以将通知分为下面几类：

1. 规定性通知

这类通知用以传达上级或本级机关对于某项工作的有关规定、要求和注意事项。这类通知的特点是政策性强，具有法规性，带有指示的性质。

2. 颁转性通知

这类通知依据使用方式的不同，细分为三种形式：

（1）颁发与印发

指为颁发条例、规章等行政法规，印发方案、领导讲话等材料给下级单位的通知。

（2）批转

上级机关对下级机关的文件，如报告、会议纪要等加上批语下发，要求有关单位执行或参照执行，用“批转”。有时上级会借批转下级机关公文的机会作指示、提要求或作政策性的规定。

（3）转发

将上级机关和不相隶属机关的对本部队工作有指导意义的公文另加按语，发给下级单位执行或参照，用“转发”。

3. 告知性通知

这类通知主要是用以传达上级指示，告知有关事项。有的要求贯彻执行、具体办理；有的则只有周知性质，并不要求办理。

4. 事务性通知

这类通知内容极为广泛，凡上述各项内容以外需要通知的事项都使用这类通知。

（三）通知的拟写方法

1. 标题

一般情况下，通知标题为“关于”+事由+“通知”的形式，如《关于召开基层政治工作会议的通知》；有时，标题也可以是事由+“通知”的形式，如《进一步加强营区建设管理工作的通知》。

颁发、印发类通知的标题，在事由中，要包含“颁发”（“印发”）、被颁发（印发）的法规或材料的名称，如《关于印发〈中国人民解放军升挂国旗规定〉的通知》。转发、批转类通知的标题，在事由中，要包括“转发”（“批转”）、被转公文的发文机关名称、被转公文的名称，如《转发全军绿化委员会〈关于采集树木、花、草种子的通知〉的通知》。

2. 正文

通知的正文一般包括缘由、事项和执行要求三个部分。

缘由，即发文依据和目的，主要写明为什么发此通知。也有的通知不写缘由，直接点题，如在批转性通知里，开头就写明“现将《××××××》转发给你们，望认真贯彻执行”。

事项，即通知的具体内容。一般应明确具体事项及事项的具体要求。可分条逐项明确，也可用一段综合叙述。不同类型的通知，这部分的写法不一。

规定性和告知性通知一般要求清楚地写出通知的具体事项，明确任务。

颁转性通知的这一部分一般阐述所颁发（印发）公文的形成过程、宣布贯彻执行的原则意见；申明转发、批转文件的重要性及意义；结合受文单位实际情况，补充说明被转发、批转文件中未涉及或阐述不够充分的地方；针对贯彻执行的时间、方法、目标等提出具体要求。

事务性通知内容比较繁多，主体部分应交代清楚所通知的事项，如何办理、有什么要求。其中，会议通知要写清会议名称、主持单位、会议内容、起止时间、参加人员、会议地点、报到地点、携带材料以及其他有关事宜。一般分条拟写。

通知的写作不拘一格，酌情而定，以把通知的事项写得清楚明了为原则。

执行要求，即对执行通知事项所提出的具体要求。有些通知，执行要求已在事项里交代；还有些通知，则不需要提出执行要求。

例文如下：

关于召开军事训练和行政管理现场会议的通知

××，×××，×××××：

为总结和交流上半年军事训练和行政管理工作经验，研究部署下半年训练和行管工作，拟在××召开现场会议。现将有关事宜通知如下：

一、会议内容：总结上半年和部署下半年军事训练和行政管理工作，交流经验；参观步兵连对野战阵地防御之敌进攻战斗实兵示范演练。

二、参加人员：（略）

三、会议时间：×月×日至×日，×月×日报到。

四、要求：

（一）与会各单位均准备一份训练中管理工作方面的专题经验材料，并于×月×日前书面上报本部。

（二）×××××为会议组织的《步兵连对野战阵地防御之敌进攻战斗实兵演练》示范课题，于×月下旬完成一切准备工作。

（三）各单位将与会人员名单于×日前，电话报告××××××××。

×××××

××××年×月×日

转发《关于 ×××× 改进领导作风的调查报告》的通知

××××，××××，××××，××××：

×××××××自××××年×月组建以来，在部队高度分散、基础薄弱、环境艰苦的条件下，旅党委和机关切实改进领导作风，扑下身来真抓实干，使部队面貌发生了显著变化。该旅的实践说明，部队建设的整体水平要有一个大的发展和提高，领导机关的作风必须相应地有一个大的转变。现将××、××××、××××三级联合调查组《关于××××改进领导作风的调查报告》转发你们。

××××在改进领导作风、狠抓工作落实方面，为部队树立了榜样，提供了经验。各级特别是旅领导机关要认真学习××××的事迹，像他们那样，有一个积极进取、有所作为的精神状态，有一种求真务实的工作作风，有一套科学的工作方法，充分发挥“一线指挥部”作用。要进一步端正工作指导思想，改进领导作风，着力抓好各项工作的落实，抓好部队的长远建设、基础建设和全面建设，努力把海军基层建设推上一个新台阶。

×××××

××××年×月×日

关于 ×××× 改进领导作风的调查报告

（略）

六、通报

（一）通报的适用范围

《军队机关公文处理工作条例》规定，通报“适用于表彰先进，批评错误，传达重要精神或者告知重要情况”。通报多是作为一种下行文由上级发给部属，但有时同级单位之间也可以互发通报，所以通报也可以是平行文。

（二）通报的特点

1. 客观性

这是通报最基本的特点。不论是哪种通报，都是或用客观事实传达精神、告知情况，或以客观事实为根据表彰、批评，或以客观事实为前提介绍经验教训。没有具体客观事实就无所谓通报。

2. 时效性

通报不管是传达精神、告知情况、表彰、批评或介绍经验教训，都强调及时迅速。

3. 告知性

通报行文的主要目的，在于沟通消息、互通情况，使有关单位或个人了解工作进程中的一些信息，以便更好地安排工作。

4. 典型性

通报的事例，应是重大的、具有代表性的，是同当前中心工作相关的。

（三）通报的类型

1. 表彰性通报

此类通报主要用于以下几种情况：一是对表现较为突出、成绩优良，但又够不上《中国人民解放军纪律条令》规定的奖励等级的单位或个人在一定范围内进行表彰；二是对一些有代表性和典型意义的先进单位或个人，虽然已按《中国人民解放军纪律条令》给予奖励，但为树立先进典型，号召大家学习，可制发通报；三是《中国人民解放军纪律条令》以外的奖励（如“优秀士兵”“优秀教员”“先进连队”“先进党支部”等），使用通报的形式进行表彰。

2. 批评性通报

此类通报一般用于两种情况：一是对违反纪律、出现失误，但又够不上《中国人民解放军纪律条令》规定的惩处等级的单位或个人在一定范围内进行通报批评；二是对一些具有典型性、影响大的事件，其责任单位或个人虽已按《中国人民解放军纪律条令》给予惩处，但为防止类似问题发生，教育所属单位和人员吸取教训，可在一定范围内进行通报。

3. 宣示经验、教训的通报

此类通报主要是选择工作中一个或几个具有普遍教育意义的成功的经验或失败的教训，通报所属机关、部（分）队，以达到推广先进经验、吸取教训、改进工作的目的。

4. 告知情况的通报

此类通报有两种情况：一是告知重大事情的通报，主要是把某项重大事情或某一重要情况、动向，在一定范围公布，以达到告知情况、统一认识的目的；二是告知某项具体的工作情况，使有关单位和人员了解，达到推进工作之目的，如《××××年××战区新闻工作情况通报》就属于这类通报。

（四）通报的拟写方法

1. 表彰性通报的写法

表彰性通报一般包括以下三方面的内容：一是先进事迹概况。通常在开头写明被通报的单位、人员和表彰的主要事迹。表彰某个单位或个人的通报，事迹部分可稍作详细介绍；集体表彰的通报，一般只作概括提示。二是宣布决定。表彰某个单位或个人的通报，在宣布表扬决定之前，通常对先进事迹给予评价和肯定；集体表彰的通报只在表彰决定之后列出受表彰的单位或个人。三是提出希望和要求。结尾处既可以对受表彰者提出希望和要求，也可以向大家发出向先进学习的号召或要求。有的可以不写。

例文如下：

表彰基层先进单位的通报

××××、××××：

近几年来，集团军各级党委、机关，认真贯彻中央军委的指示，深入部队，大抓基层，注重研究和解决在新的历史条件下出现的新情况、新问题，基层建设有了明显加强，涌现出了一大批先进单位。现决定，对下列×××个先进单位给予通报表彰。

（受表彰单位名单略）

这些单位，多是具有历史荣誉的模范单位。在部队的革命化、现代化和正规化建设中，他们继承和发扬了我军的光荣传统，并致力于改革创新，开拓新的局面。他们有一个坚持贯彻执行党的路线、方针政策的党支部；有一支事业心强、模范作用好的干部、党员队伍；严格训练，严格要求，勇于探索，努力提高军政和科学文化水平，学习训练成绩优异；具有不懈奋斗的革命精神，严守纪律，作风过硬，锐意进取，完成任务突出；尊干爱兵，拥政爱民，有良好的内部和外部关系；重视厉行节约，物质文化生活搞得较好。他们的事迹和经验，集中体现了人民军队的建军宗旨，从不同的侧面较好地回答了如何围绕军队建设的总目标、总任务和总要求，结合本单位的特点，全面建设连队，提高部队的整体战斗能力的问题，具有普遍的指导意义。

望所有连队，学习他们“对连队的历史荣誉负责”的高度责任感，不断提高军事、政治素质，努力掌握应对现代战争的知识和能力，扎扎实实地作好军事斗争准备。各级党委和机关指导基层建设，要解放思想、实事求是，一切从实际出发，勇于改革创新，为建设具有中国特色的人民军队做出新的成绩。

×××××

××××年×月×日

2. 批评性通报的写法

批评性通报按其内容又可以分为事故通报和批评错误通报。一般包括三项内容：一是基本事实。通常在开头交代清楚事故或错误发生的时间、涉及单位、人员、情况及后果等。二是经过及原因。这是批评性通报的重要内容。一般在周密调查的基础上，详细介绍发生事故或产生错误的经过，认真研究分析，确定其性质，找出其原因。三是措施或要求。这部分内容是前两部分内容的归宿。发批评性通报的目的，不只是批评教育出问题的单位或个人，更重要的是以此为戒，使更多的人受到教育。要根据问题的性质、影响，对症提出措施或要求。

例文如下：

××× 翻车伤人事故的通报

××、×××：

× 月 × 日，××××× 汽车连驾驶员 ×××，驾驶东风牌运输车（车号 ×××××）去拉粮，返回时行至 ×× 庄北侧，因一小孩横穿马路，××× 一边刹车，一边向右猛打方向盘，当情况处置后向左回打方向盘时，发现方向盘失灵，汽车直冲下公路，撞在一棵树上，导致侧翻，将车上 × 连炊事班两名负责装卸的战士 ×××、××× 甩出，造成 ××× 右腿骨折、××× 头部负伤，汽车保险杠严重弯曲，水箱损坏，直接经济损失约 ×××× 元。

该事故发生的主要原因：一是领导重视不够。该团上半年曾发生 × 起事故苗头，均未引起重视，此次拉粮行程 ××× 公里，无干部带车，违反了 ×× 公里以上长途行车必须有干部带车的规定。二是规章制度松弛。三是车辆保养不善。造成方向盘失灵的原因是：转向臂球形关节严重磨损，属保养不善所致。据查，该连还有 × 辆车有类似情况。

望各单位接此通报后，结合本单位具体情况，于 × 月初安排 × 天进行一次安全防事故教育，并对车辆进行一次检查，师在 ××、×× 两地设军车检查站，不符合要求的车辆不予放行，以确保行车安全，杜绝类似事故发生。

×××××××

×××× 年 × 月 × 日

3. 宣示经验、教训的通报的写法

这类通报主要以某一个或几个典型为例，通过分析，总结出经验教训，以引起普遍注意，从中学习经验、吸取教训，推动工作或防止类似事故发生。它的主要着眼点不在于表彰批评，而在于总结经验教训。一般包括三部分内容：一是情况概述。这部分要交代清楚什么单位、什么时候、在什么情况下、取得了什么成绩等内容，或者是出现了什么问题，其目的是为后面的介绍经验或总结教训作好铺垫。二是主要经验教训。这是宣示经验、教训的通报的主要内容。或写成功的做法、失败的教训，或写深刻的体会。拟写时要从实际出发，选择那些有规律性的东西，提炼概括，逐个阐述。三是措施和要求。有的通报在结尾使用一小段文字阐述学习经验、吸取教训的具体方法，或明确学习贯彻的方法、步骤等。

4. 告知情况的通报的写法

该类通报通常起着沟通和知照的作用。其正文一般包含三个部分：一是基本情况。一般采用先综述后分述的方法，依次写出。二是分析情况，阐明意义。分析情况产生的背景原因，明确指出可能发生的问题。三是提出要求。

例文如下：

部队作风纪律教育整顿情况的通报

××××，××××，××××：

按照集团军统一部署，5月中、下旬，对所属部队普遍进行了一次以“整顿作风、严格纪律、揭短求实、狠刹歪风”为主要内容的作风纪律教育整顿。这次教育整顿，认真贯彻从严治军方针，以条令条例为依据，以领导机关为重点，着力解决管理松懈、执纪不严、报喜藏忧、弄虚作假、作风不实等问题，坚持揭短求实，边整边改边落实。通过整顿，各级抓管理工作的指导思想进一步端正，工作作风有明显改进，部队作风纪律建设明显加强，促进了管理工作的落实。各所属部队普遍反映，这次作风纪律教育整顿非常及时，敢于较真，震动很大，导向对头，成效明显。主要情况通报如下：

一、各级重视，贯彻执行上级指示认真（略）

二、重点突出，着力揭露矛盾和问题（略）

三、注重实效，狠抓薄弱环节整治（略）

四、从严执纪，敢于较真（略）

五、检查督导，保证教育整顿落实（略）

六、存在的问题（略）

××××××××

××××年×月×日

（五）通报的写作要求

1. 事项要典型

通报的事例，必须具有普遍的意义，应是在一定时期、一定范围内成为或有可能成为一种倾向的事件，以发挥领导机关运用通报指导、推动工作的作用。因此，在工作中应注意选取那些具有普遍指导意义、教育意义、警戒作用的事项，或该类事项具有倾向性的才考虑制发通报。

2. 事实要准确

用事实说话是通报的基本特点。通报常涉及具体单位、人员，一经下发，影响面大，关系到相关单位、个人的声誉和前途。因此，要以高度负责的精神，认真作好调查研究，核查事实，确保准确无误。

3. 行文要及时

通报特点之一是时效性强。发通报必须抓准时机。如果错过时机，失去了针对性，就起不到指导教育和推动作用。

4. 评述要中肯

这主要是指对事例的评价。无论是表扬性的，还是批评性的，抑或是信息性的，都不可随意拔高，不可无中生有，任意上纲上线，一定要从事实出发，有理有据，恰如其分。

（六）通报与其他文种的区别

1. 通报与通令的区别

通报表扬先进、批评错误，通令宣布功过、奖惩。两者不同的是：一般性的好人好事、不构成违反纪律的错误，不需要按《中国人民解放军纪律条令》给予奖励或处分，只需一般性表彰或者批评教育的用通报；凡须按《中国人民解放军纪律条令》给予奖惩的用通令。

2. 通报与通知的区别

通报可告知重要情况，通知可传达有关事项。二者区别是：前者是教育性公文，用于告知对方有关重要事项，通常不要求对方办理；后者是执行性公文，通知的有关事项，通常需要对方执行或办理。

思考与练习

1. 在对部属的奖励表彰上，命令与通令、通报的适用范围各是什么？
2. 决定与指示在文种使用上有什么区别？
3. 批转性通知和转发性通知的适用范围分别是什么？

第四节 军队机关公文文种拟写（下）

一、报告

（一）报告的适用范围

《军队机关公文处理工作条例》规定，报告“适用于向上级机关汇报工作、反映情况、回复询问”。报告是下级机关、单位向上级机关汇报工作、反映情况、回复询问所使用的陈述性公文。此外，向上级机关报送文件、物件时也用报告。报告便于上级了解下级的情况，如工作进展、存在问题等，为上级的决策提供依据；对下级而言，通过汇报工作和总结经验，可使上级了解本单位的工作成绩、工作情况。

（二）报告的特点

1. 单向性

报告是下级机关向上级机关汇报工作、反映情况和回复询问时使用的单方向上行文，不需要上级机关给予批复。

2. 陈述性

报告在汇报工作、反映情况时，所表达的内容和使用的语言都是陈述性的。本单位遵照上级的指示，做了什么工作、怎样做的这些工作、取得了哪些成绩、还存在哪些不足，必须一一向上级陈述。反映情况时，也要把时间、地点、人物、事件、原因、结果叙述清楚，向上级机关提供准确真实的信息。

3. 事后性

在机关工作中，有“事前请示，事后报告”的说法。请示应事先行文，不能“先斩后奏”或“边斩边奏”。而大多数报告，则是在开展了一段时间工作后，或是在某种情况发生后向上级作出的汇报。

（三）报告的种类

报告可分为工作报告、情况报告、回复报告、报送报告等几种类型。

工作报告是在完成了某阶段工作，或解决了某问题后将工作情况向上级机关所作的书面汇报。工作报告按涉及范围、内容的不同，又分为综合性工作报告和专题性工作报告两种。综合性工作报告是按年度、季度或月份，向上级领导机关定期汇报本单位全面工作情况时写成的报告。专题性工作报告是针对某一方面的工作或某一具体工作而进行的汇报。

情况报告指向上级机关反映在工作中遇到的重要情况、意见和问题等而拟写的报告。

回复报告是下级机关为答复上级机关询问的问题而拟写的报告。

报送报告是向上级机关报送文件（如计划、方案、典型材料等）、物件（如产品样本）时用于说明、解释的报告。

（四）报告的拟写方法

1. 工作报告

工作报告是在完成了某一阶段的工作，或解决了某一问题后将工作基本状况、成绩、经验、教训、存在问题、今后打算等向上级机关作书面汇报时使用。无论综合性工作报告还是专题性工作报告，其正文均由开头、主体和结尾三部分组成。各部分写法如下：

（1）开头

工作报告的开头也叫“前言”“导语”，其内容或简单交代是什么工作报告、目的何在和对工作或任务完成情况的基本估价；或概述工作进程，先给受文者一个总体印象。也有些工作报告，在开头只写一两句话即引出下文的，如“现将 ×× 工作报告如下”，而将基本情况的综述作为正文主体的一个组成部分。

（2）主体

工作报告的主体部分一般由基本情况、主要成绩、经验体会、存在问题、今后打算等部分组成，各部分写法如下：

基本情况。概述工作的基本情况，对工作作一总体评价。

主要成绩。这是工作报告的重点部分，应以具体事实与数据说明工作进展情况和取得的成绩，以作为叙述经验体会的基础。如综合性工作报告，因内容较多，常将工作按性质的不同加以归类，分列成几个小问题叙述。有的工作报告，特别是专题性工作报告，并不单用一部分介绍工作过程、成绩，而是以做法为线索列小标题，将具体做法和取得的成绩、效果结合起来写。

经验体会。这部分是工作报告尤其是总结性工作报告的核心。它主要叙述从工作中的大量事例中得出的那些规律性认识，即经验体会。这些经验体会一般概括成精练的小标题或导语置于段首。

存在问题。这部分应抓住工作中存在的主要问题和不足加以分析，找出问题存在的原因和应吸取的教训。有的专题性经验总结报告对这部分内容可略写或不写。

今后打算。针对存在的问题提出今后的改进意见或努力方向。

（3）结尾

工作报告的结尾多为表态性的。有的以简要的文字再次点明和深化主题；有的写对未来的展望；有的不写结束语，自然结束全文。

2. 情况报告

情况报告是向上级机关反映在工作中的一些重要情况和意见的报告，也包括事故报告。由于事故报告是情况报告中比较特殊的一种，这里专门介绍一下其写法。事故报告开头一般用直截了当的语言说明事故发生的时间、地点及大体情况，类似于新闻的"导语"，如"本月 7 日，我部 ×× 物资供应站发生了一起严重触电事故，亡 3 人，伤 1 人，现报告如下：……"。正文包括四个方面的内容：事故经过、对事故的处理、事故原因和今后措施。事故的经过和处理过程要详细具体、情况真实，要讲清事件的每一个环节——何时、何地、何人、何事、结果，特别是主要过程和环节，一定要重点突出、精细周密。分析事故原因要实事求是，先讲主观原因，再讲客观原因；先讲直接原因，再讲间接原因；先讲领导机关原因，再讲当事者原因。主要教训和措施部分，要透过表面现象从各个角度深刻剖析，制定切实可行的改进措施。

3. 答复报告

这种报告针对性强，上级问什么就答复什么，不能答非所问。写作时注意两点：一是答复的可信度。对待上级机关的询问，一定要慎重。如果不了解实情，必须经过深入的调查研究后再答复。二是答复的科学性。将调查研究或讨论的情况，做出结论性的意见。这个结论性意见是在尊重事实、认真分析的基础上形成的。

4. 报送报告

这类报告写法简单，只需写明文件、物件的名称、数量，结尾用"请审阅""请收阅""请查收"等结语即可。

（五）报告的写作要求

1. 立意新颖

提炼主题，应该在占有大量材料的基础上进行分析研究，归纳出新观点。

2. 内容翔实

要实事求是，一是一，二是二，有喜报喜，有忧报忧。所以，起草报告的人员，要深入调查研究，掌握第一手材料，然后进行分析归纳，去伪存真。

3. 重点突出

报告的内容应根据主题的要求来安排，分清主次轻重。重点的、主要的内容，安排在前面，应详写；非重点的、次要的内容，安排在后面，可略写。还要注意处理好点和面的关系，既有典型的事例，又有面上的综合性情况。

4. 报告中不能夹带请示事项

对于报告，受文单位不用答复。如果夹带请示事项，不但不便处理，甚至还会贻误工作。

5. 注意情况报告与工作报告的区别

工作报告反映的是经常性的常规工作情况，而情况报告汇报的是偶发性的特殊情况；工作报告的内容相对确定，而情况报告的内容多不确定，因时因事而异；工作报告的写法基本稳定，而情况报告的写法灵活多样；有的工作报告有不同程度的说理，而情况报告重在叙述、说明有关情况。

（六）报告与请示的区别

1. 行文作用不同

报告是下级机关向上级机关汇报工作、反映情况、回复询问、报送材料时使用的一种陈述性的上行文；请示是下级机关向上级机关请求对某项工作作出指示，对某项政策界限给予明确，对某个事项予以审核批准等使用的请求性的上行文。

2. 行文时限不同

报告一般在工作结束或告一段落后行文；请示必须在事前行文，待上级批复后才能执行。

3. 内容与权限的关系不同

报告陈述的是本级机关职权范围内的事项，请示陈述的是超过本机关权限的需经上级机关批准后才能办理的事项。

4. 收文处理不同

上级机关收到报告和请示，处理方式不同。下级机关的报告，一般是汇报工作、反映情况、提出经验教训或建设性意见方案，供上级机关决策或指导工作时参考，上级机关对此不一定批复；下级机关呈送的请示，有的是急需请上级机关批准后办理的，有的是下级机关碰到一些新问题、新情况不知如何处理而急需上级给予指示的，上级对此要及时批复。

例文如下：

关于人才队伍建设情况的报告

××××××××：

××党委《关于人才发展战略及××××年前人才建设主要任务和措施》文件下发以来，我院党委认真贯彻落实上级党委的指示要求，大力加强人才队伍建设，成效明显。根据××政治工作部×月×日的通知要求，现将我院人才队伍建设的基本情况报告如下：

一、人才队伍基本情况

（一）领导班子队伍基本情况（略）

（二）高级专业技术职务和高学历科技干部队伍基本状况（略）

（三）特招地方大学生干部状况（略）

二、所做的主要工作

（一）建立健全加强人才建设的制度和措施（略）

（二）重视对优秀年轻干部的选拔培养（略）

（三）加大人才引进力度，强化特招地方院校毕业生的实践锻炼（略）

三、存在的主要问题

（一）人才队伍进出渠道不畅，结构不合理，整体素质与学院实施新的编制体制后所承担的任务不相适应（略）

（二）高层次、高学历人才引进和保留的难度较大，能够担当学科带头人的知名专家和尖子人才不多（略）

（三）部分教员特别是从部队选调的军事专业教员因晋升技术职务比较困难，自身发展受限，思想不够稳定（略）

（四）科研学术环境相对较差，课题数量和研究经费不足，难以满足人才培养提高的需要（略）

四、加强人才队伍建设的意见和建议

（一）拓宽人才引进渠道，重点解决急需人才的问题（略）

（二）以高职人员和尖子人才的培养为重点，进一步提高人才建设的质量（略）

（三）完善培训体系，逐步开拓军地高校联合培养高学历人才的路子（略）

特此报告，请审阅。

××××××学院政治工作处

××××年×月×日

二、请示

（一）请示的适用范围

请示是请求上级机关对某项工作或某个问题给予指示、批准时所使用的期复性公文。《军队机关公文处理工作条例》规定，请示“适用于请求上级机关指示、批准事项”。

（二）请示的特点

1. 请求性

请示是下级机关就自身无权决定或无力办理的事项请求上级机关决断、指示、批准、支持时所使用的上行公文。请求性是请示有别于其他各类公文的最大特点。

2. 单一性

请示一文一事，不允许像报告那样把众多的内容容纳在一份请示里，一份请示中只能提出一个请示事项。

3. 事前性

请示必须在工作开展前或问题处理前行文，未得到上级机关的正式答复，不允许擅自行动，更不允许“先斩后奏”或“边斩边奏”。

4. 具体性

这是请示内容方面的一个基本特点。它包含两方面含义：一是理由的交代要具体、实在；二是所请求批准、指示的事项要具体明确。

5. 期复性

上级对于下级机关呈送的请示，无论同意与否，都必须给予答复。请示和批复是相对应的两个公文种类，有请示就要有批复。

（三）请示的拟写方法

请示正文一般由请示缘由、请示事项、请求语（结语）三部分组成。

1. 请示缘由

主要写为什么要请示，目的是使上级机关明了请示事项的来龙去脉，为上级机关批复提供必要的依据。拟写请示缘由时，要善于抓主要问题，有选择、有侧重，让上级看后能理解、能同意，不夸大或缩小事实，更不能编造理由。作为理由的陈述，不同种类的请示，有不同的写作内容和写作要求。

对于请求解决某种问题的请示，这部分要围绕“依靠本单位的力量难以解决和克服，根据工作需要又必须解决和克服”的基本思路来写，强调抓住主要矛盾，突出“无力解决”四字，以显示请示事项的合理性。

而在请求批准某种事项的请示里，则要重点阐释所请示事项的意义、目的、根据和实施该事项已具备的主、客观条件，以突出其必要性和可能性。如下面《调整 × 营任务》的请示中对调整部队任务理由的阐释：

我旅 × 营，于 ×××× 年 × 月 × 日赴大山地区执行国防施工任务，现已基本完成任务，正在进行扫尾工作。为完成上级赋予的训练任务，全面提高战斗力，经我旅研究，×××× 年拟将该营转为执行全训任务，现将有关事宜请示如下：

当然，并非所有的请示都写缘由。有些请求核准、审批的请示，缘由可以简写或不写，可用“现将 ×× 问题请示如下”等过渡语引出下文。如某旅《关于提请批准年度后勤训练计划》

的请示：

遵照集团军年初战备训练会议精神，旅参谋部制订了年度训练计划，现送上，请批准。

2. 请示事项

这部分的主要任务就是把请求上级批准的事项清楚地表述出来。

（1）要求上级解决某种问题的请示，通常要写明本级对解决该问题的建议，应直接向上级提出自己的请求。否则请示就会因事项的不明确而失去实际意义。如某旅政治工作部写给集团军政治工作部的《关于解决仪仗队着装和器材的请示》就提出了具体的建议：

遵照集团军首长指示，我旅拟抽调 210 人（含机动 10 人）担负第八届体育运动会的仪仗队任务。根据运动会仪仗队着装规定和有关要求，需给仪仗队配发蓝色运动服和白色运动鞋各 210 套（双）、红色条形旗 210 面。经初步测算，购置上述物资共需经费 3560 元。为解决这一问题，我们提出以下两种方案请集团军首长决定：一是由我旅上报服装号码，请集团军直接下拨实物；二是请集团军下拨经费，由我旅购买。

（2）请求上级批准某种事项的请示，要写明该事项的有关细节，如时间、地点、数量、程度等。这些细节与能否批准有直接关系。如某旅写给集团军的《关于扩建弹药仓库事》请示：

随着技术装备的不断更新，我旅现有弹药仓库已无法容纳弹药存放量。根据所需库房面积，全旅共缺 ××× 平方米。按每平方米 ×××× 元计算，共需 ×× 万元。为落实战备、加强弹药管理，特请求给予解决。

（3）请求上级明确和答复某种问题的请示，要写明要求上级明确哪些问题。如果是在工作中对某一问题的处理有不同意见而又缺乏处理依据，则应写明本机关的倾向性意见。如《关于修建 ×× 机场储备油库事》请示一文：

遵照上级关于修建 ×× 机场储备油库的指示，我部多次对 ×× 机场附近的地质情况进行了勘查。根据水文地质资料，提出两个定点方案：一是在 ×× 山北侧，二是在 ×× 山东侧。经多方比较，我部倾向使用第二方案。根据地质、地形条件和兼顾 ××、×× 两机场用油情况，建议将原通知修建 ×××× 吨油库容量改为 ×××× 吨容量。

所有种类的请求，其事项都应尽量单一。如果在总的事项之下还有若干小的事项，对这些小的事项要采用分条标项的方法写清楚。实际写作时，“事项”和“缘由”之间，通常写一句过渡语，如“鉴于此，特作如下请示”“为此，特请示如下”“为了……，我们建议（请求）……”等。过渡语的选用，要确保上下文连贯自然，不能给人以强拉硬扯之感。

3. 请求语（结语）

这部分的写作目的是向上级提出明确、具体的要求，以进一步点明请示的目的，即请求上级指示或批准。

由于请示是下级向上级的行文，而且是对上级有所求，所以这部分的语气要谦和，用语要恰当。如果是要求上级解决某种问题的请示，一般用“妥（当）否，请审批（批复）”作结；如果是请求上级批准某种事项的请示，通常用“妥（当）否，请批准”或“以上请示，如无不妥，请批准”作结。

（四）请示的拟写要求

1. 理由充分、准确

在反映情况和问题时要实事求是，文字不宜过多，对基本事实和有关数据要认真核对，不能为了突出矛盾而夸大困难和问题的严重性。需要注意的是，理由虽然要求充分、准确，但不能写得太长。

2. 一文一事

一份请示只能写一件事，这是《军队机关公文处理工作条例》的规定，也是实际的需要。如果一文多事，很可能导致受文机关无法批复。

3. 主送单一

一份请示，只能主送一个上级领导机关，不能同时主送两个或两个以上机关。

4. 逐级请示

请示和其他公文一样，一般不越级行文，如果因情况特殊或事项紧急必须越级请示时，要同时抄送被越过的机关。除领导直接交办的事项外，请示一般不直接送领导个人。

5. 不抄送下级

请示是上行文，不得抄送下级机关，更不能要求下级机关执行上级机关未批准的事项。

例文如下：

关于派出电子对抗分队
配合无线电通信对抗演练事的请示

××××××××：

根据××关于“××××××，××××××”批示精神，为提高报务员在各种复杂情况下的应变能力，我部第×旅拟于×月×日至×日组织一次无线电通信对抗演练。为确保演练顺利进行，达到预期目的，请求 ×× 派出电子对抗营予以协助、配合。

可否，请批示。

××××××××××

×××× 年 × 月 × 日

三、批复

（一）批复的适用范围

《军队机关公文处理工作条例》规定，批复“适用于答复下级机关请示事项”。批复是答复下级机关请示事项的公文，内容就是对下级请示的书面答复。

（二）批复的特点

1. 针对性

批复是针对下级机关的请示而制发的，其行文要受请示机关和请示事项两方面的制约。一般来讲，它只给来文的机关或单位行文，若涉及其他机关或单位，通常用抄送的形式；批复只对来文中的事项或问题表态、批示和回答。

2. 权威性

批复是上级机关的结论性意见。上级机关一旦对所请示事项和问题，依据党和国家有关方针、政策和法律、法令作出了决定，就会对请示的单位形成较强的约束力，要求下级按批复的意见去执行，特别是那些关于重要事项和问题的批复，常常具有明显的法规作用，下级必须照办。

3. 鲜明性

批复在回答请示问题时，态度要明确，同意与否、究竟该怎样做，必须直截了当。

4. 简要性

批复在回答请示问题时，注重表态，一般不作具体分析和深刻阐述，只作原则性、结论性的指示和决定，语言简明、扼要。

（三）批复的种类

由于批复是针对请示下发的，所以批复的种类与请示的种类相对应：

一是对请示解决问题的批复。这类批复是针对下级机关在工作中遇到问题，或为完成某项任务请求上级解决问题时使用。如《复解决海岛建设项目经费事》，主旨是答复如何解决海岛建设经费问题。

二是对请示批准事项的批复。这类批复在部队机关的公文活动中比较常见。如《复调整战备值班医院事》，主旨是批准所请示的事项。

三是对下级不明确问题请示的批复。

（四）批复的拟写方法

1. 标题

通常的形式有：

（1）“关于”+事由+“批复”，如《关于××级学员毕业分配问题的批复》。

（2）“关于”+基本态度及事由+“批复”，如《关于同意××总队医院搬迁的批复》。

（3）“复”+原请示公文的标题（或原公文发文字号）。如《复〈关于通信电缆建设事的请示〉》；或“复”+请示事项+“事”，如《复解决海岛建设项目经费事》。

（4）“关于”+请示单位+请示事项+“批复”。如《关于××系请示增加××教研室编制员额问题的批复》。

2. 正文

批复只需对下级请示的事项给予答复，不必阐述太多道理，因此正文结构简单，内容简练。批复的正文主要包括三部分：

（1）引语

主要指明批复所针对的是何请示。通常的写法有“你部×××请示收悉（阅悉）”“你部××××年×月×日关于……的请示收悉”“你部政干〔20××〕×号《关于××级学员毕业分配的请示》收悉”等。

（2）批复的依据

主要是指出作出批复的机关或首长、会议，一般紧接在引语后面，如“经院领导研究，现批复如下”。也有的简单说明批复意见的原因，如：

×××××保障处：

你处关于建设项目经费的请示收悉。由于你处建设项目经费已严重超支，根据上级指示精神，今年不能再追加新的项目经费。

××××保障部

××××年×月×日

该批复中的“你部建设项目经费已严重超支，根据上级指示精神”就是作出批复的原因。

有些批复，如无必要，这部分可以省去。

(3) 批复的意见

针对请示的事项给予的具体答复或指示，是批复的重点，应写得全面、明确、简要。答复通常有几种情况：同意，原则同意，不同意，部分同意。对下级疑问要明确答复。同意的，要进一步给予具体的指示和要求；原则同意的，要指明需改进之处，提出指示建议；不同意的，应概括说明理由；部分同意的，要把同意的部分和不同意的部分分别陈述清楚。回答下级不明确的问题，要准确简明。陈述意见要针对请示的事项有的放矢，如“同意撤销 ××× 野战医院的值班任务，改由 ××× 野战医院担任；野战医院的值班任务不变”，不能笼统地说“同意你部请示”。

批复的结尾可以用“此复”“特此批复”等作为结语。

（五）批复的写作要求

1. 依据政策

批复意见必须依据有关方针、政策，具体的规章制度或有关精神等答复，必要时要把有关政策条文或上级要求等直接引用到批复中，以示慎重；不能毫无根据地答复问题，尤其是否定性批复应特别注意写明不同意意见的根据。

2. 表态明确

批复是指示性公文，下级要照此办理。因此表态必须明确，同意，原则同意，不同意，部分同意，还是另作决定等，都要直截了当、开门见山。

3. 措辞准确

批复是决断，带有很强的指示性，是要求下级遵照执行的。因此，写作时需字斟句酌，用词准确，语句周密，防止产生歧义。

4. 文字简练

要紧扣下级提出的问题，作出明确答复，扼要说明理由，不必阐述许多道理，不要长篇大论，更不能横生枝节、滥发指示。

例文如下：

关于 ××××× 营外出训练的批复

××××××××××××：

你旅 × 月 × 日请示收悉。同意你旅 ××××× 营进驻 ××× 训练。于 × 月 × 日出发，× 月 × 日返营。

外出训练期间，要认真探索机械化步兵分队野战条件下走、打、吃、住、藏、通、管、保的特点与规律，同时，要教育部队遵守群众纪律，严防训练事故。

××××××××××
××××年×月×日

复《关于通信电缆建设事的请示》

××××××：

×月×日关于通信电缆建设事的请示悉，现答复如下：

一、工程项目的经费，由你部做出预算后直接报×××××。

二、所需木材和钢材，由×××××直供。所需水泥请按国家统一计划到××××厂直接提货。

三、工程竣工后，由××××派人验收，施工资料应备一式四份。

请你部与施工单位密切配合，确保工程优质、高速、低耗，按时完成。

×××××××××
××××年×月×日

四、函

（一）函的适用范围

《军队机关公文处理工作条例》规定，函“适用于无隶属关系的机关之间商洽工作、征求意见、询问和答复问题、通报情况、请求批准和答复审批事项”。

（二）函的主要类型

根据性质和内容的不同，函可分为商洽函、告知函、询问函、请求函、答复函等。

商洽函，指与对方商洽，希望其协助解决某个问题的函。

告知函，告诉对方有关情况的函。

询问函，指对有关问题或事宜进行询问、征询、查核的函。

请求函，指请求无隶属关系的对方给予同意、批准事项的函。

答复函，指答复有关机关所请求、询问的事项的函。

前四种是主动发出的，叫“发函”，第五种是被动答复的，叫“复函”。

（三）函的拟写方法

1. 标题

函的标题通常有两种结构形式：一是“关于”＋事由＋“函”，如《关于×××××事函》；二是事由＋“函”，如《联系军校毕业学员实习的函》。

2. 正文

函的正文主要由缘由、事项、意见三部分构成，有的附加结尾。

（1）缘由

缘由是函的开头，主要写为什么发函，即发函的根据或目的。这部分要开门见山、直截了当，不用普通信件中的寒暄用语。直接写明出于什么原因、根据什么需要或为何种目的办理某个具体事项等。如果是复函，一般以对方来函为依据，如“×月×日关于××问题的来函收悉”等，然后引出要答复的事项。

（2）事项

事项是函的主体部分、中心内容。主要写需要联系、商洽的事项或需要告知事项的具体内容。应把商洽的事情或告知答复问题的内容写清楚，但不要记述所办事情的过程，而应把事情的各个关键处，特别是需要让对方明白或互相商洽的事情写清楚。

（3）意见

意见是向受文单位提出的希望、要求和建议，或说明发文单位的看法。写作时要简明扼要，条理清晰，意见明确。如果是商洽函，应把对该事的看法和处理意见写明；如果是询问函，可写出对该事的打算，也可以直接向对方询问某问题；如果是告知函，一般只把某件事告知对方即可。如：

经研究，同意你部×××、×××、×××三名同志参加我院举办的计算机进修班。请转告他们于×月×日来我院教务处报到。进修费由你院负责，支付办法请与我院财务部门联系。

（4）结尾

有的意完即止，无特殊的结尾标志；有的在结尾处写“特此函告”或“盼复”“请函复”；若是复函，则写“特此函复”。

（四）函的写作要求

1. 中心明确，一事一函

内容应紧紧围绕函所提出的问题、事项，切勿繁杂。所提出的问题、需要解决的事项应是对方能够解决或是应当解决的，以免误事。

2. 措辞得体，商洽为本

函是平行文，既不能过分恭维客套，也不能态度强硬，而要温和商洽，谦虚委婉。

3. 简明扼要，重在叙述

要直述其事，不讲空洞抽象的大道理，只要说明所办理事项的依据和理由，把意见或办法叙述清楚即可。

例文如下：

关于参加信息化条件下
联合战役问题研究集训班学习的函

×××× 学院：

得知你院今年 × 月将举办“信息化条件下联合战役问题研究集训班”，因教学需要，我院研究确定派 ×××、××、××× 三同志参加学习。一切费用按标准由我院支付，能否同意，请函复。

附件：三名同志情况登记表

××××× 学院

×××× 年 × 月 × 日

复信息化条件下联合战役问题研究集训班学习的函

××××× 学院：

你院“关于参加信息化条件下联合战役问题研究集训班学习事”函悉。经研究，同意你院 ×××、××、××× 三同志参加我院举办的信息化条件下联合战役问题研究集训班。请转告他们于 × 月 × 日来我院教务处报到。集训班费用由你院负责，支付办法请与我院保障处联系。

特此函复。

附件：集训班学员登记表

××××××× 学院

×××× 年 × 月 × 日

协助了解战士家乡情况的函

××县民政局：

今年二月份起，我部拟在战士中开展“不负家乡情”活动。为了使这项活动更富有成效，特恳请贵局协助了解下列情况：

一、我部×××、××× 、××三名战士的家属，对其孩子在部队的情况（前已有函详细汇报）的反映及有关嘱托和希望。

二、当地政府对三名战士家属优抚情况。

请在近期函告为盼。

××××××旅政治工作部

××××年×月×日

五、通告

（一）通告的适用范围和种类

《军队机关公文处理工作条例》规定，通告“适用于向社会公布应当遵守或者周知的事项”。

通告，按内容可分为政策法令性通告和一般情况、事项性通告两类。通告的法令性和政策性很强，且有通知和约束的性质，具有直接生效的法律作用、执行作用、教育作用，可在报刊登载，也可公开张贴。

（二）通告的拟写方法

1. 标题

通告的标题，一般包括事由、文种名称等要素，如《关于加强军事交通管理的通告》。

2. 正文

通告的正文包括缘由、事项、结尾三部分。

（1）缘由

指发布通告的原因、根据，说明为什么发此通告。如：

经上级决定，我部将于×月×日至×日在××山进行为期20天的训练与演习活动，为保障任务的顺利完成及本地居民的安全，特通告如下：

(2) 事项

即通告的具体事项或规定。内容比较简单、单一的，可不分条写；如果内容比较多，则应分条列项地写。如：

一、以 ×× 山为中心、方圆 10 里以内为训练、演习的警戒范围，无关人员、车辆不得随意出入。

二、× 月 × 日至 × 日每天上午 7：30 — 11：30，下午 2：30 — 6：30 为部队训练时间，其他时间可通行。

三、× 月 × 日上午 8：00 至 × 日下午 6：00 为实弹演习时间，任何无关人员及车辆不得入内。

四、请自觉听从警戒人员的管理，照看好自己的小孩，看管好家畜、家禽等，以免发生意外。由此造成的不便，敬请大家谅解。

(3) 结尾

习惯写法是“本通告自公布之日起生效（或实施）”，也有用“切切此布”“切实遵照执行”“特此通告”作结的。

（三）通告的写作要求

1. 发文目的明确

发布通告的目的或原因，一般在缘由部分扼要地交代清楚，让人们一看就知道为什么发此通告。

2. 注意通告和通知的区别

通告与通知是两种不同的公文，其特点、作用和受文对象范围都不相同。

3. 通告事项应符合政策规定

通告的事项，必须符合法律、法规和有关政策规定，不能违反法规政策。

4. 语言通俗简洁

通告是一种周知性公文，多用张贴和登报的方式发布。因此，写通告要注意语言的通俗和简洁，应简单明了，一看就懂，篇幅也不宜过长，要便于张贴和阅读。

六、纪要

（一）纪要的适用范围

《军队机关公文处理工作条例》规定，纪要“适用于记载会议主要情况和议定事项”。可见，纪要是记载和传达会议主要情况和议定事项的专用公文。它在会议宗旨的指导下，根据会议记录和其他会议文件、资料提炼而成，具有纪实性特点。

（二）纪要的分类和写法

纪要主要有两种：一是办公会议纪要，即由机关领导和有关部门负责人办公会议、例会形成的纪要；二是专题会议纪要，是由领导机关召开的关于某一专门问题的会议所形成的纪要。

这两种纪要的写法如下：

1. 办公会议纪要

（1）标题

一般由会议名称加“纪要”二字组成，如《××××学院首长办公会议纪要》。如果是只研究某一专项工作的办公会议纪要，也可以在标题上加上会议议题，如《关于研究做好离退休干部服务工作的会议纪要》，或省略机关名称。

（2）正文

由会议情况和议定事项两部分内容构成。

会议情况，包括会议时间、地点、会期、主持人、与会人员、议程安排和进行情况等。

议定事项，主要写会议研究的问题、讨论的意见、作出的决定和对今后提出的任务要求等。

2. 专题会议纪要

（1）标题

由会议名称和“纪要”二字组成。

（2）正文

一般由下面三部分组成：

会议情况。除列出会议时间、地点、会议参加者以外，还要写明会议的召集机关，会议的议题，出席会议、作出指示、发表讲话的领导人。有的还要对会议作出评价，指出其重要性。

会议精神。主要写会议研究的问题、讨论的意见、作出的决定和对今后提出的任务要求等。常使用“会议认为”“会议指出”“会议要求”“会议强调”“会议决定”等纪要惯用语。

会议号召。重要专题性会议纪要大多有结尾，其内容是向有关单位和人员提出希望和号召，起激励和鼓舞作用。

（三）纪要写作的注意事项

1. 真实、准确

要真实准确地反映会议情况、精神和议定事项，不能走样，不能把少数人的意见和拟写者的个人看法写进会议纪要，说成会议的共识。

2. 突出主题和要点

纪要，顾名思义就是反映主要之点。"纪"不同于"记"，它具有理出头绪和纲要的意思，这正是纪要与记录的区别。记录忠实地记录每个人的发言，不需要也来不及分析归纳、理出要点。纪要需要而且应当对会议的全面情况和意见进行分析、研究和归纳，抓住主题和要点。

3. 表达明确而有条理

纪要也是要贯彻落实的，因此对会议精神和议定事项要表达得明白确切，防止含糊其辞和产生歧义。尽量分层次叙述，篇幅较长的还应当用小标题提示每部分的内容。

例文如下：

××旅首长办公会会议纪要

×月×日，旅首长就今年上半年的工作情况和下半年的工作任务，专门召开了办公会议，会议讨论和决定了以下事项：

一、会议总结了上半年的工作情况

会议认为，上半年在工作任务重、大项活动多、上级检查考核多、工作矛盾突出、组织协调复杂的情况下，各项工作总体上看完成比较好。作战理论研究取得新突破；政治教育，战备、训练、管理、后勤、装备工作进展顺利，尤其是首长机关训练针对性强，组织正规，效果明显；武装侦察兵比武集训组织严密，优秀"六会"参谋、装备技术专业比武竞赛成绩突出；后勤、装备基础设施建设进展顺利；部队野外驻训抓得紧、管理严、训得实；"条令月"活动开展扎实，部队安全稳定。

上半年也暴露出不少问题：一是有的单位领导机关抓工作的精神不够集中；二是干部、骨干的教学能力有待提升；三是部队专业基础训练不够扎实；四是部队训练作风不够过硬。

二、会议研究确定了下半年的重点工作

会议对下半年的工作进行了研究，统一了思想，确定下半年要重点抓好以下几项工作：

（一）战备工作。（略）

（二）训练工作。（略）

（三）管理工作。（略）

（四）政治工作。（略）

三、会议对做好下半年工作提出了要求。

会议强调，做好下半年工作要把握好以下三点：
一是要加强领导，突出重点；
二是要集中精力，认真落实；
三是要狠抓安全，确保稳定。

思考与练习

1. 军队机关公文中，请示与报告这两种文种有什么不同？
2. 请示的写作要领是什么？
3. 通告需要标识主送机关吗？为什么？
4. 纪要和记录有什么区别？
5. 在哪些情况下用“函”这种公文？

第二章 军队常用事务文书

第一节 军队常用事务文书文体撰写（上）

在军队常用文书中，除《军队机关公文处理工作条例》规定的12个正式文种外，还有其他一些常用文书，如计划、总结、调查报告、述职报告、简报等等。这些常用文书虽未列入正式文种，但它们的作用并不小，有些文书的使用频率还很高，范围也很广。因而，写好常用事务文书，也是机关公务写作的重要内容。这些常用事务文书虽然不能作为独立文种行文，但也应参照公文处理的有关要求撰写。有的可用通知的形式，将其印发、颁发下去；有的可以公文附件的形式制发；有的可采用特殊格式制发，如简报。

一、计划

（一）计划的含义

计划是军队工作的基本文书之一，是预先拟定的一定时期内的具体工作方案。一般包括指导思想和计划依据、具体任务和实施步骤、基本要求和有关说明等内容。

有关军队工作的各种“规划”“纲要”“安排”“打算”“设想”“要点”“方案”“意见”等，也都属于计划。其中，“规划”和“纲要”是比较全面、长远、带有战略性的计划，如《党委建设三年规划》；“安排”“打算”是内容比较具体、适用期限较短的计划，如《本学期××××学院××级硕士研究生政治理论课程教学安排》；“要点”“方案”“意见”等则往往是领导机关向所属单位发布的一定时期内的工作计划，如《××××学院2016—2017学年教育训练要点》《学院保密工作清理整治实施方案》。

（二）计划的作用

1. 指导作用

计划是工作的先导。我们做每项工作都应事先订个计划。有了计划，大家就知道做什么、为什么做、怎样做、什么时间完成。有了明确的方向和目标，就可以增强自觉性，减少盲目性，少走弯路，在计划的指导下完成预定任务。

2. 督促作用

有了计划，就有了检查的尺度，可以统一行动步骤，使大家按计划统一行动、统一标准。经常对照计划检查工作进展情况，以计划标准来衡量工作成效，鞭策和激励人们为达到既定目标而努力。

3. 效益作用

各项工作按计划实施，可以减少不必要的消耗和浪费，无论对领导机关还是对基层单位而言，都有利于掌握工作的主动权。领导机关可以及时掌握工作进程，督促、检查、总结所做的工作；基层单位可对照计划发现问题，及时解决，充分发挥主观能动性，推动工作不断前进。工作计划越周密、完善，其指导、组织、推动工作的作用就越大，效益就越好。

（三）计划的种类

按照不同标准，计划可以划分为多种类型：

1．按工作性质不同，可分为工作计划、学习计划、科研计划、训练计划等。

2．按时间长短不同，可分为长期计划，如规划；中期计划，如年度计划；短期计划，如季度计划、月计划、周计划。

3．按计划主体的不同，可分为单位计划、部门计划、个人计划等。

4．按作用不同，可分为指令性计划、指导性计划。

（四）计划的撰写方法

1. 计划的格式

计划没有统一、固定的格式，可根据使用需要而定。常见的格式有：

条款式。把计划中的各项分列成条款，逐条逐款地写清楚。

表格式。把计划的项目分成几个栏目，列成表格，逐项填写。它适用于某些项目固定、内容变化不大的计划。

文件式。主要依靠文字叙述把计划中的各项说清楚，它适用于原则要求多而具体指标不多的计划。

综合式。既有文字叙述，又有条款，甚至还有表格。一些大型的计划往往采用这种形式。

2. 计划的主要内容

由于各单位各部门的工作性质不同，承担的任务和具备的主客观条件不同，因此计划有大有小，内容有详有略，有的相当完备，有的十分简单。但是，不论哪种类型的计划，在内容上都应体现出以下三个要素的要求：

(1) 有目标。这是计划的灵魂。计划就是为完成一定任务而制订的。目标是计划产生的导因，也是计划的努力方向。

(2) 有措施。这是实现计划的保证。

(3) 有步骤。这是工作的程序和时间的安排、要求，体现出完成工作任务的秩序和重点，使工作协调有序地展开和落实。

具体写作时，应先写明任务目标，而措施、步骤、责任者等内容应根据具体情况确定。

3. 计划的结构

计划通常由标题、正文、结尾三部分组成。

(1) 标题

标题一般包括制订计划的单位名称、计划的执行时限、计划的内容范围、计划的种类名称等四项，例如《××××基地政治工作部关于××××年干部理论学习实施意见》。一些非正式或者不上报的计划标题，往往只有其中的三项或两项甚至一项内容，例如《本学期党课教育计划》《理论学习辅导计划》。这样就要求将标题中省略的项目用其他方式处理。比如，在标题下边以括号注明时限；将计划制订单位的名称或署在标题下，或落款在全文后等。

如果计划未正式确定或有待上级批准，可在标题后面加括号，注明“草案”“讨论稿”“征求意见稿”等字样。

(2) 正文

这是计划的主体，其内容包括以下几项：

导语。这是计划的总纲，也是计划的开头。一般包括基本情况和指导思想两部分，主要写明制订计划的背景和依据。文字应简明扼要、高度概括。如《关于深入开展联合作战知识普及学习活动的安排》一文的导语：

为了全面提高干部队伍，特别是作战部队指挥军官和参谋人员联合作战指挥能力素质，加速推进部队核心军事能力建设，根据《××××联合作战指挥人才培养规划》，现就开展联合作战知识普及学习活动作出如下安排。

目的和要求。这是根据导语所写情况而提出的，包括任务、目标、时限要求等。任务、目标是计划所要达到的预期目的，是计划的核心内容，一定要写得具体明确。计划中的目标应在充分调查研究的基础上，结合主客观条件，经过充分讨论后确定。如某部《旅以上党委建设三年规划》中，就制定了明确的目标：

二、基本目标

经过三年努力，旅以上党委建设实现“七有”的基本目标，即有坚定的政治立场，有较高的思想理论水平，有坚强的集体领导，有艰苦创业的精神，有扎实的领导作风，有清正廉洁的党风，有较好的基层建设基础。党委书记、副书记要努力成为好“班长”，争当“一个好主官”，做到政治思想好，责任意识强，军政素质优，团结配合好，群众威信高，工作建树大。

措施和步骤。这是针对计划的预期目的和要求而制定的。要列出完成上述任务和目标的措施、时间安排、具体要求等。这是完成计划的保证。如某部参谋部制订的《×××× 年军事训练工作计划》中就有着具体的时间安排与要求：

（二）训练时间与阶段区分。全训分队于 × 月 × 日开训，× 月底结束。年度训练 × 个月 ××× 天 ×××× 小时。划分为四个阶段：共同训练 (× 月 × 日至 × 月 × 日)、单兵训练 (× 月 × 日至 × 月 × 日)、分队训练 (× 月 × 日至 × 月 × 日)、旅以上演习 (合练)(× 月 × 日至 × 月 × 日中旬)、年终考核 (× 月下旬)。夜间训练不少于年度训练时间的 ××%。

首长机关年度训练不少于 ×× 天 ××× 小时，划分为三个阶段：业务基础训练 (××× 小时，× 月 × 日前完成)、首长机关演练 (××× 小时，× 月中旬完成)、指挥所演习 (不少于 ×× 小时，× 月底前完成)。分队军官在职训练不少于 ×× 天 ××× 小时，其中业务基础知识学习 (× 天 ×× 小时)，于部队共同训练期完成；业务基础技能和指挥技能训练 ××× 小时，于单兵专业训练期完成；连的军官编组作业 ×× 小时，于班战术训练期完成。

体能训练，士兵全年不少于 ××× 小时，军官全年不少于 ××× 小时，除在训练日安排外，贯穿在年度教育日中落实。非全训连队年度共同、专业训练不少于 ××× 小时，训练不少于 ××× 小时。

(3) 结尾

计划一般不用收束性语言。如果要写，可用展望式、祈使式、号召式、强调式等简短的用语结束全文。

（五）制订计划的要求

1. 要有科学依据

计划所提出的工作任务、目标、措施和步骤，对今后的工作具有重要的指导意义。这就要求计划的制订者对计划完成的工作的各个环节具有科学的预见性，而科学的预见来自科学的依据。这就要求制订计划前必须调查研究，弄清主客观条件，尽可能预测到计划执行过程中将会遇到的困难和问题，以使计划的制订有充分的科学依据。

2. 要“吃透两头”

一是要符合上头精神，即计划内容要符合党和国家的基本路线、方针、政策，要与上级的决定、指示、计划相一致。二是要符合下头实情，即计划中的任务、指标、措施、步骤要从本单位的实际情况出发，实事求是，切实可行。

3. 要具体明确

计划的目标、措施、方法、步骤和责任者，都必须表述得十分清楚。这样既便于执行，也便于检查。特别是关于某项具体工作的计划，绝不能模棱两可、含混不清。即使是远期规划，也应在实行中制订一些细则，使之逐步具体化、明朗化，以利落实。

4. 要统筹安排

制订计划，既要适当突出中心工作，又要处理好中心工作与一般工作的关系，抓住中心，带动一般。

5. 要留有余地

计划在执行过程中，主客观条件会不断变化，可能会有一些偶发性事件影响计划的正常执行。为了保持计划的稳定性和约束力，又要考虑到这些变化的因素，有时就需要对计划进行适当的调整、修改。这样，在制订计划时就要留有余地，不能满打满算，要使计划既积极，又稳妥。

二、总结

（一）总结的含义

总结是对已经完成的工作进行全面回顾、分析研究，从理论的高度找出经验教训，引出一些规律性的东西，以明确努力方向，指导今后工作的一种常用事务文书。

（二）总结的作用

毛泽东同志曾经说过：“人类总得不断地总结经验，有所发现、有所发明、有所创造、有所前进。停止的论点、悲观的论点、无所作为和骄傲自满的论点，都是错误的。”这段话从宏观上深刻地指出了总结的意义和作用。总结对我们在实践中掌握规律、提高认识、克服盲目性、增强自觉性、推动各项工作不断向前发展，具有十分重要的作用。这主要表现在以下几个方面：

1. 认识升华作用

总结是认识工作规律的重要途径，是将感性认识升华为理性认识的必由之路。通过总结，可以对以往的工作实践进行一次正确而清醒的再认识，以便肯定成绩，克服缺点，积累经验，吸取教训，并在此基础上，认识和把握工作的基本规律。通过总结，还可以把那些零散的、肤浅的、表面的感性认识，上升为全面的、系统的、本质的理性认识，从而使认识完成由感性阶段向理性阶段的飞跃和升华。

2. 教育鼓舞作用

总结可以如实地反映工作的过程和面貌，本单位人员可以从中全面深入地了解自己工作的情况和意义，看到自己工作的成绩和收获，从而受到教育和鼓舞，增强主人翁的自豪感和责任感。通过表扬和批评，总结可以鼓励先进、鞭策后进，形成比学赶帮、创优争先的良好氛围。

3. 汇报交流作用

总结是汇报工作、交流经验的重要方法。首先，总结是向上级汇报工作的基本依据。总结可以使上级全面了解本单位的工作情况，及时给予指导和帮助。其次，总结也可以使各兄弟单位之间沟通信息，交流经验，以互相促进，共同提高。

4. 领导决策作用

总结工作是实行科学领导、提高决策水平的重要手段。通过总结可以发现好的经验，并加以传播推广，以点带面，推动全盘，促使工作更加有声有色、富有成效。此外，通过总结，领导可以在全面了解情况的基础上，对下一步工作作出正确的决策，从而不断提高领导艺术和决策水平，使工作质量和工作效率达到一个新高度。

（三）总结的特点

1. 自我性

总结是对自身社会实践进行回顾的产物，它以自身工作实践为材料，采用的是第一人称写法，其中的成绩、做法、经验、教训等，都有自指性的特征。

2. 回顾性

这一点与计划正好相反。计划是预想未来，对将要开展的工作进行安排。总结是回顾过去，对前一段的工作进行检验，但目的还是为了做好下一段的工作。所以总结和计划这两种文体的关系是十分密切的，一方面，计划是总结的标准和依据；另一方面，总结又是制订下一步工作计划的重要参考。

3. 客观性

总结是对前段社会实践活动进行全面回顾、检查的文种，这决定了总结具有很强的客观性特征。它是以自身的实践活动为依据的，所列举的事例和数据都必须真实可靠，确凿无误，任何夸大、缩小、随意杜撰、歪曲事实的做法都会使总结失去应有的价值。

4. 经验性

总结还必须从理论的高度概括经验教训。凡是正确的实践活动，总会产生物质和精神两个方面的成果。作为精神成果的经验教训，从某种意义上说，比物质成果更宝贵，因为它对今后的社会实践有着重要的指导作用。这一特性要求总结必须按照“实践是检验真理的唯一标准”

的原则，去正确地反映客观事物的本来面目，找出正反两方面的经验，得出规律性认识，这样才能达到总结的目的。

（四）总结的种类

按照不同的标准，总结有着不同的分类。按内容分，有工作总结、学习总结、思想总结等；按时限分，有月份总结、季度总结、年度总结等；按主体分，有个人总结、单位总结、部门总结等。从写作方法的角度出发，我们可以把总结分为以下三类：

1. 综合性总结

这类总结要求全面总结一个单位、一个部门在一定时期内的整体工作情况，既要总结经验，又要总结教训，还要简述今后的打算。在具体写作时，必须充分地肯定成绩，同时又要找准问题，以便发扬优点、克服缺点，把今后的工作做好。这类总结的主要特点是：原则性的东西比较多，成绩、做法都是突出重点的粗线条式。

2. 专题性总结

这类总结是就某一问题、某项工作、某项活动所进行的专门性总结，内容比较单一集中。专题性总结常以较短的篇幅阐明问题，有的偏重于经验性的总结，其他问题往往一笔带过。实际工作中这种专题性总结用得比较多。

3. 个人总结

这类总结是对个人在学习、工作等方面情况的回顾，可以是综合性的，即对全面情况的回顾，也可以是专门性的，即对某一方面工作的回顾。写个人总结时要注意，不要一味地罗列事实，而要注意在叙述事实的同时进行必要的理性分析。

（五）总结的撰写方法

总结一般由标题、正文、落款三部分组成。

1. 标题

总结的标题通常有两种形式：单行标题，即单一式标题；双行标题，即复合式标题。

单行标题分两种：一是直陈式，即标题直截了当地写明是什么单位、什么时限、什么内容的总结。如《×××× 学院 ×××× 年党委工作总结》《×××× 旅 ×××× 年党课教育总结》等；二是概括式，即标题简明扼要地概括总结的内容，如《查处一案，教育一片》《军民共建活动的新收获》等。

双行标题，一行为正题，一行为副题。正题概括总结的内容，副题则点明总结的单位、时限和内容等。如《开拓进取，更上一层楼，创造性地提高部队建设水平——××××× 旅 ×××× 年工作总结》等。

2. 正文

总结的正文通常由基本情况、成绩和经验、问题和教训、努力方向四部分组成。

(1) 基本情况

这一部分主要交代说明与总结有关的一些情况(时间、地点、背景等),或概括叙述工作过程,或对工作作出基本估价,或概括总结的中心内容。这样,既可使读者对全文有一个大致的了解,又为正文的展开奠定了必要的基础。内容应简洁、实在,切忌套话和空话。

(2) 成绩和经验

这一部分要具体地说明做了哪些工作、取得了哪些成绩,并通过工作过程的分析,概括出经验体会。写作时,要注意从事实中总结出规律性的东西,切忌从理论到理论作空洞抽象的表述。表达方式多采用夹叙夹议,以叙事为主,用事实说话。如果是经验性总结,经验多的可以分条列出,也可以冠以小标题,使读者一目了然。

(3) 问题和教训

这一部分主要写工作中存在的不足之处,如果某一项工作做得不大好,工作中存在的问题比较多,那么就要注重针对这些问题加以分析,找出原因。如果是侧重于总结经验的专题性总结,这部分可以简略一些,不必过多展开。

(4) 努力方向

这一部分针对问题提出今后的措施和方法。如另有工作要点,这部分要简明概括、点到为止,否则应适当展开。此项也可与问题和教训写在一起,不单写。

3. 落款

如果总结的单位名称已出现在标题中,或者已经签署到标题之下,正文之后可以不再重复。如果标题中和标题下未出现单位名称,则应在正文右下方注明。总结的日期既可写在标题下,也可写在正文右下方。

(六) 总结的写作要求

1. 指导思想明确

总结是站在一定的立场上,用一定的观点去叙述、分析、判断客观事物。这就要求我们必须以辩证的观点、实事求是的态度和科学的理论为指导。只有这样,我们才能站在一定的高度,分析判断问题才能高屋建瓴,才能透过纷繁复杂的现象看到事物发展的客观规律和必然方向,才能抓住主要矛盾,找到解决问题的主要途径和方法。

2. 坚持实事求是

实事求是,一切从实际出发,这是总结写作的基本原则。但在总结写作实践中,违反这一原则的情况却屡见不鲜。有人认为"三分工作七分吹",在总结中夸大成绩、隐瞒缺点,报喜不报忧。这种弄虚作假、浮夸邀功的坏作风,必须坚决防止。

3. 把握中心，突出重点

由于工作中常常会出现多种多样的问题、情况和矛盾，写总结如果一味地事无巨细、面面俱到，就可能用现象掩盖了本质，用材料掩盖了主题，使总结变成没有多少实际意义的流水账。这就要求我们在写总结时，要善于捕捉矛盾的主要方面，从而抓住主要问题、主要事件、主要情况，进行全面深刻的分析。一个单位的中心工作和一项工作的中心环节，就如同总结中的“牛鼻子”，抓住了它就能带动其他。

4. 观点和材料统一，逻辑关系严密

写总结是站在一定的立场上，从一定的角度去分析、判断客观事物，对实际工作中的成绩与缺点、经验与教训、问题与建议提出自己的看法，这就是总结的观点。观点是否正确和深刻，关系到总结是否具有思想性和指导意义。另外，观点不是写作者头脑中固有的东西，不是游离于材料之外的东西，而是对全部材料思想意义的高度概括，是对材料内涵、本质意义的正确开掘。观点是否正确，不但取决于材料占有得是否充分，而且取决于所用的材料是否能强有力地支撑观点。所以在写总结时，尤其要强调观点和材料统一，也就是说应当具有严密的逻辑关系。

5. 注意共性，把握个性

总结很容易写得千篇一律、缺乏个性。当然，总结不是文学作品，无须刻意追求个性，但千部一腔的文章是不会有独到价值的，因而也是不受欢迎的。要写出个性，总结就要有独特的发现，独到的体会，新鲜的角度，新颖的材料。

例文如下：

××旅一营一连××××年工作总结

××××年，我们认真贯彻执行旅党委关于年度军事训练、政治教育、后勤建设的指示精神，立足于本连实际，以军事训练为中心，开展各项工作。我们狠抓党、团支部骨干队伍的建设，积极探索新时期基层政治工作和后勤工作在连队建设中的服务保障作用，较好地完成了上级交给的各项任务，取得了共同课目、军事专业技术、政治教育的优秀成绩，后勤建设也有了大的发展。连队和党支部分别被评为“军事训练先进连”和“先进党支部”，共青团支部被旅评为“先进团支部”，指挥排荣立集体三等功。

一、主要做法

(一)从加强支部建设入手，使“一班人”真正拧成一股绳，促进连队的全面建设

连队支部不仅是党联系基层广大官兵的纽带，而且也是党在基层中的核心组织。支部建设的好坏将直接影响到连队建设。因此，我们始终把党支部建设摆在一切工作的首位，着重抓了三个方面的工作：

1. 坚持支部集体领导，调动“一班人”积极性。(略)

2. 抓好党员骨干队伍，实行责任目标管理。(略)

3. 发挥群众监督作用，促进支部建设。(略)

(二)分专题搞好政治教育，着眼于提高全连干部战士的政治素质

为了使干部战士的思想适应新形势的发展，我们依据上级规定的政治教育内容，在抓经常性思想教育工作的同时，结合部队不同时期干部战士的思想实际，主要抓了三个专题的教育：

1. 抓理想职能教育。(略)

2. 抓法律常识教育。(略)

3. 抓学习雷锋精神教育。(略)

(三)增强国防观念，严格军事训练，调动全体同志练兵的积极性

军队训练是连队的中心工作，也是连队党支部必须抓住的中心环节。调动干部战士爱兵习武、通军精武的积极性，更是搞好军事训练的重要保证。为此，我们采取了三条措施：

1. 把军事训练作为支部的一项中心工作来抓。(略)

2. 建立和健全军事训练的规章制度。(略)

3. 反对花架子，在提高训练效果上下功夫。(略)

(四)切实加强后勤管理，发挥服务保障作用(略)

二、存在问题

1. 政治教育的方法还不够灵活。(略)

2. 军事训练过硬的“尖子”太少。(略)

3. 连队有些行政管理的规章制度有待完善。(略)

三、今后努力方向

1. 加强政治教育的多样性和针对性。(略)

2. 认真搞好训练方式的改革，采取有力措施，鼓励大家敢于在训练成绩上冒尖。(略)

××××年度军事训练工作总结

××××××××

××××年我部深入贯彻新时代军事战略方针，以“能打胜仗”为目标，坚持“练为战”的原则，注重打牢基础，狠抓了首长机关训练，加大了以对抗训练为重点的训法改革力度，部队整体作战能力有了新的进步。

一、基本情况

今年共安排×××个连队执行全训任务。从×月×日开训到×月底结束，部队平均完成昼间训练×××小时、夜间训练×××小时，平均参训率为××%；全年完成“三实作业”×××个连次，分队战术演练××个连次、××个营次；……组织新装备集训××期，共×××人次；分队军官在职训练平均完成×××个训练小时，是近年来比较好的一年。

二、主要特点和做法

（一）深化教育，加强领导，切实把科技练兵摆到中心位置（略）

（二）深化科学练兵成果，继续在训练改革上做文章（略）

（三）严格按新大纲施训，确保部队训练向高效和正规方向发展（略）

（四）加大难度和强度，努力提高合同战术训练质量（略）

（五）从专业实际出发，突出抓好兵种专业训练（略）

三、主要经验体会（略）

四、存在的主要问题

一是在按纲施训上存有薄弱环节。少数干部存在着怕麻烦的思想，致使个别单位没有完全按不同年度兵进行分编分训或混编分训，有“吃大锅饭”“走老路”的问题。

二是消极保安全。有的单位在训练的难度和强度上标准不高。

三是临时训练任务多，下半年正常的训练计划落实不够好。

五、今后工作的意见（略）

三、调查报告

（一）调查报告的含义

调查报告是对某一情况、问题或事件作深入细致的调查、精心的分析研究后，将所得的材料和结论加以整理而形成的书面报告。

理解调查报告这一概念的内涵应把握如下几点：

一是周密细致的调查。调查报告是对客观事物进行细致周密的调查之后的产物，这种调查不是一般地了解情况，而是经过调查后对客观事物产生深刻感受，这是形成调查报告的物质基础。

二是精心的分析研究。调查报告不是对真实情况不加选择地反映，而是要对调查了解来的情况进行精心的分析研究，从而得出深刻的认识，要突出重点、选择典型，才能有说服力，才能形成深刻认识。

三是科学的判断评价。在调查报告中，不仅要有对真实情况的反映和认识，还应当包含写作者对情况的判断、评价以及由此得出的相应结论，做到有情况、有分析、有材料、有观点。

四是精确完善的表述，也就是用书面形式将调查的情况和分析研究的结果用文字表述出来。

（二）调查报告的种类

调查报告是机关工作中经常使用的一种文体。按内容和功用的不同，常见的调查报告有四种：

1. 基本情况的调查报告

用于反映部队工作某个方面的基本情况或某项工作的全面情况，为首长和领导机关制定某一时期的方针、政策，实施正确的工作指导，提供依据和参考。这种调查报告具有工作研究的性质，可作为制定政策、拟定方案的依据。其基本内容包括基本情况、问题及对问题的分析、解决问题的办法。

2. 典型经验的调查报告

用于反映先进单位或个人的典型经验，推动某项方针政策的贯彻执行或某项工作任务的完成。由于它所反映的经验和做法是从工作实践中得来的，因而有普遍的指导意义，可以发挥典型经验以点带面的作用。其基本内容是典型单位或个人的成绩和经验。这类调查报告所反映的是先进的典型经验，可以是新创造出来的经验，也可以是在原有基础上有所发展、有所提高的经验。这些经验有代表性、科学性、政策性，能够为人们进一步搞好工作起到推动作用和指导作用。

3. 新生事物的调查报告

用来反映发展建设中的新人、新事、新发明、新创造等新生事物。这种调查报告大多介绍新生事物的特点及其产生背景和发展过程，指出它所遇到的各种问题及解决方法，指明它在工作中的作用和意义。其目的在于扶持、促进新生事物的成长，并且大力推广。

4. 揭露问题的调查报告

这类调查报告所揭露的问题有多种含义：或是工作中需要解决的突出矛盾；或是部队中存在的一些不良现象或倾向；或是某一具体事件或重大事故。它要通过查明具体事实，指出问题的严重性和危害性，以使上级和有关部门引起重视，并提出解决问题的办法或具体建议，以作为上级及有关部门在解决和处理这些问题时的参考。其基本内容是情况说明、原因分析、调查结论、意见和建议。

（三）调查研究的实施

调查报告的写作实际上包含了两个阶段：调查阶段和写作阶段。调查是写作的基础，先有调查，后有报告，没有成功的调查研究就不可能写好调查报告。从调查报告的写作角度看，调查阶段应做好以下工作：

1. 选择调查题目

即选好调查研究的方向和具体对象。只有选准题目才能按照题目要求去实施调查活动。从某种意义上说，题目选择的好坏决定了一篇调查报告的价值大小甚至成败。一篇调查报告价值的大小，往往取决于它所反映的问题或揭露的情况对当前的中心工作有无指导意义，是不是人们普遍关心的问题。

调查报告的选题应遵循这样的原则：一是实用性原则。一个好的调查报告从选题上看，应该抓住群众普遍关心和实际工作急需解决的问题，要应决策之需，解实践之急；正通说之误，补时论之缺。二是开创性原则。所谓创新性，就是要紧跟时代步伐，站在时代前沿，研究新情况、新问题，取得创见性研究成果。

2. 拟定调查计划

它是实施调查的行动纲领，应包括调查的目的、要求、范围、对象、时间、成员组成、方法、步骤等。调查计划拟定后，应报请有关领导批准，落实调查人员，作好调查的思想准备和组织准备。

3. 采取适当的调查方法

调查首先是一个广泛收集材料的过程，常用的方法有实地观察法、个别访问法、集体访谈法、问卷调查法等。无论哪种方法都是为了收集到准确可靠的材料，因此要避免主观臆断，防止加入主观因素。如果采用问卷法，需要设计好问卷，问卷要以能迅速、简要地作答为原则。同时，问卷本身不能带有倾向性、诱导性。

4. 精心选择、整理材料

选择真实、新颖、典型的材料。通过各种调查活动，可以获取大量材料，但这些材料往往是分散的、混乱的，必须进行整理，使之条理化、系统化，能够为反映文章的主旨服务。选择和整理材料的标准是真实、新颖、典型。对材料要经过精心选择，作出取舍，把有关材料放在一起考察，综合分析，使之形成更有价值的材料。

要善于透过事物表面现象发现本质，从而掌握事物发展规律。只调查不研究，只罗列不分析，是什么问题也解决不了的。只有抓住本质，才具有指导意义。

（四）调查报告的撰写方法

1. 标题

调查报告一般都用正副题式标题，正题揭示调查报告的主题，副题指明调查研究的对象和范围等。如：

阅读兴趣转移明显，新的问题需要引导

——对一些基层干部战士课外阅读情况的调查

标题是调查报告的眼睛，因此必须用高度概括的语言提炼报告的主题，做到题文相符，使阅读者一看就知道是关于什么问题的调查报告。

2. 前言

也叫“开头”或“引言”。根据调查的内容，因文而异。

有的是介绍调查的缘由，如《基层后勤建设调查情况》一文的前言：

为全面贯彻落实集团军基层工作会议精神，有针对性地加强基层后勤建设，根据集团军今年的基层工作部署，我部组织了联合工作组，对全旅××个建制连队进行了后勤建设情况调查。

有的是交代调查的目的、意义，如《对××部队现有装备形成作战能力建设情况的调查报告》一文的前言：

根据××部首长指示，×月×日至×日，××××处×处长带领工作组对××部队现有装备形成作战能力建设的展开情况进行了检查。工作组听取了各单位领导介绍情况，实地查看了修理所、车炮场、弹药库等基础设施建设和管理情况，抽查了战备库室建设和连队兵器室安全管理情况，并与部分机关和基层干部进行了交谈。部队同志普遍反映，这次检查很有必要，是对部队开展这项工作的一次再教育、再动员、再发动，对进一步统一思想、理清思路、抓好落实是一个有力的促进。通过较为系统、深入、全面的检查，基本摸清了当前部队现有装备形成作战能力建设的底数。下面，我们就这次检查的具体情况作一汇报：

有的是交代调查过程、时间、地点、范围，如《关于政工费、训练费的调查报告》一文的前言：

根据×××指示，我们从×月下旬至×月上旬，分别对××军分区的政工费和××军分区的训练费进行了调查，对其××××年的收入、使用和节超情况进行了剖析。现将调查情况报告如下：

还有的是交代调查得出的基本结论、基本评价。如《关于××旅后勤保障管理情况的调查报告》一文的前言：

在经费不够充裕的情况下，如何保障部队各项建设，是各部队都在探索和实践的一个重要问题。××旅以改善配套设施、提高基层后勤管理的规范化，对人、财、物使用管理进行优化组合，精打细算过好紧日子，提高管理者会管、善管、敢管的责任意识等经验和做法，回答了当前基层后勤工作中一些带有普遍性的问题，具有较强的说服力。

3. 主体

根据材料的内部关系，既可采用横式结构，从不同角度分别论述一个问题，也可采用纵式结构，先是写出从调查中得出的结论，接着分析产生上述现象的原因，最后提出解决问题的对策。有的还可采用混合结构，即纵式、横式综合使用。

主体部分最容易犯的通病是事例堆积、数字成串，只有材料，没有观点。调查本身不是目的，目的在于将调查来的情况加以整理研究，提炼出观点并解决问题。所以写作调查报告要处理好叙和议的关系，叙是议的基础，议是叙的升华。

4. 结尾

调查报告常在结尾部分显示作者的观点，对主体部分的内容进行概括、升华。因此，结尾往往是比较重要的一个部分。常见的写法有：

一是概括全文，明确主旨，在结束的时候将全文归结到一个思想的立足点上。这样的结尾，给人以清醒的理性认识。如《关于 ×× 旅后勤保障管理情况的调查报告》一文的结尾：

通过对 ×× 旅后勤保障管理的调查，我们认为，该旅后勤保障工作做得好，并不是上级给了他们什么“特殊关照”，而是他们主观努力的结果。后勤保障工作历来是三分供、七分管。管理工作是重点，是难点，在当前形式下，又成为热点。如果各单位都能像该旅这样去啃“管理”这块硬骨头，那么“管理、质量、效益”之花必将结出更加丰硕的果实。

二是提出问题，启发思考。如果一些存在的问题还没有引起人们的足够注意，或者限于各种因素的制约，作者还不可能提出解决问题的办法，那么就要把问题指出来，引起有关方面的注意，启发人们对这一问题进行思考，这也是很有价值的。如《阅读兴趣转移明显，新的问题需要引导——对一些基层干部战士课外阅读情况的调查》一文的结尾：

上述问题，虽不是主流，但表明我们的政治工作遇到了新的问题，面临新的挑战。而且，还应该看到，随着我国文化事业的繁荣发展，多元文化的产品会更多地进入干部战士的生活之中，他们的阅读视野也会因此迅速扩展，根据自己兴趣阅读的书籍对其世界观的影响将明显加强。因此，对他们的课外阅读，既要继续开放，又要加强引导。例如：提倡干部战士学点哲学、历史、人文方面的理论知识，提高他们的人文素质，特别是干部要带头先学；有选择地向干部战士推荐一些新书；有组织地开展一些书评、读书咨询、专题讨论等活动，都不失为有益的方法。

三是针对问题，提出建议。在揭示有关问题之后，对如何解决问题提供一些可行的建议，以供决策参考。如《关于 ×× 分队部分新兵被服领取问题的调查报告》一文的结尾：

四、措施和建议

（一）×月×日，我部已向全旅发出《关于认真检查新兵被服发放情况的通知》，要求对新兵被服发放情况进行全面检查，发现有少发、错发的，及时补发调换，目前有关单位正在落实。

（二）建议将此事在全集团军通报，以吸取教训，杜绝此类问题的再次发生。

思考与练习

1. 规划、安排、设想和方案有何异同？
2. 总结有哪些作用？结合学员队最近的活动，写一篇个人总结。
3. 在撰写调查报告的过程中，开展调查研究时要注意哪些问题？

第二节　军队常用事务文书文体撰写（下）

一、典型材料

（一）典型材料的含义

典型是具有代表性的人物和事件。先进典型就是那些具有时代特色、代表社会前进方向、对部队乃至整个社会具有深远影响的先进单位和先进个人。而典型材料就是指为了表彰宣扬先进典型的事迹、交流推广先进典型的经验而写的书面材料。这是一种使用频率很高、使用范围很广的文书。

（二）典型材料的分类

从内容上分，典型材料可以划分为三种类型，即典型经验材料、典型事迹材料、典型事件材料。典型经验材料，是指为交流推广先进典型的经验所写的材料；典型事迹材料，就是为宣传表彰先进典型的事迹所写的材料；典型事件材料，就是为分析解剖某个典型事件的意义所写的材料。

（三）典型材料的撰写方法

典型材料一般由标题、导语、正文、结尾等组成。

1. 标题

典型材料的标题撰写应考虑三个问题：一是要贴切，切合材料的内容，反映中心思想，做到宽窄适度、恰如其分；二是要简洁，要高度概括，做到言简意赅；三是要醒目，做到新颖生动、吸引读者。典型材料的标题有两种形式：一是单一式标题，如《“模范共产党员”×××同志的事迹》；二是复合式标题，即包括正题和副题，如《提高科学管理水平，搞好连队全面建设——记××旅高炮连连长×××》。

2. 导语

典型材料的导语一般是概括地介绍典型的基本情况，如工作简历、主要事迹及获得的主要荣誉等。目的是使读者对典型产生的背景和概况有个基本的了解。例如《提高科学管理水平，搞好连队全面建设——记××旅高炮连连长×××》一文中的导语：

×××同志××××年入伍，现任××旅高炮连连长。近年来，他努力探索新时期科学管理理论，运用管理科学的原理和方法指导带兵实践，取得了优异的成绩。他先后四次荣立三等功，××××年被集团军评为“优秀连长”，××××年被集团军树为“标兵连长”。他所在的连队被评为“先进连”。

导语部分虽然在整个材料中所占篇幅不大，但却非常重要，不可或缺，对整个材料起着提纲挈领的作用。因此，导语要写得简明扼要、紧扣主题，为主题的展开提供基础和方便。

3. 正文

正文写作要做到结构清晰、层次分明，用大量事实反映中心思想、突出主题内容。正文在结构形式上没有什么固定模式，通常根据主题的需要、材料的特点和作者的行文习惯来组织材料。最常用的结构形式有以下两种：

(1) 横式结构

紧紧围绕主题（中心思想），不受时空限制，采取大跨度、多侧面的结构层次，从几个不同的角度把典型的事迹按类别集中归纳在一定的观点之下，共同为主题服务。如《“模范共产党员”×××同志的事迹》一文的结构形式就是典型的横式结构：

一、热爱事业，舍生忘死干工作

二、关心战士，感情胜过亲兄弟

三、廉洁奉公，时时处处做表率

四、身残志坚，争分夺秒作贡献

这种结构形式的好处是材料相对集中，内容清晰可辨，而且涉及的面广、容量大。采用这种结构形式时，应注意各部分之间的先后、主次顺序，使之合情合理，富于逻辑性。

(2) 纵式结构

这种结构形式分两种情况：一是按照事物发展的脉络，或者按时间顺序、空间顺序依次安排、组织材料；二是按思想认识的发展变化，逐次递进，步步深入，介绍典型的先进事迹和先进思想。如《共产党员就要上不愧党下不愧民》一文就是按照时间顺序叙述的：

我们团是1974年在敬爱的周总理的亲切关怀下组建的……

我在内蒙古工作了35个年头……

1993年秋天……

1994年10月24日……

……

……

这些年来……

这种结构形式的好处是脉络清楚、层次分明，能使人清楚地了解典型的成长、发展过程和事件的前因后果。在采用这种结构形式时，应注意突出重点，不要面面俱到。

在实际写作过程中，还可以将上述两种结构形式交叉使用。这种纵横交错的结构形式更适用于大型典型材料的写作。

4. 结尾

典型材料的结尾，一般采用自然结尾法，即该叙述的事叙述完了，该说的话说完了，全文就此结束。

（四）典型材料的写作要求

1. 选准典型

一般来说，典型材料的写作任务都是“受命”的，要么是上级机关为开展某项政治教育活动，或为了配合某项工作任务派人到基层调查了解，树立典型，整理成文上报；要么是本单位工作突出或涌现出先进个人，受到上级表扬，有关领导要求写成典型材料上报。无论哪种情况，写作者都面临着一个选择典型、认准典型的问题。在选择典型时，要在“准”字上下功夫，需认真考虑以下几种情况：一是典型是否具有普遍意义，对部队工作是否具有指导推动作用，是否具有宣传和推广的价值；二是典型是否具有时代性，即确定的典型要有崭新的精神风貌，要体现出时代精神；三是典型自身的情况，如成绩是否真实，事迹是否感人，经验是否有效等，切忌以偏概全或弄虚作假。

2. 抓准材料

典型材料是通过宣扬先进事迹，达到树立典型，感动人、教育人的目的的。这就要通过大量具体的事实去表现。因此，写作者必须进行深入细致的调查采访，掌握大量的第一手材料。

第一，充分准备。这是指在接触写作对象前要做好相关前期工作，例如阅读有关材料，召开座谈会、调查会，利用口头询问、侧面观察等形式，了解典型的成长环境、群众基础等等。

第二，优化方法。一般来说，典型都是很谦虚的，不太愿意主动宣传自己的成绩。写作者就必须通过巧妙的听、问、看等手段，搜集到自己所需要的材料。

第三，亲身体验。有时仅靠调查采访还是不够的，还需要写作者同典型一起生活、工作，体验他们的思想、感情。有些大型的典型材料，还需要写作者与写作对象较长时期地吃、住一段时间，从感情上、气质上把握写作对象。

3. 定准主题

典型材料的主题如何，直接关系到其社会效果。典型材料必须从占有的全部材料出发，在充分分析、研究、思考、领悟的基础上，提炼出正确、深刻而新颖的主题。具体说，应注意以下两点：

第一，要符合工作的需求。这是典型材料这种文体特殊的作用所决定的。典型材料中的“典型”不同于“文学典型”，后者讲究“务虚”，诉诸的是感情和理想，前者则要求完全真实，诉诸的是上级的要求和工作的需要。因此，典型材料的主题，要充分考虑上级机关的指示和部队工作的实际，回答部队建设中要求回答的问题，加强指导性和针对性，真正发挥典型的示范教育作用。

第二，要突出典型的“亮点”。典型的事迹可能很多，时间跨度也可能很长，写作时不能面面俱到，要抓住典型身上最突出、最有特点、最具代表性的一面，深入开掘，强化凸现，真正达到“以点带面”的效果。

4. 用准方式

典型材料除在一定场合进行宣传和刊登外，还有一个重要的任务就是向上级机关报告情况，为领导者提供信息，作为他们制定政策和指导工作的参考，所以其语言必须准确、平实，一般不运用“文学笔法”过分渲染或过多修饰。典型材料运用的表达方式主要是叙述和议论，偶尔可以适当地运用一些描写和抒情，但不能喧宾夺主。当然，典型材料的语言也不能呆板，不能没有生气、没有特色，而应该在平实朴素中追求生动形象。行文当中，也可适当地引用典型的语言或引述与典型的对话，也要注意气势的贯通流畅、起伏变化，力求给人留下深刻印象。

二、述职报告

（一）述职报告的含义

述职报告是实事求是地向上级机关、领导或部属报告自己履行职责情况的一种文书。它是上级领导考察部属的一种重要方式，也是群众对干部进行评议监督的一种有效手段。

（二）述职报告的作用

1. 鞭策作用

通过对自身职责履行情况的回顾和反思，通过上级和群众的评议，使述职人对自己的职责有更深入的认识和把握，提高自身能力和素养，鞭策自己恪尽职守，更上一层楼。

2. 考察作用

述职是上级主管部门考核、评估干部的重要手段。在岗位职责明确的前提下，要求担任各类职务的干部定期撰写述职报告，有利于干部管理部门全面细致地了解干部的能力、水平和业绩，有助于干部管理工作制度化、规范化。

3. 沟通作用

述职是领导干部与群众之间沟通思想感情和交流工作见解的一个有效渠道。它有助于领导干部认真倾听群众意见，克服官僚主义作风，也可以帮助群众了解自己的领导，进而形成合力，推进工作。

（三）述职报告与个人工作总结的区别

述职报告与个人工作总结相关联，但也有一定的区别。

二者之间的共同点主要表现在两个方面：一是写作形式相同，都需归纳做法和成果，找出问题，分析成功的经验和失败的教训；二是表达方式相同，都是运用叙述性的语言概括主要工作过程和工作结果，运用夹叙夹议的语言谈体会，揭示工作规律。

二者之间的区别主要表现在三个方面：

一是回答的问题不同。个人工作总结要回答的是做了哪些工作、有哪些成绩、有什么经验、存在哪些不足、要吸取什么教训等问题；述职报告要回答的是有什么职责、自己是怎样履行职责的、是否称职等。

二是侧重点不同。个人工作总结一般以归纳工作方法、汇总工作成绩为主，重点在于体现个人的主要工作实绩；述职报告则限于汇报履行职责的情况，以汇报个人的德、才、能、绩为主，重点是汇报履行职责的思路、过程和履行职责的能力等。

三是反映成绩的范围不同。个人工作总结不受职责范围的限制，凡是自己做过的事情、取得的成果，都可以纳入其中；而述职报告则必须局限于职责范围之内，围绕“职责”这个基点安排结构、提炼观点、精选材料。

（四）述职报告的撰写方法

述职报告的一般结构形式为：标题、正文、结语。

1. 标题

述职报告的标题通常情况下只写“述职报告”这几个字。也可以写成“何人何时的述职报告”，如《××××学院××处处长×××三年任期述职报告》。有的还可以用一般文章概括内容的标题，如《全心全意为官兵——××××年度述职报告》。

2. 正文

首先是导语。这个部分主要是交代自己的职责，有的还需要说明自己对职责的认识，阐述任职期间的指导思想和工作目标，或概括履行职责的结果。接着，进入述职报告的核心部分。这部分要紧紧围绕自己的岗位职责来写，主要阐述自己是如何履行职责的。要先摆出工作实绩，串起德、能、勤、绩各个方面。然后，认真剖析在履行职责过程中成功的经验和失败的教训，回答称不称职的问题。最后，表明今后的设想和决心。

3. 结语

主要是根据自己在履行职责中存在的问题，提出改进措施，谈今后履行职责的基本设想。

（五）述职报告的写作要求

1. 坚持实事求是的原则

述职要讲真话、实话，把自己在履行职责的过程中，究竟是如何按照职责的要求去做的，以及怎样开展工作的，如实进行报告，切忌“假、大、空”。

2. 以“职责”为中心

述职报告的目的，不是评功摆好，也不是个人的工作总结，而是要通过表述，表明自己是否称职、是否明确职责之所在、履行职责的能力如何，以及工作实绩的大小、领导艺术的强弱等。领导干部的述职，还要反映出领导决策能力和组织指挥能力。所以，述职报告必须以“职责”二字为中心，将自己履行职责的实绩和能力充分准确地展示出来，给领导和群众以鲜明的印象和强烈的逻辑感染力，这是述职者必须重点把握的问题。

3. 态度要诚恳

述职，是向机关和群众汇报工作，而不是作工作报告，因此必须明确自己的特定角色，摆好自己的位置。写作述职报告之前，应对自己履行职责的情况作认真而全面的反思，并虚心听取群众的意见，弄清群众的意见和要求，对群众反映强烈的问题尤其要如实阐述，以坦诚的胸怀赢得群众的认可和支持。同时，在叙事说理过程中，应情理交融，可有适度的感情色彩。

例文如下：

述职报告

首长、同志们：

我是去年初由二连调到本连任政治指导员的。我任职一年多来，在上级首长、机关以及本连党支部的领导下，做了一些工作，取得了一些成绩。现将自己履行职责的具体情况陈述如下：

我们连原来是全团的中游连队，工作基础比较薄弱。我到任后，在广泛进行调查研究的基础上，组织党支部一班人，认真肯定成绩，发扬优长，查找问题，分析原因。依靠全连官兵，充分调动他们的积极性，在认真履行职责的同时，重点抓了以下几方面的工作：

第一，提议并主抓了党支部的整顿，增强了党支部战斗力。上任时，连队党支部管理干部不力问题比较突出：一是对干部的工作缺乏管理；二是对干部的思想缺乏管理。针对这些问题，党支部一班人统一思想，利用两个月的时间进行了整顿。通过整顿，较好地解决了两个问题：首先是党支部必须坚持党管干部。因为党管干部实际上就是党组织依据《党章》的精神，对党员干部进行教育、培养、考察和监督，就是要管好干部的学习、思想、工作、作风和生活，使干部适应党的要求，成为自觉地为党的事业奋斗的先锋战士。同时党管干部是党的事业兴旺发达的重要保证，是党支部的一项重要职责，要使每个同志自觉树立党要管干部、干部要服从支部管理的观念。其次，切实纠正了“批评难”的问题。在整顿中，既引导干部勇于自我批评，严于解剖自己，同时又充分运用群众评议、小组交心、支部帮助等方式开展批评教育。通过这些活动，较好地消除了思想顾虑，大家都敢讲真话、讲心里话，从而增强了干部的事业心、责任感。

第二，从连队实际出发，主动抓好官兵思想工作。一是针对驻地的特点，认真抓了抵制“灯红酒绿”的教育。我们连在开放城市执行警卫任务，与国内外的游人接触多，干部战士易受到一些不健康思想的影响。鉴于这种情况，党支部引导全连官兵采取摆事实、谈危害、分析正反两方面的典型、制定有效措施等方法，对全连进行反对“拜金主义、享乐主义、极端个人主义”和抵制“灯红酒绿”的教育，把抓思想教育与开展健康的文化活动结合起来，把抓思想教育与抓行政管理结合起来，收到了较好的效果。二是针对干部战士的现实思想和学习情况，有计划地抓了时事政策教育和爱国奉献教育。去年底，我利用平时座谈、会上提问、学习后测验等形式，对每个同志进行摸底，发现少数战士对党的创新理论的认识不是很深刻，对国家的历史和现状缺乏充分的了解，对社会主义制度的优越性了解不具体。针对这些情况，认真抓了这方面的教育。首先是定期进行时事政策教育。今年初连队明确规定：每天组织干部战士收看电视新闻联播，每月为干部战士上一次时事教育课，每两个月进行一次时事学习经验交流会。同时我还大力抓了爱国奉献教育。我认真收集了改革开放以来我国社会主义建设取得巨大成就的有关资料，进行系统备课。在授课中，我既注重讲清革命道理，又注重运用我国历史事实、改革开放以来取得的巨大成就启发大家、教育大家，从而使官兵加深了对社会主义优越性的理解，坚定了社会主义信念，增强了爱国奉献意识。三是针对连队工作的实际，注意做好经常性思想工作。今年来，我注意抓了以党员、班长为主体的思想骨干队伍的建设，充分发挥他们的作用，积极开展谈心活动，及时反映干部战士的思想变化情况，协助连队做好经常性思想工作。为了把思想工作落到实处，我曾 9 次与思想骨干一起分析全连官兵思想形势，分别找官兵谈心 400 多人次。此外，还借助社会、家庭的力量对干部战士进行思想教育。我主动向战士的家庭和地方政府写信 123 封，利用探家、出差等机会走访了 19 名干部战士的家庭。通过这些具体工作，稳定了干部战士的思想，焕发了官兵的工作热情。

第三，积极宣扬各种典型，使官兵学有榜样。为了树立正气，使连队形成团结向上的风气，我坚持正面引导，增强竞争意识，任职后宣扬了军事训练尖子 ××、政治学习先进分子 ×××、守纪标兵 ×××、艰苦奋斗模范 ×× 等 8 名同志的先进事迹，使全连官兵在各项工作中学有榜样、赶有目标、量有尺寸，大大调动了全体官兵的工作积极性。

第四，注意抓好军民共建活动，密切军民关系。针对我连驻地的特点，我把开展军民共建活动作为新形势下密切军民关系的有效途径。共建中，通过向群众宣传党的路线、方针、政策，积极进行普法教育、开展扶贫助民劳动等，密切了军民关系，协调了内外关系。

经过我和支部一班人的共同努力,连队面貌有了新变化。支部班子建设迈进全团先进行列；军事科目考核名列全团第一；后勤管理被评为“先进连队”。连队有20名同志立功受奖，我个人也被团里树为“指导员标兵”。

总之，回顾自己任职以来履行职责的情况，认为是称职的，圆满地完成了上级赋予的各项工作任务。

尽管我在工作中取得了一些成绩，但对照政治指导员的职责，还存在一些问题。一是本人对一些政治课还不能够从理论上讲深讲透；二是对信息化条件下军事训练中的思想工作还缺乏经验，方法简单。

通过述职，我更清楚地认识到自己岗位光荣、责任重大。今后，我决心不辜负各级领导和同志们对我的期望，严格履行职责，不断巩固和发展已经取得的成绩，纠正不足，为认真按照《军队基层建设纲要》建设全面过硬的连队作出更大贡献。

六连政治指导员 ×××

××××年×月×日

三、简报

（一）简报的含义

作为一种文体，简报是各级机关用来汇报工作、沟通情况、反映问题、交流经验的一种简短的书面报告;作为一种刊物，它是上传下达、左右沟通、快速交流信息的一种简要内部快报。

（二）简报的特点

1. 内容真实

简报所反映的内容必须完全真实。简报的一个重要目的是向领导机关反映情况，领导机关根据简报所反映的情况作出决策，指导下级工作。简报所反映的内容，包括时间、地点、人员、事情的前因后果和来龙去脉、引用的数据、人物的发言等，都必须准确无误。如果简报刊登讲话材料，一般应经讲话人审核，以保证材料的真实性、准确性。

2. 新颖及时

简报要求及时准确地反映情况，具有很强的时效性。它反映的内容须是最近发生的新情况、新动态、新经验。发简报的目的是使人们从简报所反映的内容中得到启示，以便更好地展开工作。如果失去了新意，简报就失去了意义。因此，编写简报必须有敏锐的洞察力，善于抓取最新的材料进行及时反映，从而保证简报具有“新”的价值。同时，简报与一般文书相比，还要突出一个“快”字。重大的情况需要及时报告给上级。

3. 简明扼要

内容要简练，这既是简报的特点，也是由简报的“新”和“快”所决定的。只有“简”，才能做到“新”和“快”。因此，简报要求文字简明、内容精练。

4. 密级明确

简报一般是内部刊物，甚至带有密级，这是它区别于新闻报道的一个最重要特征。简报的内容一般不适宜在报纸上公开披露，只能在内部范围内阅读。因此，根据报头的密级来控制简报的阅读和发放范围，以便阅读者按照要求保守机密，防止因泄密而给国家和军队带来损失和危害。

（三）简报的种类

作为沟通信息、交流情况的事务文书，“简报”只是一种统称，各单位内部编发的“情况交流”“×× 动态”“×× 简讯”“内部参考”“工作通讯”等都属于简报范畴。

1. 综合类简报

这是一种为综合全面地反映本系统、本单位的情况而编发的简报。这类简报，除了编发一些内部动态、消息外，还刊登政工研究、经验介绍、理论学习等文章。部队各大单位政工机关编发的《政工简报》《政工通讯》等大多属于此类。

2. 专题类简报

这是为配合某项专门工作的开展、某项任务的完成而编写的专题性的简报。它专门用于反映某项工作、某项任务的动态、经验和问题，或向上级及主管部门汇报，或通报有关部门，或下发基层单位，用以推动工作。这种简报通常是阶段性的，工作一转移或专项任务一完成，该专题简报也就完成使命。

3. 会议类简报

这是会议期间为反映会议进展情况而编发的简报。有反映会议整体情况的综合性简报，有就一件事或一个问题写作的专门性简报。会议期间的一些重要发言，也可单独发简报。会议简报是临时性的，只在会议期间使用。

4. 动态类简报

这是一种为领导同志和决策部门提供最新信息而编发的简报。主要刊登一些具有参考价值的最新事态、重要动向、重大社会新闻、具有代表性的群众意见等。这类简报，只供一定范围内的人员内部参阅。

（四）简报的格式

简报在长期的编发实践中，形成了较为固定的格式，一般由报头、正文和报尾三部分组成。

1. 报头

报头在简报首页，约占页面三分之一的上方版面。它包括报名、期数、密级、编发单位、印发日期、分隔线等内容。

报名多种多样，部队常见的有“军训简报”“政治工作通讯”“政治工作情况”“后勤工作简报”“装备情况反映”“军事信息”“政工信息”等等，一般用套红大字正中印刷。期数在报名的正下方，按期序编印。密级标注方式同机关公文。必要时，需在它的下面标上发文范围。编发单位在编发期数下，另起一行，靠左方顶格书写。印发日期与编发单位同行，靠右侧书写。分隔线是在编发单位和印发日期下边画一道红色横线，以示与正文分隔。

2. 正文

正文是简报的内容部分，在分隔线和报尾之间编排。一份简报有时围绕一个中心，从不同的角度同时刊载数篇文章，有时只刊载一篇文章。根据需要，有时还在所登载的文章前，加上编者按语，对文章所表达的思想和现象作出评价并表明态度。这些按语往往有着很强的指导作用。

3. 报尾

报尾位于最后一页下方，一般用两条平行分隔线框住。分成两行，分别写明发放范围和印制份数。也有将印制份数放在线下右下方的。如下图：

报：×××，××××，×××，××××××，×××。

发：×××，××××，×××，××××，×××××。

共印 ×× 份

（五）简报的作用

1. 指导工作

领导机关通过简报，可及时地向所属单位传达领导的意图，树立典型，推广经验，以此指导各项工作顺利开展。

2. 反映情况

各级党委、机关向上级反映情况，除正式行文和口头汇报外，日常的工作情况、问题和一些值得注意的动态，主要靠简报来反映。这些动态和情况，对于上级机关领导决策有着不可忽视的重要作用。

3. 互通情报

发生在各个单位的新事物、产生的好经验等，都可以通过简报传递、交流，促进单位之间、上下级之间的相互了解，从而起到相互学习、启迪、借鉴和提高的目的。

（六）简报的写作要求

1. 注意指导性

简报通常反映某单位中心工作情况。简报所登载的文章的内容要与本期简报的中心或主题紧密相关。其所反映的情况、动态及办法，应能显示出重要信息，抓住关键要害，并为解决问题提出新思路，从而起到指导作用。

2. 注重真实性

真实性是简报写作的起码要求和必须遵守的基本准则。简报既要写取得的成绩和经验，也要写存在的问题和缺点，采用的材料一定要实实在在，所写的人物、时间、地点、事件、数据等都要准确无误。不得华而不实、空洞无物；也不允许报喜不报忧，只写成绩，隐瞒问题；更不允许歪曲事实，编造情况。

3. 强调及时性

简报具有“简、新、快”的特点，要及时编写。特别是那些重要会议或一个时期的中心工作，情况变化快，往往要一日一报，一月数报。只有迅速及时才能发挥简报对工作的指导作用。

4. 保持简明性

简报应以叙述情况、反映问题为主，要把事情的来龙去脉交代清楚，让读者自己分析理解，作出判断，而作者不应过多评论。无论何种简报都应简明，内容集中、观点鲜明、选材精当，文字表达要用词准确、言简意赅，不说空话、套话。

思考与练习

1. 典型材料写作的要求是什么？写一份学员队里先进人物的典型事迹材料。
2. 个人述职报告与个人工作总结在写作上有什么不同点？
3. 简报的作用是什么？

第三章　军事新闻

第一节　军事新闻概说

一、军事新闻的含义

军事新闻就是关于军事题材的新闻，是对军事领域里新近发生的、具有重要意义的、能引起广泛兴趣的事实的报道。一般来说，军事新闻包括军事消息、军事通讯等。近年来，也有将军事述评等军事报刊言论归入到广泛意义的军事新闻中的。军事新闻对军队的建设起着非常重要的作用，尤其是在信息化时代的今天，军事新闻的作用越来越大。

二、军事新闻的特点

（一）新闻的特点

军事新闻是新闻的一种，要了解军事新闻的特点，首先要弄清一般新闻的特点。

1. 真实

这是新闻最本质的特点，可以说是新闻的生命。新闻不是文学创作，不允许任何形式的虚构、夸张和所谓的合理想象。它必须用事实说话，并在对客观事实进行科学分析的基础上，真实客观地反映现实生活。

2. 新鲜

新闻要“新”，不仅仅是说新闻所反映的事情要新，更重要的是要善于发现并反映出那些能代表新动向、新发展、新现象的新事物、新情况，也要善于从新出现的情况和事实中挖掘出有倾向性的新特点和新趋势来。要避免老生常谈，也要避免为新而新。

3. 迅速

新闻不仅要真实反映现实，而且要迅速反映现实。“快”是“新”的保证，没有“快”，“新”就会落空，新闻就可能变成“旧闻”。新闻的价值、影响力和指导作用在很大程度上取决于报道的时效。这就要求对新闻线索发现快、采访快、写作快。

4. 鲜明

新闻是以叙述事实为手段来反映政党、集团以及个人意志的舆论工具，它体现着鲜明的立场和观念。报道什么、怎样报道，都具有明显的思想倾向性和强烈的导向作用。这就要求新闻必须有很强的服务性、思想性和政策性。服务性强，就是要有为人民服务的观念，代表广大人民的根本利益，及时反映群众的心声、呼声、愿望和要求；思想性强，就是要结合新情况、新形势宣传党的思想和先进理论，在思想上给人启迪；政策性强，就是要及时、准确地宣传党和政府的方针政策。

（二）军事新闻自身的特点

军事新闻除了具备新闻的一般特点外，还有其自身的特点。

1. 以军事内容为主要写作范畴

这是军事新闻能自成一体的根本所在。军事新闻涉及的是军事领域各个方面的内容，如军事、国防的新动向、新问题、新经验、新成就、新事物，国内外重大军事事件及其评论，军队中的英雄人物和先进事迹等等。

2. 以军人为主要阅读对象

军事新闻所面对的读者主要是军人，因此军事新闻要写好广大官兵，写出他们的工作、生活、学习、战斗，写出他们的喜怒哀乐和他们关注的内容，运用他们所喜闻乐见的形式，要突出“兵味”。

3. 保密性强

军事新闻是军事工作的有机组成部分，往往会涉及上级的意图、首长的决策和部队的部署、行动安排等军事秘密。通过新闻媒介窃取军事秘密是敌对势力的惯用伎俩。因此军事新闻必须确保军事机密不被泄露，军事新闻工作者必须严守保密纪律。

三、军事新闻的作用

军事新闻不仅和一般新闻一样，具有信息传播作用，能及时地把军队建设和改革的信息传播给广大官兵，把军队的方针、政策传递到部队，把战争的信息和情况传达到世界各地，同时也具有宣传教育作用、舆论监督作用和战斗武器的作用。

（一）宣传教育作用

军事新闻要积极宣传我党我军的主张、观点、路线和方针政策，切实成为我军宣传官兵、教育官兵、动员官兵的重要舆论工具。军事新闻以最快的速度传达军队的最新声音，准确、鲜明、生动地宣传军队的政策与精神。如《“钢刀连”士官选取有了新标准》（见《解放军报》，2017年9月19日）这篇新闻，就通过对“钢刀连”党支部为适应连队建设的新要求，主动探索建立士官选取新标准的做法的报道，以具体实例宣传了“一切以提高战斗力为标准”的治军思想。

军事新闻还可以通过加大正面典型的宣传报道力度，发挥好正面典型的引导、激励和教育作用，要积极宣传那些先进集体和典型人物的模范事迹，充分发挥正面典型的示范引导作用，弘扬正气、鼓舞斗志，营造良好的舆论氛围，推动军队工作的深入开展。善于发现那些工作在基层、服务在基层、奉献在基层的广大官兵，宣传他们在平凡岗位上做出的不平凡业绩，进一步增加宣传教育工作的感染力。军事新闻对反面典型的剖析同样能起到很好的警示作用和教育作用。

（二）舆论监督作用

坚持正确的舆论导向是新闻宣传的基本原则。加强对军事新闻导向作用的认识，发挥军事新闻的正确舆论导向作用，是我军对新闻工作的基本要求。新闻媒体的舆论导向作用决定了新闻媒体工作者要具有社会责任感和历史使命感，新闻工作者应充分发挥新闻媒体在军队建设事业中的喉舌作用，积极推动人民军队各项事业的发展。

新闻媒体要发挥强大的舆论导向作用，必须重视新闻媒体的舆论监督功能。我们的新闻工作者要及时宣传军队的好人好事，而对那些不符合广大官兵根本利益，不符合党和军队的路线、政策的东西要敢于揭露、敢于批评，不断提高军事新闻舆论监督的作用。舆论监督要坚持实事求是的原则，以客观事实为依据，以军队的政策法律为准绳，防止越轨违规，偏离正确的舆论导向。

（三）战斗武器作用

随着通信传媒技术的飞速发展，舆论战已逐渐成为未来战争的一种新形式，媒体在战争中开始充当战斗武器的角色。它不只是战争的记录者，更是战争的参与者。战时的新闻也就不再仅仅是传统意义上的舆论宣传工具，而是有可能成为一个国家、一支军队获取军事机密、散布虚假军事信息以迷惑敌人的战争武器，从而成为一个国家军事手段的重要组成部分。如伊拉克战争中，美军就曾利用媒体散布一些虚假消息和流言，以此来迷惑、侵扰和恫吓伊拉克军方，以达到瓦解其战斗意志的目的。

随着信息化战争时代的到来，新闻媒体将在战场上发挥越来越重要的作用。军事新闻在传播战争信息的同时，也往往作为交战双方的战争工具和武器，用以实施心理战、宣传战、舆论战等。

思考与练习

1. 军事新闻有哪些特点？
2. 军事新闻的作用是什么？

第二节 军事消息

军事消息，是军事新闻的一种，是迅速、及时地对新近发生的与军事有关的事实的简短报道。

一、军事消息的分类

根据内容和写作手法的不同，军事消息一般分为军事动态消息、军事综合消息、军事人物消息、军事经验消息等种类。

（一）军事动态消息

军事动态消息是对国内外军事领域中已经发生或正在发生的重大事件的报道。它准确、迅速、简明地报道国内外军事领域里出现的新事物、新动态。动态消息内容单一，注重一事一报；一般只报道事件的大概，不作具体、深入的阐述。它篇幅短小、文字简洁、反映及时、时效性强，如快讯、短讯等。有些极为短小的消息，又被称作“简讯”或“一句话新闻”。如《中国海警舰船编队在我钓鱼岛领海巡航》这则短消息：

中国军网讯 据国家海洋局网站消息，2017 年 5 月 23 日，中国海警 2305、2308、2166、33115 舰船编队在我钓鱼岛领海内巡航。

军事动态消息是反映部队建设常用的一种新闻样式。写好动态消息，首先要善于发现、识别和发掘新动态。其次，要善于在结构上突出动态。优秀的记者要善于抓住新闻事件的特点，选择最佳角度，抓取最有意义的侧面和细节，把最能表现新动态的最新变动突现出来，体现出新闻事实变化发展的新态势来，最有说服力地反映新闻事件的价值和意义。此外，写活动态消息，不仅要题材新颖、内容鲜活，还要敢于创新，善用灵活多样的语言写活新闻情节和人物的思想、语言和动作。

（二）军事综合消息

军事综合消息，是一种综合反映不同区域、不同单位军事方面的同类或近似情况的消息报道。它综合反映全面情况和问题，常常把某一地区、某一系统发生的同一性质的事情综合起来，围绕一个主题，加以集中报道。它的报道面比动态消息广。如《2017 年陆军部队基地化训练拉开战幕》（见《解放军报》，2017 年 8 月 25 日）这篇消息就将 2017 年陆军部队年度基地化训练的启动和将要展开的场次、规模以及训练的意义作了综合介绍，体现了军事综合消息的特点。

（三）军事人物消息

军事人物消息是对军事领域中的先进人物的事迹和成就的报道。它要求选择人物事迹中最有新闻价值的信息，抓住人物的本质特征，作及时简要的报道，突出其显著特点，从而简明扼要地勾勒出新闻人物的形象和精神面貌。如果说，动态消息侧重报道事实情况，经验消息主要报道典型经验，那么人物消息则着重反映人物的事迹及精神风貌。它以叙述为主，有时兼用简练传神的白描、简短真挚的抒情和简约有力的议论等表现方法。

人物消息的写作要有新闻事件，以事托人，以人率事，展示人物的品格面貌。事实要新鲜，要用人物的言行反映人物的性格特性、精神境界。

人物消息的写作要求集中突出地反映人物的精神面貌和真实面貌。描写人物的形象及行为时，不能粉饰和虚构，对人物评价更要恰当，不能过高也不能过低。

人物消息要写“活”，写得生动可读，可以通过场景、外貌、动作、语言等细节描写来展现人物的精神风貌。

（四）军事经验消息

经验消息，又称“专题新闻”“典型报道”。军事经验消息是对军事领域中某个单位或部门的典型经验和成功做法进行的报道。这类消息在行文时要求材料翔实、叙述具体、经验典型，从而使读者从中受益。军事经验消息必须集中而典型地体现党的方针、政策，具有新闻价值，否则，就流于一般的工作简报或工作总结了。

军事经验消息要写出具体事实、成绩和成果，要避免空洞的道理和抽象的概念，用事实阐释经验，把经验寓于事实之中，尽量避免条文和事例的简单相加。

二、军事消息的基本要素

一篇完整的军事消息与其他消息一样，应该具备如下五个新闻要素，即五个 W——时间(when)、地点(where)、原因(why)、人物(who)、事件(what)。

（一）时间、地点

这是消息产生的客观背景。只有准确清晰地说明时间、地点，才能使消息具有真实可信的基础。在我们报道部队生活种种事实的时候，首先要交代具体的时间、地点。

（二）原因

指消息产生的社会背景。除了简明新闻和少数背景不言自明的消息外，一般都要说明新闻事实产生的原因。在交代新闻的原因时，要分清主要原因和次要原因、单项原因和多项原因、外在原因和内在原因。不要把人物活动和事件发生的原因仅作简单笼统的归纳说明，如报道部队工作经验时，不能将工作取得良好经验的原因习惯性归结为“领导重视，方法正确，骨干得力，群众积极”，更不能因果倒置、因果错位。

（三）人物与事件

这是一篇消息稿的核心要素，是时间、地点、原因等新闻背景之上的主体内容，应着力写好。在介绍人物的时候，力争以最经济的笔墨交代人物的身份和有关特点；在叙述新闻事件的时候，以简明扼要为好。一条消息以说清楚一件事情为宜，切忌东拉西扯、枝蔓横生。

三、军事消息的结构形式

军事消息同一般消息一样，也是由标题、导语、主体、背景、结尾五个部分组成。也有的消息在主体事实讲完后便自然收束，往往不需要结尾。

（一）标题

标题是文章的“眼睛”，是消息的精华所在。它能够明确表达作者的观点和倾向，引导读者更好地阅读和理解消息的内容。好的标题能增添消息的风采，反之，则使消息黯然失色。

1. 标题的类型

消息的标题大致有三种形式，即单行标题、双行标题、多行标题。在双行标题和多行标题中，各行标题又有正题、引题、副题几种类型。

正题。又叫“主题”，是标题的中心，其字号字体应最为醒目，能够表达一个完整的概念和意思。正题通常为一行，简要概括消息的中心思想和主要事实。

引题。在正题之上，又叫“肩题”“眉题”，是正题的“先行官”，其作用是点明消息的精神实质和现实意义，揭示消息的主要内容，或者交代背景、说明原因，或者引出正题，与正题内容互为补充。如：

西藏军区着力提升边防医疗服务保障水平（引题）
“流动医院”常态化巡诊雪域边关（正题）

该标题中，引题交代了消息的背景，正题概括了主要新闻事实，涵盖了消息中最主要的内容。

副题。也叫“辅题”“子题”，在正题之下。副题一般用来补充说明正题提供的事实。当新闻中重要事实不止一个，正题只能标其中最重要的一个事实时，其余的则由副题来补充。如：

我军为驻高原部队官兵增加健康体检项目（正题）
增项包括临床检查 2 项、实验室检查 33 项、辅助检查 4 项（副题）

副题也可以用来解释正题。有时，正题较概括，读者难以完全理解消息的主要内容，就需要副题对正题作出解释。如：

学英雄精神　当英雄传人（正题）
张富清同志先进事迹巡回报告会在新疆军区某部举行（副题）

2. 标题的结构

消息的标题在结构上一般分为多行标题、两行标题和单行标题。

报纸上常见重大消息的标题，一般都采用多行标题，包括正题、引题和副题。而两行标题是消息中最常用的标题，可以是正题和副题组合，也可以是引题和正题组合。

明确具体标准　注重信息牵引（引题）
某部推行精细化管理　提升保障力（正题）

上面这则标题是由引题和正题构成的两行标题，正题概括主要事实，引题点明精神实质。

空军将招收第 11 批 35 名女飞行学员（正题）
招收选拔范围扩大到 31 个省（自治区、直辖市）（副题）

上面这则标题是由正题和副题构成的两行标题，副题对正题所指的事实作补充。

单行标题只有正题，要求具体明确，概括标出消息所报道的事实。短消息一般采用单行标题。如：

海军远航访问编队抵达印度尼西亚

无论是多行标题还是单行标题，都要求准确、鲜明、简洁、生动。“准确”是指标题要准确反映消息的主要事实和中心思想，揭示事物的本质，这是对标题的最基本的要求。“鲜明”是指标题要有鲜明的倾向和爱憎感情。“简洁”是指标题要求用简练的文字形式，概括说明消息的内容和观点。“生动”则是指标题要力求生动形象，有时可采用拟人、比喻等修辞手法或富有表现力的成语、典故、民间口语等。

（二）导语

导语是消息的开头部分，除简讯和标题新闻外，一般的消息都有导语。它要求用简明、生动的语言揭示最新鲜、最重要的事实，以吸引读者。

导语不应是标题的重复。较早的新闻理论要求五要素必须在导语中出现，随着传播技术的发展和写作方法的改革，消息的导语不再要求五要素一定俱全，根据需要，可只出现其中的两个或三个要素。导语的写作一般是采取“倒金字塔”结构，重点在前，细述在后。常见的导语形式有叙述式、描写式、引语式、评论式和提问式几种，可以灵活运用。

1. 叙述式

简要叙述消息的主要事实，概括消息的中心内容。通过直截了当的语言，把消息中最主要、最新鲜的事实简明扼要地叙述出来，突出新闻要旨，帮助读者或听众直接掌握消息的中心内容。例如：

记者 18 日从军委训练管理部有关部门获悉，军队高等教育自学考试将进行重大改革，从 10 个方面进行重塑重构，逐步建立体制顺畅、规模适度、结构合理、制度完善、管理科学的军队自学考试体系。2018 年，军队高等教育自学考试将按新体系组织实施。（新华网，2017 年 9 月 18 日，《军队高等教育自学考试进行重大改革，2018 年按新体系组织实施》）

2. 描写式

对消息中的主要事实或某个片断、某个侧面作简洁而有特色的描绘，渲染气氛，使读者或听众产生如临其境的感觉，引起阅读的兴趣。例如：

提到三军仪仗队，有这样一组镜头让人难忘——

2015 年 5 月 9 日，莫斯科红场。由 102 人组成的中国三军仪仗队参加俄罗斯纪念卫国战争胜利 70 周年阅兵式。横成列，如刀切；竖成行，似山墙……步履铿锵的中国仪仗方阵，走出了大国的自信与威仪。

2015 年 9 月 4 日，俄罗斯国际军乐节。我三军仪仗女兵首次出国执行任务时突遇疾风骤雨，但现场表演操枪的 30 名队员处变不惊，沉着应对，以刚柔相济的动作惊艳全场。

2016 年 3 月 31 日，韩国仁川机场。第三批在韩中国人民志愿军烈士遗骸交接仪式结束后，担负礼兵任务的中国三军仪仗兵赢得无数赞誉。一名韩国记者现场感叹：中国欧巴，世界焦点！（解放军报，2016 年 8 月 5 日，《三军仪仗队队员 3 年正步走出二万五千里》）

3. 引语式

引用人物语言或诗句、谚语、典故等以渲染气氛，增强消息的生动性和感染力。例如：

"真没想到红桥区人武部能把喜报和奖励金送到咱家里来！"元旦刚过，拿到儿子的优秀士兵喜报，河北石家庄栾城区南客村村民张书杰兴奋地在朋友圈分享着喜悦。（解放军报，2008 年 1 月 11 日，《天津市红桥区为异地入伍大学生落实优抚政策》）

4. 评论式

运用夹叙夹议的手法对所报道的事实进行评议，直接表明某种倾向。这种导语首先对消息的内容进行简要分析评论，以引起读者或听众的注意。例如：

7 月 29 日，在江苏省苏州市 26 家高校积极响应下，苏州市全民国防教育协会高校分会正式成立，这是苏州市加强高校国防教育的又一创新举措。苏州市全民国防教育协会可通过平台为高校的新生军训、征兵动员、国防教育实践体验等提供帮助，参与高校国防教育教材编写、课题研讨等工作，与高校形成国防教育合力，进一步提升大学生的国防意识。（中国国防报，2020 年 8 月 5 日，《搭建高校国防教育新平台》）

5. 提问式

先提出一个尖锐、鲜明的问题，引起读者或听众的注意，然后再叙述下文。特点是针对性、指导性强。例如：

12 月 24 日晚，×××××××哨所战士张宇突发阑尾炎，疼得直打滚。可体系医院远在数百公里以外，咋办？（解放军报，2010 年 12 月 30 日，《吉林百家军地卫生机构携手织就动态医疗保障网——边防官兵就医一"网"托》）

总之，导语的写作要求是：中心突出，观点鲜明；简明扼要，开门见山；讲究文采，生动活泼。

（三）主体

主体紧接在导语之后，是消息的主要内容。它承接导语叙述事实、说明问题，用充足具体的材料印证导语的提示。主体的结构层次、叙述语言、表现手法等方面的写作状况，直接关系到整篇消息的质量。

主体的展开通常有两种顺序：一是按照事实发生、发展、结束的时间顺序展开；二是按照逻辑顺序展开。

按照事实发生、发展、结束的时间顺序进行叙述的结构方式是消息写作中最普通、最常见的主体结构方式。这种结构容易使读者了解事件的来龙去脉。例如：

9 月 5 日晚 20 时 20 分，黄河乌拉特前旗大河湾段大堤被洪水冲垮，形成 50 米宽的决口，当地 13 个村庄 5000 多人受灾，并威胁到包兰铁路、110 国道和包钢的安全。

6 日上午，接到当地防汛指挥部的汛情报告后，内蒙古军区立即从巴盟军分区和某摩步旅抽调 1000 多名官兵火速奔赴抗洪一线。今天凌晨，内蒙古军区又组织 200 名民兵组成应急分队增援抢险。面对湍急的水流，官兵们将生死置之度外。他们采取“钢木土石组合坝堵技术”，连夜打木桩、钢管，加固坝头，封堵决口。经过 50 多个小时的激烈战斗，终于在今晚 19 时 50 分成功地封堵住决口，锁住滚滚黄龙。

（解放军报，2003 年 9 月 8 日，《内蒙古军区千余官兵激战两昼夜封堵决口》）

这则消息的主体按照事件的起因、进展的顺序展开，从 9 月 5 日晚 20 时 20 分大堤被洪水冲垮写起，之后叙述了 6 日上午、“今天”凌晨参加抗洪抢险的人员情况，最后以“在今晚 19 时 50 分成功地封堵住决口”结束。这种以时间顺序交代事实的主体结构方式，给读者一个完整、清晰的印象。

按照事件内在逻辑关系，如因果关系、并列关系、递进关系、主次关系等组织安排层次段落的结构是消息主体写作的另一种结构方式。例如《解放军报》2017 年 9 月 13 日的一则消息《我军军人保险保障体系基本形成》的主体，就从军人保险体系的形成发展过程、范围、意义、功能和官兵的感受等方面并列展开，使得主体结构眉目清晰。

在消息中，主体的内容必须与导语相一致，但不能简单地重复导语，应精选材料，从各种不同的角度阐释主题、深化主题，在材料的选择上应防止记流水账或堆砌材料。主体写作切忌平铺直叙、简单罗列。事实叙述要有起伏，文字表达要灵活，既出人意料，又在情理之中。

（四）背景

背景是消息的重要组成部分，用来说明、阐释或烘托新闻事实，也称“背景材料”。背景不是消息结构中必备的部分，但作为一个体现新闻价值的重要手段，它可以起到烘托和突出主题的作用，也是许多消息中不可缺少的。

背景通过对新闻事实的历史、现实及与其他事物的联系的叙述和说明，达到全面准确反映事实、深化主题、凸现意义的目的。恰当地运用背景材料，新闻的价值就会得以增加。一些技术性、专业性较强或读者生疏的报道内容，通过背景材料的诠释，可以变得通俗易懂。

背景材料不是消息的独立部分。它和新闻事实相互交织，可以穿插在主体部分中，也可以穿插在导语或结尾里；可以一次交代，也可以多次穿插交代。善于运用背景材料，是新闻写作的基本功。常见的背景大致有五类：

历史背景，即消息中与新闻事实相关的历史事实、历史观点，或与新闻事实相关的历史条件等。目的是衬托新闻事实，反映事物发展变化的脉络，显示意义。例如：

抗美援朝纪念馆始建于1958年，1993年7月新馆落成后累计接待国内外观众1200余万人次，成为广大群众和社会各界了解抗美援朝历史、缅怀志愿军英雄、传承抗美援朝精神、培育社会主义核心价值观的重要阵地。

2014年6月，中央批复同意对抗美援朝纪念馆进行改扩建，同年12月29日该馆宣布闭馆改扩建。改扩建后的抗美援朝纪念馆总占地面积18.2万平方米，由纪念馆、纪念塔、全景画馆、国防教育园组成。

（解放军报，2020年9月19日，《抗美援朝纪念馆重新开放》）

事物背景，即与消息所报道的主要新闻事实相关的知识性材料。例如2016年11月2日刊登在《解放军报》上的《第××集团军某旅为新毕业学员搭设持续创新舞台》这篇消息，其报道的主要新闻事实是第××集团军某旅专门为新毕业学员召开了一场特殊的创新项目立项会，将9个新毕业学员在院校期间未完成的创新项目，确定为该旅年度重点攻关内容。下面这段叙述就很好地介绍了新闻事实的背景，帮助读者了解了这一新闻事实的来龙去脉和意义所在。

“此举既为新毕业学员提供展示自我的舞台，还能促进更多的创新项目结出硕果，转化为实实在在的战斗力。”该旅领导介绍，以往学员排长毕业离开院校后，由于缺少必要的攻关条件，不少创新项目被迫中断，成了“半截子”工程。针对这一现象，该旅紧密结合部队战斗力建设实际，从学员排长在校创新项目中遴选出战斗力建设急需的、未来发展有潜力的项目给予立项攻关，并从研究场所、物资器材、技术骨干等方面给予充足保障。截至目前，已有7项由学员排长担纲的创新项目开花结果，在演训场上发挥重要作用。

社会背景，即与新闻事实密切相关的社会情况。对社会背景作简明扼要的分析，可以阐明新闻事实的社会原因和社会意义，揭示消息的主题。例如：

阜新，中国最早的能源基地，也是全国第一个资源枯竭型城市。经济发展艰难转型过程中，下岗职工曾多达 15.6 万人。可就是在这样一个工作岗位相对稀缺的老工业基地，却创下了退役士兵参训率 94%、训后上岗率 100%、稳定就业率 70% 的纪录。（中国国防报，2017 年 12 月 14 日，《给最可爱的人更多就业选择》）

人物背景，即新闻人物的概况，包括主要经历、社会关系、主要事迹等。例如下面这则消息，就特地写了与此有关的人物背景：

据介绍，受邀参加活动的老兵代表大多来自一线保障岗位和偏远艰苦地区，他们长年扎根基层、献身国防，将青春奉献给了高山海岛。"战舰驰骋、战鹰翱翔，离不开他们的辛勤付出和有力托举。"活动负责人说，组织此次活动，就是要铭记这群老兵的付出与奉献，让他们在退役前实现出海航行的愿望。（解放军报，2019 年 11 月 21 日，《19 名优秀士官圆梦蓝色航程》）

地理背景，即关于新闻事实发生的地理位置及其自然环境、条件等的说明。例如：

梅那卡地处撒哈拉沙漠南端，马里东南与尼日尔接壤处，除了自然环境及生活条件极其恶劣外，也是当地图阿雷格人及恐怖分子的活跃地带。联马团多次遇袭与安全事件均与此地有关。（中国军网，2018 年 1 月 9 日，《赴梅那卡维和分遣队心理服务行记》）

运用背景材料要紧扣主题，实事求是，灵活多变，切忌大段写"历史"或过多地运用数字。

（五）结尾

结尾是消息的最后一个部分。结尾可以是一段话，也可以是一句话。有时候主体的结尾就是消息的结尾。常见的结尾形式有小结式、评论式、激励式或号召式等几种。结尾要与导语和标题相互呼应，使前后一体，紧凑自然，切忌画蛇添足。

四、军事消息的写作要求

（一）认真采访，打好消息写作的基础

新闻采访是消息写作的基础，也是对采访者政策观念、新闻敏感度和活动能力的检验和锻炼。采访者要根据当前的形势及党和军队的方针政策，及时了解和发现现实生活中的新事物、新情况、新问题，掌握大量的第一手材料，经过研究和分析，制订采访计划，为写作作准备。采访的方式主要有个别访问、开调查会、现场观察、蹲点调查等。问、听、看、记、想是采访的几个基本环节。

（二）选择恰当的新闻由头

新闻由头是整篇消息内容的事实出发点。比如要反映连队艰苦奋斗、勤俭节约教育搞得好这个内容，就可以“年年节粮逾万斤”作为其叙事出发点，这就是新闻由头。又如在反映连队军事训练成绩突出这一事实时，先以该连“班战术动作在集团军考核中获第一名”作为叙事出发点，这就是这则消息的新闻由头。每一则消息，都需要选择恰当的新闻由头。选择新闻由头是一种化远为近、化静为动、化抽象为具体、化小为大、化旧为新的新闻写作功夫。新闻由头选择得法，可以把过去的工作与现在的工作联系起来，让旧闻变成新闻，使小事转为大事，将一般情况化作具体事实和做法，从而提高消息的时效性、客观性。尤其是写动态消息，更要注意新闻由头的选择。

（三）把握各种类型消息的写作特点

作为新闻的一种形式，消息又有着不同的种类，写作时一定要准确把握其各自的特点。

动态消息重在报道事实情况，因而笔墨应简洁明了。其导语要直接叙述新闻的主要事实，一般不用描写式导语；主体在导语的基础上略加展开，不必铺叙事件的详细过程和细节；结尾该短则短，该略则略；背景材料往往一笔带过。

人物消息的写作，则主要是通过叙述人物事迹来体现其精神风貌。对人物事迹材料的选用一定要做到少而精，结构则要做到短而巧、富于情节性；导语一般叙述人物的主要事迹，也可适当介绍人物的基本情况，如姓名、单位、主要荣誉等；主体则选取人物事迹的某几个突出点，或按时间顺序或按逻辑顺序加以叙述说明。其中可以插入背景材料，可以运用多种表现手法，一切以突出人物的优秀事迹、揭示人物的思想境界为目的；结尾一般则照应标题或导语，或总括人物的成就，或点明人物的积极影响，或引用别人的赞语加以评论。

经验消息主要报道典型经验。它要求在叙述事实的过程中把经验介绍出来，一定要避免经

验与事实脱节。其写作特点为：标题揭示经验的中心内容；导语概述经验的核心事实；主体陈述具体做法，并在陈述过程中自然而然地把经验点明出来；结尾则往往点明经验的意义和价值。此外，经验消息的背景是介绍经验产生、形成、发展过程的基本手段，要从突出经验的角度灵活运用好背景材料。

（四）采用简洁明快的叙述方式

无论哪一类消息，短小精悍都是它们的共同特点和要求。因而，叙述事件、描写人物时，多用概括简要的叙述和描写方式，少用甚至不用具体详细的叙述和描写。即使是人物消息，描写和抒情也不宜过多。而经验消息，议论也不能长篇大论。总之，消息的特点决定了其行文的主要表达方式应是简洁明快的。

思考与练习

1. 军事消息可分为哪些种类？
2. 军事消息的基本结构形式是什么？
3. 以军事训练中有意义的活动为素材，写一篇军事动态消息。

第三节 军事通讯

军事通讯是运用叙述、描写、议论和抒情等多种表现手法，详细、深入、形象地报道军事领域的新闻事实的一种新闻体裁。优秀的通讯作品可以在读者中产生广泛、深远的影响。

一、军事通讯的特点

（一）与军事消息的区别

与军事消息一样，军事通讯同样是用来反映军队领域现实战斗生活的新闻文体。但是，它们之间又有着明显的区别：一是篇幅有别。消息的篇幅短小，通讯的篇幅较长。二是结构形式有别。消息一般有固定的结构形式，按照导语、主体、结尾（有时穿插背景）几部分来写，写法大体一致；通讯的结构则比较灵活，一般没有固定的模式。三是时限有别。通讯需要精雕细刻，消息要求快捷，最好一气呵成。因此在迅速及时报道客观事实这一点上，消息具有明显的优势，而在详细报道事实上，通讯又有明显的优势。四是风格有别。消息多为叙述，手法简单，朴素实用；而通讯则往往运用叙述、描写、议论、抒情等多种表现方法，语言生动活泼而富于文采，有较强的文学性。

（二）军事通讯的特征

从上述比较中，我们可以看出，军事通讯除了具有军事新闻的一般共性外，还有三个明显的特征：

1. 详细性

详细、深入的报道，是军事通讯一个显著的特点。在某种程度上，军事通讯可以说是军事消息的扩展，可以满足读者全面详细了解新闻事实的需求，因而就要更加详尽地反映客观事物。人们称通讯是“详细的消息”“展开了的消息”，就是指通讯的这种详细报道的特征。为了帮助读者深刻正确地理解复杂的新闻事实的意义，通讯体裁允许作者直接抒发感受，表达对客观事物的认识、看法。这样，通讯就不仅报道了事实，而且解析了事实的意义，因而也就在更深层次上能动地反映了客观事物。从这个角度上说，通讯又是消息的延伸和深化。

2. 形象性

一般来说，新闻报道都要用事实说话，这是消息和通讯都必须遵循的规律和原则。不过，通讯除了要求用事实说话外，还强调形象性。形象化地写人、记事、描景是通讯写作的基本要求。由于具有形象性特征，通讯被称为“形象化的消息”。通讯可以运用多种多样的形象化表现手法，刻画人物的思想活动，描写逼真的生活场景，渲染浓郁的环境气氛。可以用比喻、拟人、象征等文学修辞手法，把对客观事物的具体描绘，同作者自身或报道对象的内心感受巧妙地融为一体，以增强形象描述的逼真感和生动性。下面是两篇群众欢送抗洪部队的报道，一篇是南昌人民欢送子弟兵的消息，一篇是九江人民欢送子弟兵的通讯。试从两篇例文的对比中感受消息与通讯在详细性、形象性方面的不同处理。

消息：

英雄城欢送抗洪子弟兵

本报南昌 9 月 15 日电　参加南昌市抗洪抢险的部队今天撤防返回原驻地。上午九时，该市从滨江大道经沿江路、中山路到八一广场几十公里沿途成了人的海洋和花的浪潮，数十万英雄城人民自发夹道欢送子弟兵。南昌市委市政府在八一广场举行了隆重热烈的欢送仪式。

自今年南昌遭遇历史罕见的特大洪灾以来，三千余解放军、武警官兵为保卫“军旗升起的地方”与洪魔展开了顽强的拼搏，共排除重大险情 30 余起，为南昌夺取万亩以上圩堤无一溃决的抗洪胜利立下了汗马功劳。

通讯：

九江城哭了

9 月 15 日。子弟兵走了。九江城哭了。

整夜未眠的数十万九江市民，天没亮就倾城出动，等在街道两旁，挥泪告别和他们生死与共，与洪魔搏斗了长达 50 多天的子弟兵。

九江人说：在江堤决口的日子里，是战士们用自己的胸膛挡住滔滔洪水，用自己的生命换来了我们的生命！

就是这些战士，临行前还把九江的街道打扫得干干净净。把节省下来的 31.45 万公斤大米、9 万件衣服悄悄地运到大堤上留给了灾民，又从自己仅有的几十元津贴和并不高的工资中，挤出了 162.96 万元交给了灾区……

为了怕部队夜里开走，市民们自发组织起来，从 9 月 10 日开始就轮流在部队宿营地门口“值班”：不能让子弟兵们悄悄地走了啊！

今天早晨 5 点，军车出来了。可当车刚出门口，就再也开不动了。一拥而上的上千名九江人急急地将手中的苹果和鸡蛋等礼物掷投到军车上。

此刻，士兵们都把手抬到了帽檐处——敬礼！此刻，士兵和市民们的胸膛起伏着，眼里含着泪水。敬礼的士兵们雕像一般。市民们则仍是忙不迭地往车上掷投礼物。人群中，一个十几岁的孩子手中举着一条标语，上面写着歪歪扭扭的大字："长大我要去当兵。"他叫赵框喜，是子弟兵们8月5日深夜江新洲决堤时救出的那群孩子中的一个。

九江师专的一群女学生，这几天早就商量好了。在军车路过时，她们拥出校门举起了她们的标语："兵哥哥，真的舍不得您走！"一位身穿太阳裙的女青年鼓足勇气冲到近处，把一条香烟扔到了车上。

到九江交通大厦时，30岁的职工胡民礼情急之下奔回厂里，扛着国旗爬到高处，狂舞起来。

在市民们搭起的凯旋门处，人山人海。鲜花、彩旗、标语，车声、歌声、鞭炮声，汇成一片："兵哥哥再见！""解放军万岁！"

挥手。握手。含泪的士兵们一遍又一遍地唱着《咱当兵的人》《说句心里话》。

一位20岁姓姚的女青年向车上的两位战士高喊："大李、大江，以后来九江还认识吗？"

透过长焦镜头，记者看到，两位战士泪水已挂在腮上。

8时30分，第一辆军车到达九江西站。不足5公里的路，竟走了整整3个小时！

8时45分，距列车开动还有5分钟。九江水泥厂职工54岁的刘和平和50多位妇女突然挤出沸腾的人群吹起了笛子。人们大声伴唱《送别》和《北京有个金太阳》。

站在一旁与士兵们道别的董万瑞中将哽咽了："我为有如此受人民爱戴的士兵感到骄傲。"泪水从将军的脸上流下。

8时50分，列车开动。站台上哭声一片。

（工人日报，1998年9月15日）

从这两篇报道抗洪部队撤离的作品中可以看出，消息所报道的事实概括性强，简单明了，但是线条较粗；通讯则形象、生动，细节的材料十分丰富，感染力较强。在《九江城哭了》这篇报道中，记者的笔下再现了一幅逼真的送别画面，把读者的眼睛、耳朵带到现场，使读者"看"到、"听"到灾区人民对子弟兵依依不舍的深情，产生了如临其境、如闻其声的传播效果。其中生动的、现场的材料尤其给人留下深刻的印象，如："一个十几岁的孩子手中举着一条标语，上面写着歪歪扭扭的大字：'长大我要去当兵。'""九江师专的一群女学生……她们拥出校门举起了她们的标语：'兵哥哥，真的舍不得您走！'""一位身穿太阳裙的女青年鼓足勇气冲到近处，把一条香烟扔到了车上。""站在一旁与士兵们告别的董万瑞中将哽咽了：'我为有如此受人民爱戴的士兵感到骄傲。'泪水从将军的脸上流下。"通讯的动人之处，正在于这些形象生动的细节材料的选用。

3. 评论性

为了揭示事物的本质、指明事物之间的内在联系、剖析事物的缘由、预示事物的发展走向，通讯有时还要在报道事实的同时在关键地方插入议论，发表作者对所报道事物的看法，用自己的见解强化文章对读者的影响。这就是通讯的评论性。通讯中的评和论，要求紧扣人物或事件进行，以“点睛”之笔，突出主题。有时，评论也可以用在某一部分或某一段的开头，起到引起下文、提纲挈领的作用。

二、军事通讯的分类

根据反映的对象和内容的不同，军事通讯一般可分为以下四种类型：军事人物通讯、军事事件通讯、军事工作通讯和军事概貌通讯。

人物通讯是一种反映人物活动及思想的通讯，军事人物通讯则是通过介绍军事人物的典型事迹，来宣扬先进思想、反映时代精神的通讯。人物通讯要始终以人物为中心选择材料、组织结构，运用各种表现手法，通过人的行为来反映时代特点和社会面貌。在军事新闻写作中，无论是战争年代还是和平时期，人物通讯都占有重要的地位，许多英雄人物的高大形象就是通过通讯广为人知的。

军事事件通讯是以写军事领域里的新闻事件为主的通讯。它与军事人物通讯的主要区别是，军事人物通讯是因人写事，而事件通讯是因事写人。事件通讯以写事为主，但是事件叙述不可能没有人物，事件是围绕一定的人物或人群及其相互关系而形成的。

军事工作通讯是对军事领域中某一单位或部门工作的成绩、经验、进展等情况加以报道的通讯。工作通讯不同于事件通讯，事件通讯可报道现实生活中各种有意义的新鲜事实，而工作通讯局限于报道工作中的新情况、新经验、新问题。它要求通过典型剖析，概括出具有规律性的东西。在介绍情况、总结经验时，不能就事论事，要把经验和教训提高到理论和党的政策的高度。

军事概貌通讯是从整体上扼要报道军事领域中某一地区、某个单位在一个时期内的发展、变化和现状的通讯。这类通讯通常采取点面结合的写法，注重反映新成就、新变化，具有题材广泛、形式多样的特点，“巡礼”“纪行”“散记”“近况”“要闻”等报道，都属于概貌通讯。

三、军事通讯的写作

（一）军事人物通讯的写法

1. 认真采访，熟悉人物

人物通讯要求具体、生动、形象地表现人物，从各方面把握人物的主要特点。为此，写作者必须充分地了解细节，掌握大量、充足的材料。这就要在采访上下功夫，认真搜集直接材料、典型材料和背景材料。

直接材料就是采访对象的主要事迹和各种细节，如他的工作成绩、主要言行、性格特点、生活习惯以及音容笑貌等。只有熟悉这些材料，并通过活生生的事实，才能具体地表现人物的形象和精神世界，使其具有立体感。

典型材料就是能代表人物特点的情节和细节，有时一个平常的细节就能以一当十，比什么都更有说服力，所以要善于发现那些闪光的东西。

背景材料指人物或事件的现状、历史及其周围环境的情况，包括那些与正面材料相对立的反面情况。只有把先进人物或事件放在一定的社会背景下，才能表现其价值。

2. 精选材料，提炼主题

主题是文章的灵魂，通讯的主题必须反映时代精神、社会本质和人民群众的愿望和要求。军事人物通讯在提炼主题时，一是要注意从全部事实材料中去发掘人物思想性格、提炼文章主题；二是要在准确把握人物思想性格特征的基础上，从新的角度反映人物的事迹。

3. 巧妙构思，写活人物

军事人物通讯是对具有新闻价值的典型人物的详尽报道，栩栩如生的人物形象对于揭示通讯主题、反映时代精神具有重要意义。

写好人物的关键在于巧妙构思，即从人物的实际生活出发，组织材料、巧妙布局，再现人物活动，刻画人物性格，揭示人物思想精神。

要写好人物，不仅需要巧妙的构思，还需要运用多种写作手段，把人物写活。写活人物一是通过行动刻画人物，二是精选细节展现性格。可以运用环境描写、景物描写、肖像描写、心理描写、对话描写，直接抒情、间接抒情，正面议论、间接议论等多种手法。

（二）军事事件通讯的写法

1. 深入调查，鉴别提炼

事件通讯所涉及的具体事情很多，头绪纷繁，需要进行深入细致的调查，以免遗漏重要的甚至是关键性的事件细节。调查事件时要注意收集客观、准确、全面的事实材料。

调查获得大量素材之后，应该围绕中心事件，对所得素材进行鉴别、取舍和提炼。在对素材作出价值判断的基础上进行选择，保留思想性强、价值高的材料，进行分析研究，挖掘提炼。

2. 结构合理，叙事灵活

每个事件的过程各不相同，应该合理安排行文结构，切忌套用现成的叙事模式，结构要求完整、自然、协调，充分地显示各种人物的活动，展示事件过程。

努力掌握叙事的艺术，要求能从事件特点、结构要求、主题需要出发，灵活运用叙述的顺与逆、总与分、详与略等各种手法。善于将事件叙述与人物、景物描写结合起来，恰当运用描写、议论、抒情等表现手法，使读者如临其境、如见其人、如闻其声，从而产生极大的感染力和说服力。将事件交代与事件意义评论结合起来，将客观再现与主观表现结合起来，做到事、景、物、情相生相谐，达到具体、形象的叙事效果。

3. 情节生动，细节典型

有丰富生动的情节，是通讯区别于消息的重要标志之一，同时也是通讯产生魅力、吸引读者阅读的重要因素。为了生动地再现新闻事件，事件通讯对情节描述的要求，一是要完整、丰富、曲折，二要典型、生动、深刻。事件发生、发展的来龙去脉、前因后果以及事件有关人物、地点、时间等，都要力求清楚明了。

事件通讯写作，还要善于抓住事件中的矛盾冲突写出波澜，要选择最有典型性、最能说明问题的细节来写，要在几处场面描绘上下功夫，如开头场面、关键场面以及事件高潮处的场面描绘。

（三）军事工作通讯的写法

1. 周密调查，全面了解情况

工作中一项成功的做法或经验，需要经过一定时间的思考、实践、发展和完善。因此，要对工作作周密的调查、全面的了解；对工作的各个方面作系统深入的采访。

2. 拟定选题，确定报道重点

工作通讯要选择那些能反映当前工作中较重要、具有普遍意义并为广大读者所关注的问题，也要选择新鲜、深刻、生动、感人的题材，报道工作中成功的经验、突出的做法，以审时度势的新闻敏感，重点报道有价值、有特点的内容。

3. 从事实出发，合理安排结构

工作通讯不能写成工作总结，不能以工作经验取代新闻事实，更不能以经验总结的结构取代新闻结构。应从工作实际出发，合理安排、巧妙组织文章的结构。

4. 叙述、描写、议论相结合，增强形象性、思想性

在叙述工作事实的过程中，为增强新闻的形象性、思想性，要运用描写和议论的方法，对工作的环境、对象、意义等进行恰当的描写和分析。语言要适应新闻文体的特点，平实易懂、形象生动，活泼而有表现力。

（四）军事概貌通讯的写法

概貌通讯不同于工作通讯，工作通讯主要反映经验，概貌通讯主要反映报道对象的面貌。概貌通讯有时可以反映经验，但这些经验不是刻意归纳总结出来的，而是在介绍面貌过程中自然流露出来的，而且概貌通讯更多的是从面上来介绍经验和情况。例如新华社记者刘亦湛、丁小溪的《为全球安全治理贡献中国智慧和力量——我国公安机关国际执法安全合作成效综述》（见新华网，2017 年 9 月 24 日），就属于概貌通讯。这篇通讯从“秉持合作共赢理念，积极拓

展合作机制”“丰富合作内涵，联手打击跨国有组织犯罪”“延伸合作触角，保障海外利益安全”等几个方面反映了我国公安机关国际执法安全成效的概貌。这篇概貌通讯，虽然是以公安执法领域为题材的，但在写作方法上，与军事概貌通讯是基本相同的，因此具有很好的借鉴作用。

思考与练习

1. 军事通讯与军事消息的区别是什么？
2. 根据反映的对象和内容，军事通讯可以分为哪几种类型？
3. 回忆自己熟悉的军人，选择一个最有特点并有现实宣传价值的人物，写一篇军事人物通讯。

第四节 军事报刊言论

一、军事报刊言论的含义

军事报刊言论主要指报纸上的军事评论，也称“军事言论”。军事报刊言论是以军队工作动态和思想状况为评论对象的议论性文体。它通过对军队工作中的一些现象和官兵思想上的一些倾向的剖析，形成积极、健康的舆论导向和道德取向，从而促使人们提高思想认识、改进工作。军事报刊言论是学习和宣传党和军队的方针政策的有效手段，是指导军队工作的重要工具，也是批评错误思想的有力武器，被誉为军队政治工作中的“巡逻兵”。

二、军事报刊言论的特点

（一）反应迅速，评论及时

军事报刊言论可以迅速地抓住官兵的一些现实思想动态、部队的某些好的苗头或不良倾向，及时反映，进行分析和评论，从而引起各方面的重视，及时地褒扬先进、纠正错误，树立起正确的是非观念，促进军队建设的快速发展。

（二）有的放矢，目标集中

评论应是针对具体现象和现实问题有感而发的，不能脱离实际空谈大道理，因而绝大多数评论的目标都比较集中、单一。它不能面面俱到，更不能四面出击，而总是把目标集中到一点，或解决一个问题，或阐述一个观点，或提前给予某种警示，从而充分显示它的战斗力。

（三）是非清晰，观点鲜明

进行评论的目的就是为部队思想政治教育服务。因此，作者应立场明确、是非清晰、观点鲜明。赞成什么、反对什么、表扬什么、批评什么，都应当旗帜鲜明地告诉读者。隐晦曲折、吞吞吐吐是军事报刊言论写作之大忌。许多军事报刊言论常常在标题上就表明了立场和观点。

三、军事报刊言论的分类

军事报刊言论一般可分为两种类型，一是军事思想言论，二是军事工作言论。

（一）军事思想言论

军事思想言论是针对军队中某一思想倾向或问题所作的评论，是军队政治思想教育工作的重要手段。我军历来重视思想工作，运用思想言论表彰先进、督促后进、批评错误、树立新风是我军思想工作的一部分。思想专论、思想杂谈、思想短评和一些按语、后记等都属于思想言论。军事思想言论按照目的和内容可分为三种：褒赞性思想言论，批评性思想言论，明理性思想言论。

褒赞性思想言论，主要是对先进人物和先进事迹、新人新事给予肯定、支持、褒奖、赞扬。2017 年 1 月 10 日刊登在《解放军报》上的《不止于匠，更关乎心》就是一篇褒赞性的思想言论，它大力赞扬和提倡了精益求精、持之以恒、追求完美的工匠精神。

批评性思想言论，主要对错误思想倾向给予批评，揭示其危害，以期引起人们的警觉，从而达到纠正错误、制止不正之风的目的。如《解放军报》2006 年 11 月 3 日刊登的《为官避事平生耻》就是一篇批评性的思想言论。这篇言论批评了某些领导干部为了自己的乌纱帽，随波逐流，充当“和事佬”，对不良倾向、歪风邪气明知不对，却不加制止，任其泛滥的坏习气，进而指出这是对党的事业不负责任的一种严重的失职、渎职行为。

明理性思想言论，主要针对一些思想倾向或模糊的认识，从正面阐发道理，给人以教育与启迪。如 2006 年 11 月 3 日刊登在《解放军报》上的《让人才充满成就感》这篇思想言论，就是针对社会上普遍关注的如何增强事业心、责任感这一问题，进行的深入的分析。指出了要增强人们的事业心、责任感，只是把着力点放在如何教育干部，提高其思想觉悟上是远远不够的；而积极创造条件，让人们充满事业上的成就感，则是一条更加行之有效地增强人们事业心、责任感的重要途径。

（二）军事工作言论

军事工作言论是针对军事工作中的一些现象进行评论的文章。它从事实出发，分析、研究并解决日常工作中的实际问题，有很强的现实意义。如 2011 年 4 月 28 日刊登在《解放军报》上的《新官要理旧账》就是一篇很有力度的军事工作言论。这篇言论从西藏军区嘎拉兵站新的领导班子上任后，没有急于想新点子出新招，而是着力解决好前任班子没有来得及解决的“吃水难”“用电难”等问题，受到官兵好评这件事说起，提出了新领导班子应在正确的政绩观指导下，树立全心全意为部队建设服务、为官兵服务的思想，努力解决遗留问题、理好旧账的观念，具有很强的针对性。

报刊杂志上常见的“一事一议”的文章，也属于工作言论的范畴。这类文章，往往从一件事出发，琢磨挖掘出大道理。既有事实的介绍，又有简要的分析；既有叙述，又有议论。如2017年2月8日刊登在《解放军报》上的《让小道消息“停飞”》这篇文章，首先从“近来，一些打着‘内幕’幌子的小道消息在微信群、朋友圈里转发”这一现象出发，分析了小道消息“来历不明、信息失真，影响是消极的，对工作开展极为不利”的特点，然后严肃地指出“军队改革是国之大事，最重纪律严明、蹄疾步稳，最需统一思想、步调一致，因此小道消息不可传、不能信”，最后提出“要让小道消息‘停飞’，各级党组织也要主动作为。应加强思想教育，使官兵深刻认识和把握改革的重大意义；密切关注和掌握官兵思想动态，引导大家正确对待利益调整；严明政治纪律、政治规矩，要求官兵不信不传不打听”。

四、军事报刊言论的写作方法

（一）准确确立评论对象

言论必须有非常明确的评论对象。评论的具体对象多种多样，比如一段话、一件事、一种做法、一种认识、一种态度等。它们主要来自两个方面：一是丰富多彩的现实生活。为了确定这方面的评论对象，就要广泛接触群众，进行必要的调查研究，而且处处留心观察。二是书籍、报纸刊物、电台广播或其他书面材料，这些也是评论对象的重要来源。为了确定这方面的评论对象，就必须广泛阅读，收集和积累各方面的资料，勤于思考，善作比较，从书面材料中发现矛盾、寻找目标，从而得到确定评论对象的各种信息。

在确定评论对象时，一般应注意以下几点：一是要符合政治思想工作的大方向；二是要选取群众迫切需要解决的问题；三是所确定的对象应当具有普遍意义。

（二）剔除泛论

泛泛而谈是一切议论文所忌讳的。军事报刊言论因其篇幅短小，更要力避泛泛之谈，而应实打实地摆事实、讲道理。一般来说，剔除泛论的方法有三：一是文章中尽量少用甚至不用抽象的推理和证明，做到说理具体，评论直截了当，尽快进入正题；二是不宜过多引经据典，也不必在理论上作过多的探讨，更不可用经典论述代替自己的评论，务必要针对某种思想或思潮谈自己的看法；三是语言要简洁明了，去掉一切可有可无的字、词、句，尽量做到言简意赅、文约意丰。

（三）用事实说话

作者在写作前应了解被评论对象的情况，掌握部队官兵的思想动态，把握新时期军队建设的主流，以及与此有关的具体的、活生生的事实材料。只有这样才能从具体事实出发，进行有针对性的评论，才能从个别事例中得出普遍性的结论。做到用事实说话，一般要注意以下三点：一是选材典型精练，不要罗列堆砌。思想评论的材料不在多而在精，只有材料典型，评论才有力。二是讲究详略，不能平均使用笔墨。在坚持用事实说话的同时，还要有详有略地使用材料。三是注意正反事例的选择。思想评论由于少有长篇大论，所以用事实说话时，还要注意选择正反事例，尽可能让观点在对比中自动形成，依靠对比来增强评论的说服力。

（四）“放”头“收”尾

开头结尾是一切文章应当讲究的，而篇幅短小的评论则更应该讲究开头和结尾的技巧。所谓“放”头，就是指思想评论的开头要简明灵活，要放得开、入题快，或从事实起笔，或由破题开始，或由感慨而发，或用相关诗词领起，常常是三言两语就将内容生发开来。所谓“收”尾，就是指结尾要干净、及时、得体、有力。思想评论切忌拖沓，只要道理说透了、观点点明了、写作旨意达到了，评论的行文就要适时收尾。

（五）语言生动形象

言论是说理文章，应当庄重、严肃，以理服人。但是中心思想的庄重严肃，并不是说文章的语言是生硬死板的。恰恰相反，语言的形象生动对军事言论来说是非常重要的。要多采用群众语言，还可以适当引用一些切题的诗句或典故，使文章显得有变化，使问题阐述得生动而深刻。此外，评论中可以恰当地运用描写、抒情、比喻、双关等多种表现、修辞手法，使抽象的理论形象化，更易被读者所接受。

思考与练习

1. 军事报刊言论有哪些特点？可分为哪几种类型？
2. 军事报刊言论在写作上要注意哪些问题？

第四章 军事学术论文

第一节 一般军事学术论文撰写

一、军事学术论文的含义和特点

（一）军事学术论文的含义

军事学术论文，实际就是学术论文的一种，只不过其研究的课题和论述的内容是属于军事领域方面的。那么，什么是学术论文呢？一段时期以来，在有些场合下，人们对学术论文的认识出现了一些误区，即将学术论文的外延扩大了。例如，往往将诸如杂感、科普文章、工作报告等只要是议论文的都算作了学术论文，从而带来了一些混乱。那么，究竟什么是学术论文呢？这里，我们先从功能上来分析，然后再加以界定，以对学术论文的本质属性有一明确的认识，并将其与其他一些容易引起混淆的文种区分开来。

学术论文的功能，可以从两个方面去认识。首先，它是表述学术科研成果的一种文章体裁。也就是说，它是学术成果的载体，是用来进行学术交流的工具。人们在科学研究中，有了新的认识、新的发现，特别是在理论上有了新的建树，科学技术上有了新的发明时，就要运用学术论文的形式来表述、发表和交流，使人们知道这个信息，并对其进行评价、研究、采纳和使用。其次，它又是进行学术研究的一种手段和工具。进行学术研究有很多手段，如科学试验、调查研究等，但要使学术研究真正凝结成为成果，使人有一明确的认识，还要在客观材料的基础上通过思维，即人的思想活动来进行体现。而这一思维过程就是研究过程，而将思维过程清晰化、条理化和科学化，就得依靠论文写作这一手段。论文写作的过程可以使笼统感觉到的东西变为理性的认识，使杂乱的想法变成系统的理论。它充满着对某一课题的学术探讨、思索和论证，显现着论点、论据之间的必然逻辑联系，使认识书面化、成果化。所以，论文的写作过程实际上就是通过书面语言将学术研究过程中的思维理性化的一个过程。选题、编列提纲、撰写正文、修改等写作环节，无不如此。所以，我们又可以说，学术论文也是进行学术研究的一个手段和工具。

根据以上的分析，我们就可以得出结论：所谓学术论文，就是指对某一学科领域中的学术问题进行探讨研究并表述其成果的文章。军事学术论文则是专门研究军事科学领域内的学术问题并表述军事科学研究成果的文章。学习撰写军事学术论文，熟练掌握和运用这一工具，对于提高官兵军事专业素质、作战指挥能力和谋略水平，促进我军军事学术研究的繁荣发展、提高我军的战斗力，具有重要意义。

（二）军事学术论文的特点

军事学术论文既有一般学术论文的共同特征，也有其自身的个性。综合起来，有以下几个特点：

1. 学术性

所谓学术性，第一，是指学术论文是学科领域的学术研究，而不是工作报告、经验总结等具体性的工作研究。第二，是指学术论文在研究方法上侧重于对客观事物进行抽象的、概括的论证，以揭示出事物的本质属性和发展规律。这表现在：其一，论文的论证要全面、系统，而不是仅仅靠点滴所想或者从某一点出发进行联想从而得出一些心得体会。这就是学术论文同一般杂感、体会、随想的区别。其二，论文的论证要有理论性，要依照逻辑思维的认识规律对事物进行概括和归纳，将感性认识上升到理性认识。而这种概括和归纳，是在一定的理论指导下进行的，从而保证了学术论文的理论性和逻辑性。

2. 科学性

科学性是学术论文的生命。所谓科学性，一是指立论符合客观实际、反映客观真理；二是指论文要有较成熟的理论或技术支撑，经得起实践的检验；三是论据必须经过周密的观察、反复的试验，真实可靠、准确无误；四是论证上要做到观点与材料统一、数据和结果相符、推理符合逻辑。总之，学术论文的科学性要求内容、观点和思想必须从客观实际出发，符合客观规律，真实准确地反映出客观真理，揭示事物的本质属性及其变化发展的客观规律，帮助人们正确地认识和改造世界。

3. 独创性

独创性是衡量学术论文价值的标准。一篇优秀的学术论文，应该有自己独到的见解，能够提出新观点，发现新问题、新材料，运用新方法。一个科研工作者不应该简单地模仿或重复他人的成果，更不能去摘抄和剽窃他人的研究成果。那些人云亦云、陈陈相因的东西，在学术研究上毫无价值可言；那些东拼西凑、一味摘抄的文章，更是学术研究中的“假冒伪劣产品”。当然，独创性没有一个简单划一的标准，独创性有大有小，既有时间性又有区域性。不可能要求所有的论文都能达到国家级甚至世界级论文的先进水平，但应该力求使自己的文章具有一定的理论价值或实用意义，见前人之所未见，发前人之所未发。

4. 保密性

军事学术论文往往涉及军事尖端技术和军事秘密，只能在规定的范围内交流，不宜随便在公开的刊物上发表，更不能毫无保留地对外报道。也就是说，军事学术论文在发表和交流时，要内外有别，注意保密。

二、军事学术论文的结构

论文的结构就是指论文的观点和材料的组织形式，或者说是论文的谋篇、布局。谋划学术论文结构的过程，也就是作者根据自己表达学术思想的需要，组织材料的过程。按照国家标准规定，学术论文的编写格式一般应由以下几个部分构成：

前置部分：题名、署名、摘要、关键词

主体部分：引言、正文、结论、致谢、参考文献

附录部分

军事学术论文也是学术论文的一种，因此也应遵循这一结构形式。

（一）题名

题名是文章的“眼睛”。军事论文的题名应力求反映出文章的主要内容或主要思想观点。题名要做到准确、简洁、通俗。

准确，指题名应当恰如其分地揭示论文研究的内容和主题。既不能过大过宽，也不能过小过窄，更要避免模糊笼统、模棱两可。

简洁，指题名文字不宜过长，一般不宜超过 20 字，能简明扼要地概括出论文的思想内容，避免使用重复性的词语。

通俗，指题名用语既要考虑专业性但又不能过于生僻。如《一体化联合作战中防空作战问题浅探》《联合战役信息作战指挥在组织实施中应把握的问题》等论文的题名就比较好地体现了这一点。

一般说来，军事学术论文的题名都比较庄重，不刻意追求文采，少用或不用修辞手法，要避免使用不常见的缩略词、首字母缩写词、字符、代号和公式等。在拟定军事论文的题名时，既要考虑到它庄重、带有理论色彩的特点，又要注意风格的多样化，不可陷于固定模式的泥潭。

（二）署名

署名即署作者姓名，必要时可注明作者的单位或职务、职称、学位。有多位作者时，应按其贡献大小排列名次。只参加部分工作或没有直接参与研究和撰写的人可列入致谢部分。

（三）摘要

摘要以简短精练的语言概括介绍军事论文的主要内容，是论文基本内容的缩影。目的是便于读者尽快了解论文的内容，为查找资料和做卡片摘录者提供方便。摘要内容包括：本文研究的对象和主要内容、主要的研究或论证方法、主要的研究成果或最终结论等等。摘要的文字宜简短，一般在 300 字左右，以满足读者迅速了解论文内容的需求。如《高技术条件下提高作战决策质量的几点思考》一文的摘要：

联合作战是现代战争的基本形式，提高联合作战的决策质量在高技术条件下尤其显得重要。本文从实现情报资源共享、改善辅助决策水平、加强指挥人员培养三个方面论述了提高作战决策质量的途径、方法和要求。

如果论文较短，也可不写摘要。

（四）关键词

关键词是为了进行文献标引，从论文中选取出来用以表示全文主题内容信息的单词或术语，标在摘要的左下方。每篇论文需选取 3—8 个词作为关键词，必要时还应标注与中文对应的英文关键词。其作用一是可以使论文内容一目了然地显示出来，二是便于检索。

（五）引言

引言又称“前言”“绪论”“导言”，是论文的开头部分，是对论文的研究目的、价值、根据、方法、结论等的简介。引言部分文字较少，篇幅较短，应精心构思，开门见山，以使人迅速抓住论文要旨。

也有的学术论文没有引言而直接提出问题，把论题引出，即进入正文。

（六）正文

正文是展开论题研究过程、表述作者研究成果的部分，是论文的主体，占主要篇幅。作者应围绕中心论点，组织材料，进行理论阐述和严密论证，形成研究成果。正文部分的结构没有固定模式，一般有以下几种：

1. 递进式

又叫直线推论式。是指正文部分各层次或问题之间的关系，步步深入，层层展开。它的特点是条理清晰、说服力强，有利于反映文章的主题思想。

2. 并列式

指正文的各部分是并列的几个问题或是论题并列的几个方面。论述时，逐部分、逐方面展开。可以从各个不同的方面进行论述，为中心论点服务。它的特点是条理清晰、层次分明，便于直接表明作者的思路和突出文章的主题思想。

3. 综合式

将以上两种方式有机结合加以运用即是综合式。综合式写法既有递进式层层深入的特点，又有并列式条分缕析的优长，是写作篇幅较长的军事论文常用的方法。

军事论文正文部分内容较复杂，篇幅较长，论述的方法必须根据论文不同类型、不同内容加以灵活选用，切忌照搬硬套。为求层次清楚，常常要加上序码表示并列分项的关系；有时还要加上小标题，便于读者阅读。

（七）结论

结论是学术论文的结束部分，是指全文最终的、总体的结论，而不是正文中各段小结的简单重复。一般包括下列内容：

说明论证得到的结果，对正文分析、论证的问题加以综合、概括。要与引言前后呼应、首尾一贯，使文章成为一个严谨、完美的整体。

对课题研究提出展望。个人的精力是有限的，对某项课题进行研究所能取得的成果也只能达到一定程度。所以，在结论部分可以提出本课题研究的遗留问题或者尚未解决的问题，指出可能的解决途径。

（八）致谢

是对论文写作研究过程中给予了作者帮助的单位或个人表示感谢的言辞。致谢力求诚恳、热情而妥帖。

（九）参考文献

论文中引用的言论、数据以及其他参考资料，都必须注明出处。或在论文结尾处注明，或在论文每页的下方注明，或在论文中以夹注的形式注明。文中夹注一般用圆括号括起。注明出处既尊重了他人的劳动成果，也说明了自己的研究依据。

参考文献应写出文献作者的姓名，文章题目，杂志或报刊的名称、卷号、年月，引用部分的起止页码等内容。如是著作，还应注明出版地和出版社名称及出版年代、版次等内容。

（十）附录

对了解论文内容有所帮助的说明、补充材料或可资借鉴、比照的重要书目，可以附在最后。没有必要时，也可以不设附录。

三、军事学术论文的写作要求

写作军事学术论文是一项艰苦复杂的脑力劳动。为使论文的观点正确、论据充实、论证有力，我们在选择论题、准备资料、展开论证、运用语言等方面，必须遵循军事论文写作的基本规律和要求。

（一）选题要恰当

选题是撰写军事学术论文的第一步，是作者根据写作目的、客观需要和主观条件，对所要研究的对象进行选择和确定的过程。一般是作者在选择确定的研究方向基础上，经过调查、研究、分析后确定研究课题。选题是否恰当，直接关系到学术研究的成败，所以有人说："选题选得恰当，文章就成功了一半。"军事学术论文的选题应把握和遵循下列原则：

1. 选择有价值的课题

要选择军事方面有学术价值的课题，要着眼于军事建设和发展的全局，服从部队的实际需要。选题可以优先从以下几个方面进行考虑：

军事科学领域里出现的新问题；

军事科学领域里需要进一步解决的问题；

对军事学科现有的观点和结论的综合；

对某些错误的观点、学说、做法的质疑和纠正；

对现有的一些学说、观点、做法的补充。

2. 选择易于创新的课题

独创性是科学工作的灵魂，也是我们选择研究课题或论题的重要原则之一。怎样才能选择容易创新的论题呢？一是要敢于站在学科前沿进行探索。二是要敢于涉足边缘学科和交叉学科，这样往往会开拓新的研究领域，获得新的研究成果。如军事学科，与人才学结合，就有了军事人才学；与心理学结合，就有了军事心理学；与运筹学结合，就有了军事运筹学；与经济学结合，就有了国防经济学。

3. 选择力所能及的课题

选择力所能及的课题，就是作者要依据自己的实际学术水平和科研能力水平，从现实情况出发，量力而行，恰如其分地选择论题。如果好高骛远、贪大求全，把论题定得过大，结果会力不从心。当然，这也不是说作者选题时可以贪图省事，无所作为，把论题定得简单肤浅，而是要从客观实际出发，去选择最适合自己的课题进行研究。

（二）充分占有资料

巧妇难为无米之炊。撰写学术论文如果不充分掌握材料，就难以引出可靠的结论。我国古代著名的文学理论家刘勰主张写文章“务在博见”，这就是说写作时，收集材料的面要广，量要多。因此动笔之前，要尽可能多地掌握一些与论题有关的材料。对于重要的、有代表性的材料，更不要轻易放过。可以说，不掌握充分可靠的资料是难以引出真实可信的结论的。

1. 搜集资料的原则

资料搜集一要广博，二要定向。广博，要求我们在课题写作的范围内，广泛地占有资料：既要占有现实资料，又要占有历史资料；既要占有具体资料，又要占有概括性资料；既要占有直接资料，又要占有间接资料等。但资料浩如烟海，若无明确的目的和方向，泛泛涉猎，什么都搜集，在客观上是不可能也不必要的。只有在确定研究方向的基础上，根据主攻的课题，在课题中的具体论题的范围内去搜集相关的资料，摒弃那些无关或关系不大的资料，才能集中研究课题、论题和进行写作，取得事半功倍的效果。

2. 搜集资料的途径和方法

搜集资料的途径总的来说无非两条：直接搜集和间接搜集。

直接搜集就是作者亲自参加实践，从实践中获得第一手资料。直接搜集的方法有调查法、观察法、实验法等。

间接搜集就是对文献资料的搜集。大量的文献资料是学术论文写作的重要资源。与那些第一手资料比起来，这些文献资料可以说是间接资料。因此，习惯上将文献资料的搜集称为“间接搜集”，这项工作也叫“文献检索”。要有效地进行文献检索，一是要熟悉、掌握图书分类法；二是要善于利用书目和索引；三是要熟练地使用诸如各种专科词典、百科全书，各种年鉴、手册等工具书；四是要善于运用互联网查询资料。

3. 资料的记录

无论是直接搜集还是间接搜集资料，都必须进行摘要记录。记录那些有创见的新观点及其出处，新鲜、典型、有证明力量的论据，具有无可辩驳的逻辑力量的论证过程，阅读文献过程中激发出来的心灵火花、思想感受以及对某个问题产生的联想或假设，感染力强、令人回味无穷的警句格言，等等。

记录的形式有摘录式和评注式两类。摘录式包括索引式（记录论文的题目、报刊的名称、书籍的名称、出版单位、版次和页码等）、引语式（摘录文献语句或片断）、摘要式（概括地记下著作、文章的主要内容）、提纲式（提纲挈领地记录著作、文章的观点和基本内容）等。评注式包括批注式（直接在文献上做记号、加批语等）、质疑式（记录阅读时产生的疑问）、心得式（专记阅读感受、体会）、札记式（将记录内容、摘录要点与书写心得体会融为一体的记录）等。

4. 资料的整理

资料的整理可以与记录资料同步进行，也可以积累到一定数量时专门整理。资料的整理包括资料分类和编制目录。

资料的分类一般有观点分类法和项目分类法两种。观点分类法也称“标题分类法”。它是根据作者形成的观点或资料的标题对资料进行统领和排列，把同一类观点的资料卡片放在一起，组成若干个观点卡片结合群。项目分类法则按资料内容的属性对资料进行分项归类，一般可把资料分为理论类、事实类、数据类、随想类等。每一类下面还可以分成若干小类，如理论类可再分为概念、定义、定理、名言、警句等。

通过整理，分散的资料就可以实现条理化、系统化。这不仅有利于论文写作时材料的方便使用，而且有助于思维的清晰、明朗。

对资料进行上述分类之后，可以根据个人的不同需要和习惯，编成卡片式目录或书本式目录以备随时查阅使用。

5. 资料的选择和使用

在充分占有材料的基础上，还应注意材料的选择和使用。

要选择有价值的材料。根据论题的需要，对材料进行精心剪裁、合理取舍，尽量选择那些最有价值、最典型、最能说明论点的材料。

要选择真实、可靠的材料。一般来说，第一手材料是可靠的；对于第二手材料，就要认真考察和核对。对那些缺少代表性的、出处和根据不清的、引文与原著不符的、不符合历史事实的等等材料都不应选择和使用。

（三）严密进行论证

军事论文的写作过程，实际上是运用材料对论题进行分析论证的过程。因此，严密地进行论证，是写作阶段的重要任务。怎样才能做到论证严密有力呢？

1. 紧扣命题，选好论证角度

论证的角度，也就是作者对论题的思想意义、价值取向进行开发阐述的角度。选择论证角度的过程，实际上是分析资料、提出新鲜观点的过程。同一资料，如果从不同的角度去分析，就可以提出不同的观点。论证角度选准了，论述就能驾轻就熟，收到事半功倍的效果；论证的角度选得不好，就会举步维艰，事倍功半。论证方式则应因题而异，因人而异，因内容而异，但始终要对准论证的目标，紧扣命题，反复校正，步步为营，切不可墨守成规，更不能偏题、离题。

2. 定好论证结构，拟制编写提纲

论文要“言之有理”，即说理要次序井然，层次分明。在论证中先讲什么，后讲什么，段与段之间的衔接，都要有一个合乎语法、逻辑和便于表达的顺序。作者要论证一个问题，如果要从不同的方面阐述，这几个方面要由浅入深，步步深入；或由因及果，环环相扣，或由总到分，统帅牵制。不管采用哪种形式，都要结构严谨，逻辑清楚。军事学术论文的结构除包含引言、正文、结论等几个部分，采用递进式、并列式或综合式展开外，还要遵循以下原则：一要切合客观实际，充分考虑到研究对象的特点；二要便于突出主要观点；三要便于反映出研究过程；四要便于表达。

论证结构大致确定之后，应该据此拟制详细的写作提纲。提纲越细，写作起来就越顺利。

3. 恰当使用材料，做到事理统一

军事学术论文在材料使用上，除了要遵循材料选用的一般原则，如围绕主题选材，选择真实、准确、典型、新颖的材料外，还特别要做到有理有据、事理统一，即观点与材料的统一。要做到这一点，就应特别注意以下三个方面：一是证明某一观点的材料，一般至少应有两条以上，“孤证”的证明力度往往是不够的；二是事实材料的运用应采取概括叙述方式，不宜具体展开，避免“叶多花蔽”；三是应力求把事实材料与理论材料交替使用，以增强论证的力度。

（四）仔细推敲语言，力求准确严密

军事学术论文最讲求科学性，严密、庄重、平实是军事学术论文语言的重要特征。因此，所用语言要准确无误地表达科学的概念，做到真实地反映科学研究成果，确切地表达作者的认识和见解。

语言准确严密，要求做到用字正确，无错字、别字；选词准确，注意词义、词性、词类以及感情色彩的区别；句子符合语法规范，符合情理，符合逻辑；减少可有可无的文字、过于华丽的形容词等，做到言简意明，庄重平实，一目了然。

思考与练习

1. 军事学术论文有哪些特点？
2. 军事学术论文的结构一般包括哪些内容？
3. 军事学术论文写作的选题原则是什么？

第二节　军队院校毕业论文撰写

一、军队院校毕业论文的含义和特点

（一）军队院校毕业论文的含义

军队院校毕业论文是军队院校本科及本科以上学员在毕业之前，在教员的指导和帮助下，结合专业学习和研究，独立撰写的本专业的学术论文。

《中华人民共和国学位条例暂行实施办法》规定："高等学校本科毕业生完成教学计划的各项要求，经审核准予毕业，其课程学习和毕业论文（毕业设计或者其他毕业实践环节）的成绩，表明确已较好地掌握本门学科的基础理论、专门知识和基本技能，并且有从事科学研究工作或是专门技术工作的初步能力的，授予学士学位。"因此，每个大学毕业生包括军队院校毕业学员都必须提交毕业论文，否则不能获得相应的学位，甚至不能毕业。

（二）军队院校毕业论文的特点

军队院校毕业论文有着一般军事论文的共同特点，也有其独特的个性。军队院校毕业论文主要有以下几个特点：

1. 教学性

军队院校毕业论文的撰写，是军队院校教学过程中的一个重要环节，是在传授知识的基础上，培养学员能力、开发学员智力的一项基本工作。它根据教学任务和教学内容安排论文的选题，组织材料、论证方式、实验方法等，遵照教学的有关要求确定论文的质量评定标准、撰写的时间及其他事项。撰写军队院校毕业论文，是为教学服务，为提高学员分析问题、解决问题的实际能力服务的。这是军队院校毕业论文与一般学术论文的区别所在。

2. 考核性

军队院校毕业论文既不同于平时撰写的学术文章，也不同于院校的一般考试和检查。它是对学员在校期间有关专业知识、能力、水平等各方面综合性的考核和检查，考核成绩列为学员在校学习的成绩。军队院校毕业论文的评阅和答辩过程要求严格而规范。

3. 限定性

一是写作时间的限定性。地方高校一般要求在最后一学年的某一段时间内完成毕业论文的写作；军队院校则要求在最后一个学期的一段较短的时间内完成。二是选题的限定性。论文选题要求限定在专业学习范围内，以专业课的内容为主。三是篇幅的限定性。既不能长篇大论，也不能篇幅太短，以适中为宜。

4. 指导性

毕业论文一般是在相关专业教员的指导下由学员独立完成的。无论是毕业论文的确立选题、收集资料、确定写作框架，还是从事调查研究、现场观察及其他工作，都应在教员的指导下进行。这有助于培养学员正确的思维方式、良好的研究方法和扎实的工作作风。在毕业论文的撰写过程中，教员应该主动指导学员，既不能不闻不问，也不能越俎代庖；学员应该自觉接受教员的指导，虚心听取教员的有关意见。当然，接受教员的指导并不等于完全依赖于教员。学员应在教员的指导下发挥主观能动性，独立完成论文撰写的各项工作。

二、军队院校毕业论文的结构

军队院校毕业论文同其他毕业论文一样，一般是以单本形式出现的。其考核性的特点决定了它在结构上要比一般的军事学术论文更加完备、严格、规范。

军队院校毕业论文结构内容有：封面、题名页、摘要页（含关键词）、目录页、引言、正文、结论、致谢、参考文献、封底等，必要时还有插图及附录。其中，正文、结论、致谢、参考文献几项在格式及写法上与一般军事论文大体一致，在此不加叙述，现介绍其他几项内容：

（一）封面

军队院校毕业论文一般应有封面。封面的内容一般包括本单位编号、密级、论文题目、作者姓名、指导教员的姓名和职称、专业名称、论文提交和答辩日期等。如果同时作为学位论文的，还要有拟申请的学位级别。

（二）题名页

题名页是论文进行注录的依据，在封面之后。毕业论文存档、档案人员检索一律以题名页的数据为依据。

题名页的内容除封面所载各项外，还应包括封面上未列出的责任者（如答辩委员会主席、评阅人等）的职务、职称、学位、所在单位等。如有必要，还要写上参加部分工作的合作者姓名。

（三）摘要

毕业论文有两种不同的摘要：一种是放在题名页之后的简单摘要，其写法与一般军事论文的摘要大体相同，有些情况下还需要有英文摘要；另一种是详细摘要，专供答辩委员会或答辩小组审阅论文时使用。这种摘要要单独成文，一般不附于论文中。其内容包括研究目的、对象、方法、结果、结论以及论文的价值等。其中应有论文的主要数据，研究工作的思路、过程、论证方法，尤其要突出论文中的新观点、新见解，以便评阅者了解作者的研究能力和研究成果。详细摘要的写作必须实事求是、忠于原文，分清主次、详略得当，突出论文的核心观点。

（四）引言

引言的写法与一般军事论文的引言基本一致，但一般要作文献综述，以便评阅者考核学生检索、搜集文献资料后的综述能力，了解其研究工作的范围和价值。文献综述要求综合叙述本课题的研究状况、发展前景，介绍本论文在本学科研究中的地位及其所作的贡献，以反映作者的学术水平。

三、军队院校毕业论文的答辩

毕业论文的答辩是评审毕业论文的一种重要形式，是在指导教员评阅论文的基础上，由答辩小组或答辩委员会以面试的方式对论文撰写的相关情况进行的一次综合性考核，并作出最终的成绩评定。

（一）论文答辩的目的

毕业论文答辩，其目的在于了解论文作者对所选课题的研究情况；了解论文所达到的深度、广度和真实可信度；考察论文中所提出的学术见解是否理由充足；指出论文中不确切、不完善甚至错误之处；帮助作者总结科学研究的技能和方法；引导作者对本课题或有关课题作进一步的研究；最终评定出论文成绩。

（二）论文答辩的形式与过程

毕业论文的答辩形式也就是论文答辩的组织实施方式。它一般是在毕业论文指导委员会或论文指导小组的统一安排下，由专业人员组成答辩小组或答辩委员会来具体负责实施的。答辩小组一般由 3—5 名人员组成，委员会成员稍多一些。毕业论文的指导教员一般不宜主持和参加该论文的答辩。

论文答辩的过程包括答辩的准备阶段和实施阶段。

答辩的准备阶段中，答辩小组或委员会的成员应预先审阅毕业论文，各自提出相关的问题，通过协商讨论最后确定答辩的具体题目。同时，答辩者应进一步熟悉论文内容，整理有关资料，作好答辩准备。

答辩的实施阶段包括考场答辩和成绩评定两项内容。

考场答辩时，答辩小组或委员会的成员应该互相协同、密切配合，保证提问准确、清楚地传达给答辩学员；而答辩学员则需要迅速准确地领会提问，力争圆满回答每个问题。答辩时，首先要求论文作者在较短的时间内对论文的要点作一简要的综述，然后再对老师提出的问题一一作出回答。答辩的时间可根据答辩的层次和教学需要等情况而定。一般来说，每个问题作答的时间不超过 5 分钟。问答的具体方式可以灵活多样。一般是一问一答，或先由答辩小组或委员会将问题提完后，再由答辩者分别予以回答。提问时，要求答辩者作好记录，并允许答辩者询问未听明白或未听清楚的问题。

答辩成绩评定工作是在答辩之后由答辩小组或委员会负责完成的，一般以统一评分标准为依据，在给答辩者分别评分的基础上，综合考虑，最终裁定毕业论文的成绩。

（三）论文答辩的提问范围

答辩小组或委员会可以从以下几个方面对答辩者提问：

1．选题的目的和价值。主要指作者为什么要选择该课题；研究这个课题有什么实用价值和理论价值。

2．论文的立论与依据。主要指论文的基本观点是什么；立论的主要依据，包括理论依据和事实依据有哪些。

3．论文的研究方法与手段。主要指论文的基本研究方法、实际手段、论证方式有哪些。

4．课题研究的现状与发展。主要指该课题研究的现状如何；论文对该课题研究的贡献如何；对课题研究的前景有何预测。

5．材料的来源与可靠程度。

6．论文的缺点和不足。

（四）论文答辩的基本要求

在论文答辩的过程中，组织实施答辩的成员和参加答辩的学员，都应该以高度的责任感和事业心，充分作好各方面的准备，严肃认真地完成这一重大的教学工作。

1. 答辩小组（委员会）应注意的事项

（1）正确把握答辩的提问范围

答辩不是对有关学科全面知识的考试，因此不宜面面俱到地设置问题。主持答辩者，应该将答辩内容基本限定在论文所涉及的范围之内，就论文中最重要的问题或作者容易疏忽的问题以及论文的不足之处提出询问。当然，必要时也可适当地涉及其他问题，以进一步了解学员的能力和水平。

（2）创造和谐轻松的答辩气氛

毕业论文的答辩是为了帮助学员完成学业、获取学位而进行的正常的论文审查，而不是为了难倒学员。刚进入答辩考场的学员，一般都会有不同程度的紧张心理，开始回答问题时难免出现口误和其他非正常情况。作为主持答辩的提问者，应该关心爱护学员，主动帮助学员克服紧张心理，创造和谐轻松的答辩气氛。

2. 参加答辩的学员应注意的事项

（1）作好答辩的资料准备

学员应该根据自己的论文写作情况，针对答辩中可能提出的问题，进行全面、深入、细致的准备。所谓全面，就是要将论文中所涉及的观点、数据、方法和参考文献等内容熟记于心，包括对有关的知识背景甚至与论文相对立的观点和材料都要有所了解。所谓深入，就是要对研究的课题作深层次的了解，能对本论文研究课题的过去、现在、未来等方面情况举出详尽的事例和资料。所谓细致，就是针对研究中容易忽视的一些细节问题要进行专门准备，尤其是对论文中的一些薄弱环节要作相应的资料准备，以便在不违反基本原理的前提下能够做到自圆其说。在规则允许的情况下，将所准备的资料带进答辩场所，以备临时查阅；还要携带纸笔和必要的其他用具，供记录提问时或其他情况下使用。

（2）作好答辩的心理准备

初进答辩考场，有点紧张是正常现象。答辩者应尽量调整好自己的情绪和心态，做到从容、认真、谨慎地答辩。从容，就是临场不慌，举止有度，言谈有序。认真，就是要集中精力，严肃认真地回答好每一个问题，不要随随便便、信口开河。如果对提出的问题没有理解清楚，也不要贸然回答，应该请提问者重述一遍，然后作答。谨慎，就是不乱答，不错答。对提出的问题，有把握的，从容申述意见；没有把握的，可作委婉的回答，或明确表示不知道，切不可不懂装懂。对自己论文中有待商榷的问题，可作有理有节的解释；有明显错漏的，要谦虚，勇于承认，不可强词夺理。

▪ 思考与练习 ▪

1. 军队院校毕业论文的主要特点是什么？
2. 军队院校毕业论文答辩的程序有哪些？

演讲编

第五章 演讲概说

第一节 口语表达与演讲

一、口语表达的含义和特点

语言是人类交流思想、表达感情、传达信息的最重要的交际工具，其使用形态可分为口语和书面语两种。随着现代化信息技术的发展，现在似乎又出现了网络语言这种新的语言形态。网络语言有许多特点，而且还在迅速地发展变化中。

口语在语言交流中占有重要的地位。它不仅比书面语出现得更早，而且应用也更为普遍。

（一）口语表达的含义

口语是“口头语言”的简称，是相对于书面语言而言的。具体地说，口语指的是人们在交际时，通过口说耳听，借助于语音和各种辅助手段来表情达意的语言。

运用口语进行交际以传达信息或表达思想感情的活动是口语表达。作为一种特殊的社会实践活动，口语表达能力是现代人才必备的素质。古人说，“言如其人”“一言知其贤愚”。从某种意义上来说，口才是一个人的学识、素养、个性、气质和才能的综合反映。

古语有“一言可以兴邦，一言可以丧邦”“一言之辩，重于九鼎之宝；三寸之舌，强于百万之师”。把国之兴亡与舌辩的力量紧密联系起来，借“九鼎之宝”“百万之师”的强喻，充分揭示了口语表达的重要作用。

（二）口语表达的特点

口语是人们日常生活中运用最广泛的语言形态。它贴近人们的生活实际，通俗易懂，形象生动。一般来说，口头语言比书面语言更加生动活泼，简短精练，自由灵活，富有感情色彩，但不及书面语言那样完整、严谨、精确、规范和讲究逻辑性。口语表达的特点主要表现在：

1. 通俗平易，简洁自然

与书面语相比，口语有它特定的语言环境和更加明确直接的交流对象。因此，口语表达具有很强的直观性，不需要像书面语表达那样刻意追求句子的完整和严谨，也无须对语句多加修饰，甚至有时也不受语法规范约束，语流时断时续，常用短句和省略句，停顿较多，关联词较少，等等。这些都是口语表达通俗平易的原因。另外，轻声与儿化也使口语表达更加贴近生活。

著名儿童教育家孙敬修曾经修改过一段广播稿，原稿是：

蔚蓝的天空，没有一丝云彩。一条潺潺的溪水从卵石中间穿过。卵石在清澈的水中忽隐忽现，清晰可见。溪边端坐着一位长者，面庞清癯，双目炯炯有神。

这段话作为书面语，自然无可非议。但为了使儿童听众一听就懂，孙敬修将稿子修改为：

呵，这天可真蓝哪！一点儿云彩也没有。有一条小河哗啦哗啦地流着。这小河可清亮啦！水里头有好些圆石头，像鸡蛋似的，人们都管它叫卵石。这些卵石在水里可以看得清清楚楚！在河边坐着一个老头儿，长得虽然瘦，可是挺结实，那双眼睛可有精神啦！

这样一改，通俗平易，简洁自然，突出了口语的特点，达到了儿童喜闻乐听的效果。

2. 生动形象，综合效应

口语比书面语能更直接地显示语言所蕴含的感情色彩。因为书面表达只能运用标点符号来表示话语的起止、句子的层次和节奏，口语表达却能够运用停顿、轻重变化、语速的快慢和语气的不同，借助“语音流”，形成不同的语调来辅助表情达意。同样一句话，不同的语速往往能传递不同的情感，甚至在表意上产生很大的差异。而书面语单凭文字符号是很难把这些细微变化精确地表达出来的。

同时，口语表达时，可以借助“身体语言”（态势语）增强表达效果。诸如面部、眼睛、手臂、身躯的不同态势，不仅能传递信息辅助表情达意，更能使口语具有书面语无法比拟的形象性，起到强化传输信息、渲染感情色彩、增强表达效果的作用。

3. 沟通直接，灵活方便

口语表达还有一个书面语言表达无法比拟的优势，那就是说者与听者的双向直接沟通。口语表达时，说者、听者处于同一场合，双方直接见面，言来语去。瞬息之间，说者可以变为听者，听者可以变为说者，信息的传递和反馈几乎同步进行。这样，交际双方就可以互相启发、诱导、说明、提问、反驳，从而能使双方意见及时辨明，达成统一。而书面语言表达，读者只能从字里行间感知作者的思想感情，间接地实现作者与读者之间的信息沟通。再者，口语表达可不受交际双方写、读的能力以及书写工具等条件的限制。“马上相逢无纸笔，凭君传语报平安”，唐代诗人岑参的诗句就形象地说明了口语表达的方便性。

当然，并不是说口语表达就比书面语表达优越，只能说是二者各有特点。比如，口语在特定的语境下，可使语言简洁，但一旦脱离了具体环境就会造成理解困难。再如，口语表达中往往有较多的剩余信息和模糊信息，常有重复、脱节、颠倒、插说，“这个、那个”等赘语，不如书面语精练、严密。

口语表达在本质上属于一种社会实践活动，而不属于艺术活动。然而，口语表达也强调艺术性，即讲究口语运用的准确、鲜明、得体、巧妙、生动、有力，能打动人、感染人、征服人。当一个人被评价为“口语表达能力很强”，那一定是因为他的口语克服了平日口语表达中的粗糙、简陋、啰唆、杂糅等缺陷，吸收了多种艺术的营养和特长，融会了语言艺术——文学的表达方式、表现手法和修辞技巧，从而形成了一种具有新质特征的社会现实实践活动，这就是人们所说的“口语表达艺术”。它不仅体现了口语表达主体对表达内容的深刻认识和审美把握，而且体现了主体对口语表达手段、方法、技艺和技巧的熟练掌握和得心应手的运用。我国有许多成语，如“能言会道”“能说善辩”“伶牙俐齿”“铁齿铜牙”“口若悬河”“滔滔不绝”“口吐莲花”“妙语如珠”“应对如流”“言近旨远”“一语破的”“一针见血”等，都是对人的口语表达能力的赞美。

总之，和书面语相比，口语有许多特点。它新鲜、生动，特别富有形象性和生活气息。因此，毛泽东同志号召“要向人民群众学习语言”，鲁迅也提倡“博采口语”，以“活人的唇舌作为源泉”，认为“现在口头语，并非一朝一夕，从天而降的语言”，应当认真学习才行。

二、演讲的本质和特征

为适应不同交际环境的需要，同书面语表达的载体——文章分为许多文体一样，口语也呈现着不同的形式，如交谈、发言、报告、演讲等。其中，演讲是最高级的、最有审美价值的一种口语表达形式。

那么，究竟什么是演讲呢？

（一）演讲的本质

演讲，也叫“讲演”“演说”。它是指演讲者在特定的时空环境里，以直接的有声语言和相应的体态语言为手段，面对广大听众表述见解、传递信息、阐明事理、抒发情感，从而感召听众、征服听众，并促使其行动的一种现实的口语表达活动。

演讲是人类的一种社会实践活动。完整的演讲活动必须具备三个要素：首先，必须有一个演讲人（主体），同时还要有听众群体（客体）以及主客体同处其中的时境（时间、环境）。这三者任缺其一，演讲活动都无法进行。

演讲的传达手段包括有声语言、态势语言和主体形象。它们构成一个综合、统一而完整的传达系统。

有声语言，它以语音承载着思想和情感，直接诉诸听众的听觉器官并产生效应。我们对有声语言的要求是，除了吐字清楚、准确、响亮外，还要注意根据内容的需要使语气、节奏、语调有所变化：有时舒缓，有时急促，有时如“惊涛拍岸”，有时又似“小溪潺潺”。这样才能使演讲悦耳动听，才能给听众美的享受。有声语言是演讲的主要传达手段。

态势语言，就是演讲者的姿态、动作、手势、表情等。它以形体动作辅助有声语言来表达思想和感情，诉诸听众的视觉器官并产生效应。我们对态势语言的要求是准确、鲜明、自然、协调和优美，要有表现力和说服力。这样，才能在听众心里产生美感，并使其得到启示。很难想象，板着一副苦瓜脸讲“微笑”会收到好的效果。态势语言具有空间艺术的某些特点。当然，态势语言只是一种辅助手段，如果它离开了有声语言，就不能直接地、独立地表达思想情感的意义了。

主体形象，就是出现在听众面前进行演讲的演讲者自身。它以包括体形、容貌、衣冠、发型、举止神态等在内的整体形象，直接诉诸听众的视觉器官。我们对演讲者的要求是在自然美的基础上，要有一定的装饰美。而这种装饰美，绝不同于舞台艺术的那种性格化和艺术化的装饰美。它要求在符合演讲思想感情的前提下，注意着装朴素、自然、得体，举止大方、优雅。只有这样，才有利于思想感情的传达，有利于获得听众的认同感，从而取得演讲的良好效果。

演讲是借助主体形象、有声语言和态势语言，有中心、有条理地把自己的观点与听众进行巧妙沟通的语言实践活动，而不是站在台上“侃大山”或自顾自地念稿、背稿。它以“讲”为主，以“演”为辅，既是听觉的，又是视觉的，是一种兼有时间性和空间性艺术特点的综合的现实活动。这就是演讲的本质属性，也是演讲区别于其他口语表达形式的关键所在。

（二）演讲的特征

1. 现实性

演讲是一种现实性的社会实践活动，属于现实活动范畴。

首先，演讲是演讲者通过对社会现实的判断和评价，直接向广大听众公开陈述自己的主张和看法的现实活动。演讲主要是从现实生活中的真实事例出发，通过阐述道理来表达自己的现实主张、态度和看法的。其内容和事例是真实和现实的，而不是像单口相声、评书、讲故事等口头表演艺术形式那样以集中的、典型化的艺术形象来反映现实社会的。

其次，从演讲者的活动身份来看，演讲者的活动不同于表演艺术家的活动。演讲者是现实中的自己，走上演讲台仍然是他自己。而表演艺术家则不然，在舞台下是生活中的自己，一走上舞台就是剧本中规定的角色了，就必须根据作品的人物性格、特点及情节的需要进行修饰和化装。因此，演讲者给人真实的现实感，而表演艺术家则给人形象的艺术感。

所以说，演讲属于现实活动的范畴，而不属于艺术活动的范畴。因此我们可以说，现实性是演讲的首要特征。

2. 艺术性

成功的演讲总是在表达中随处展示着演讲者非同一般的表达创造性。它可以借鉴相声的幽默，也可以吸收诗歌朗诵的激情、故事的曲折动人，当然绝不可越出“真人、真事、真情、真理”的轨道。

演讲是富有艺术性的实践活动。演讲实践活动中，包含了“演”与“讲”两个要素。这两者必须和谐地统一，才能圆满地完成演讲任务。如果只有“讲”而没有“演”，就会缺少感人、动人的主体形象及表演活动，即缺少感染力；如果只有“演”而没有动听的“讲”，也就失去了演讲的本质特征，就不成其为演讲了。

3. 鼓动性

有人说，没有鼓动性，就不成其为演讲。这话并不夸张。战前一番演讲，能使战士们不怕牺牲，冲锋向前；抗洪中的演讲，可鼓起人们重建家园的斗志；听完《血，生命之源》的演讲，不少人高喊着“抽我的”，并坚定地向医生伸出了胳膊……即使是一般教育性的演讲，也应该点燃听众热爱生活的激情。演讲者要以自己炽烈的感情去抓住听众，引燃听众的感情之火，达到影响听众的目的。演讲是演讲者和听众共同完成的活动。演讲者面对的是广大的听众，那就必须考虑到多数人的心理需求，用自己的语言、思想、情感、目光和听众进行交流。不管是哪种类型的演讲，都要注意听众的感受，这样才能让听众的心和演讲者一起跳动，产生共鸣。

三、当代演讲事业的发展

演讲在我国有着十分悠久的历史。在我国古代，一些著名的思想家、政治家和军事家，往往同时就是杰出的演说家。中国无产阶级在艰苦卓绝的革命斗争中，涌现出了无数的革命家，他们的演说才能也在政治军事斗争中发挥了巨大的作用。随着祖国改革开放的迅猛发展，当今，演讲、论辩、公关等活动日益兴盛，极大地推动了演讲事业的发展。这期间，不仅涌现出一大批出色的演讲家，而且随着时代的进步、科技的发展，当代演讲呈现出许多新特点。

（一）演讲媒介现代化

古代演讲由于缺少良好的辅助工具，在时间、空间等方面受到了很大的限制。演讲往往只能面对少数听众，在很小的范围内进行。在科技飞速发展的今天，一些现代传播器材被运用到演讲实践中，从而使演讲突破了时间和空间的限制，大大地扩大了听众面，增强了演讲效果。

（二）演讲手段艺术化

当代社会，由于科学、文化、艺术的高度发展，也由于人际交往面不断扩大和延伸，竞争不断加剧，人们就比以往任何时期都更重视强化演讲的艺术性，演讲也就比以往任何时期都更加显示出其艺术性的特点。这首先表现在演讲技艺的不断科学化上，即演讲者不断运用心理学、美学、教育学、文学等知识来完善其表达技艺，使演讲熔真理性与艺术性于一炉。其次表现在演讲会这种表演性质活动的出现上。传统上，演讲多是为向部属或听众提出某一要求而进行的，是实用的，是为了解决问题的。而当代，随着演讲技艺的日益完善，给人以美的享受的演讲会也就应运而生了。这种演讲会，更多是要让大家欣赏演讲者雄辩的口才和高超的演讲技巧，少实用性，多表演性。

（三）演讲应用大众化

现代社会的开放性，使人们的交往日趋频繁，而文化教育的普及，也使听众越来越广泛，听众层面增多。越来越多的人登上了演讲台。在日常生活、工作和学习中，人们越来越多地运用了演讲这种形式。

如今，演讲的种类、方式日益繁多和精细，演讲呈现出蓬勃发展的生机：传统的知识体系被继承，研究的视野逐渐开阔，研究的领域正在开拓。作为人类的一种表达思想和情感、交流意见和经验的活动，演讲已经到了一个要认真研究并揭示其规律的时代。

思考与练习

1. 与书面语言相比，口头语言有哪些特点？
2. 为什么说演讲是带有艺术性的社会现实活动？
3. 结合自身情况，说说演讲对个人成才的意义。

第二节 演讲的种类

根据不同的分类标准，演讲可以分成多种类型。

一、根据演讲内容分类

按内容划分，演讲主要可分为政治演讲、思想教育演讲、学术演讲、军事演讲、法律演讲等。

（一）政治演讲

政治演讲，是指人们从政治角度阐述、评论一些重大政治事件和有关现实问题，并表明立场、阐明观点、宣传主张的一种演讲。施政演说、就职演说、竞选演说等都属于这一类型。这类演讲涉及的往往是一些重大的政治问题。演讲者要表明自己的政治倾向，宣传自己的政治观点，通过演讲，让听众了解自己的施政纲领或政治观点，从而获得理解和支持。因此，这类演讲具有强烈的鼓动性、感召力和说服力。政治演讲，在提出问题、分析问题、解决问题的过程中，要显示出无懈可击的逻辑力量。只有这样才能使听众口服心服，才能赢得听众的理解和支持。

（二）思想教育演讲

思想教育演讲，是指以思想品德教育为目的的演讲。演讲针对现实生活中人们的思想动态、思想倾向和思想问题，以真切的事实、有力的论证、诚挚的情感来讴歌真善美、鞭挞假恶丑，引导听众树立正确的人生观、价值观和世界观，激励听众为崇高的理想、事业而奋斗。这类演讲适用于演讲比赛、主题演讲会、巡回报告等。思想教育演讲有以下特点：一是时代性。其所涉及的内容大都是现实生活中比较突出的问题，具有浓郁的时代气息。二是劝导性。思想教育演讲的目的是劝说、引导、警示，让人们在人生的道路上走好每一步。为此，演讲者要站在正确的立场上，通过大量翔实的材料，具体生动地阐明自己的观点，使听众在不自觉中受到感染，并引起思想上的共鸣。三是生动性。思想教育演讲并不是用抽象的说教方式把自己的观点强加于人，而是运用具体生动的事例和形象直观的表达，去打动听众，使之自觉自愿地接受演讲者的观点。

（三）学术演讲

学术演讲是指介绍科学研究成果、传授科学知识、表述学术见解的演讲。学术演讲具有以下特点：一是学术性，即对某一学科领域中的现象或问题作系统剖析和阐述，揭示事物的本质及发展的客观规律。二是创造性，即对科学问题有独特的发现和独到的见解。研究者要在前人研究的基础上有所前进，而不是原地踏步。因此，学术演讲不能泛泛地讲一般的知识，而要有自己的新材料、新方法、新见解。三是通俗性。学术演讲具有很强的专业性，它要涉及许多复杂抽象的科学道理和不易被一般人所理解的专业术语，这样就对听众理解演讲内容造成了一定的困难。另外，演讲中，演讲者的声音稍纵即逝，不能像阅读文章那样反复咀嚼，这样也容易影响传播的效果。为此，演讲时要把抽象深奥的科学道理表达得深入浅出、通俗易懂。

（四）军事演讲

军事演讲，是指以军事为中心内容的各种形式的演讲，常用于战时的战争动员、战前誓师、战地动员、战后庆功等场合，以及平时就战备、训练、作战、执勤以及军队管理问题等进行的宣传、鼓动、动员。军事演讲是一项目的性、功效性极强的宣传教育活动，也是一种部队官兵喜闻乐见的宣传教育手段。演讲能力是军队指挥员特别是基层指挥员必备的基本素质，军事演讲尤其是战时演讲要求气势恢宏，语言准确有力，语句简洁精练，语气坚定明确。

（五）法律演讲

法律演讲，有广义和狭义之分。广义的法律演讲是指在法庭调查、法律咨询、仲裁活动、普法教育等一切法律活动中的演讲。狭义的法律演讲专指诉讼演讲，即指公诉人、辩护代理人在法庭上所作的演讲。

二、根据演讲功能分类

以功能为标准，演讲大体上可分为以下几种类型：

（一）传授性演讲

传授性演讲，指使人们知道、了解和掌握某些知识、信息和事理的演讲，也有人称之为“使人知”演讲。演讲者的目的在于传授知识和信息，并不希图支配听众的行为。传授性演讲的特点是知识性强，要求演讲者对所谈的事情成竹在胸、知识丰富且信息准确无误。

（二）说服性演讲

说服性演讲是使听众信服自己观点的演讲，也有人称之为“使人信”演讲。这种演讲的功能不仅仅在于让听众明白知晓演讲者所要传达的信息，更是要以演讲者的演说影响听众，使他们改变观念和思想，更加信服演讲者的观念和所阐述的道理。说服性演讲是从传授性演讲发展来的，它是以“使人知”为基础的。只有知道了、明白了，才能产生信任感，才能打动人、感染人，才能引起行动。这种演讲要求演讲者有很强的说服能力，以使听众相信并接受某种事实及观点。

（三）鼓动性演讲

鼓动性演讲，又称“使人激”演讲。这种演讲意在使听众激动起来，在思想感情上与演讲者产生共鸣。如美国民权运动领袖马丁·路德·金在他的著名演讲《我有一个梦想》中，用他的几个“梦想”激发广大黑人听众的自尊感、自强感，激励他们为“生而平等”而奋斗。

鼓动性演讲是一个深层次的演讲，它不仅要求演讲者与听众在信息上沟通，而且要求演讲者与听众在心理上进行交流，在感情上产生共鸣，在思想上产生共振。这就给演讲者提出了更高一层的要求：演讲者既要“晓之以理”，更需“动之以情”，使听众为演讲者的思想观点而欢呼雀跃，与演讲者一道喜、怒、哀、乐，在演讲中受到激励，并产生与演讲者一起行动的想法。只有这样，演讲才能起到鼓动性的作用。“鼓动”不是演讲的终极目的，使听众遵循演讲者的意愿行动起来，才是演讲者应该追求的最高境界。

鼓动性演讲多运用于政治、战争和大型活动的动员。这类演讲要求用最直接的事实和最直接的语言去激励、震撼人们的感情，推动人们的行动，避免烦琐、复杂的逻辑论证，同时也要求演讲时有一股强烈的气势和激情。只有这样，才能取得强烈的效果。如法国戴高乐将军第二次世界大战期间在英国伦敦所作的演讲《告法国人民书》就是典型的鼓动性演讲。在演讲中，他号召法国人民行动起来，投身反法西斯的战役。鼓动性演讲的特点是鼓动性强，多以号召、呼吁式的语言结尾。

除了上述三种类型的演讲以外，还有“使人乐”演讲。这是一种以活跃气氛、调节情绪、使人快乐为主要功能的演讲，多以幽默、笑话或调侃为材料，出现在喜庆的场合。它的特点是材料幽默、语言诙谐。这种演讲很常见，人们经常能听到。

三、根据临场状态分类

根据演讲者的临场状态，演讲还可以作如下分类：

（一）命题演讲与非命题演讲

命题演讲，指事先确定了主题，把表达内容限定在主题范围以内的演讲。专题演讲、论辩竞赛、部队的讲评动员以及答记者问等，都属于命题演讲。命题演讲的特点是：主题鲜明、针对性强、内容稳定、结构完整。

命题演讲还可以分为两类：全命题演讲和半命题演讲。全命题演讲的题目一般是由演讲组织者事先确定的。如某单位组织“让雷锋精神在岗位上闪光”主题演讲，为了让演讲人员各有侧重，分别拟了《把爱送到老百姓心坎上》《练好本领，为民服务》《从一点一滴做起》三个题目，给了三个演讲者，要求他们以此组织材料，准备演讲。半命题演讲指演讲者根据演讲活动组织单位限定的范围，自己拟定题目进行的演讲。

非命题演讲，指不限定内容范围的演讲。这种演讲非常普遍。演讲者由于能自由选择表达内容，更能发挥自己的个人特长，充分表现自选命题。

（二）即兴演讲与有备演讲

即兴演讲，又称“即席演讲”，是指演讲者在事先没有充分准备的情况下，出于交往实际的需要，受到特定情境的激励和责任心的驱使，产生强烈的表达欲望，并当场就眼前的场面、情境、事物、人物临时兴起发表的演讲。它的特点是：有感而发、时境感强、篇幅短小、有感染力。它要求演讲者要紧扣主题，抓住由头，迅速组合，言简意赅。

即兴演讲事先基本上没有准备。所谓没有准备，一是事先没有准备发表演说；二是虽然事先知道要发表演讲，但并不知道演讲的题目和主旨。即兴演讲还可分为主动和被动两种。所谓主动是指演讲者由于受某种情景气氛的感染而心情激动，情不自禁地发表演讲；所谓被动，是指演讲者在他人的邀请下发表演讲。即兴演讲对演讲者的素养要求较高，演讲者不仅要有丰富的知识积累，广见博识，而且要具有非常强的思考能力和应变能力。参与即兴口语表达的训练和竞赛，是提高表达能力的有效途径。

有备演讲，是指在实施演讲之前，演讲者有较充分的准备时间，并能利用这些时间进行必要的资料搜集、整理、选择、运用。大型会议的领导讲话、战士演讲比赛和各种经验交流会的发言等，都属于这类。有备演讲可以全面展示演讲者的气质、风度、才华和能力，人们也可以通过参与有备演讲，丰富知识，陶冶情操，砥砺意志，练就口才。

（三）论辩演讲

论辩演讲，指由两方或两方以上的人们因对某个问题产生不同意见而展开的面对面的语言交锋，其目的是坚持真理，批驳谬误，明辨是非，比如我们生活中常见的法庭论辩、外交论辩、赛场论辩，以及每个人都曾经历过的生活论辩等。这类演讲的特点是针锋相对，短兵相接。

论辩演讲，有时可以事先知道论辩的论题、范围，如外交谈判、论辩比赛等；有的事先并不知道论辩的论题，只是论敌突然挑起论争，短兵相接，不得不战。但无论知道不知道论题，准备得充分不充分，就论辩过程而言，由于双方的思路变化莫测、灵活多样，使得辩论场上风云变幻无穷，对抗性极强，演讲者没有更多时间仔细推敲、考虑，这就对演讲者提出了极大的挑战：演讲者要具备正确的思想、高尚的品质、严密的逻辑性和较强的思维能力、语言能力及应变能力。

根据不同的划分标准，演讲还可以有其他的分类方式。如按主题题材分，按表达目的分，按表达方式、场所、风格划分，等等，这里就不赘述了。以上所述的划分，可以说已经从演讲的意义、作用、准备、表达、主题、内容等基本方面，说明了演讲的主要形式及其区别。在这个基础上，就不难理解和掌握其他的类别划分方式了。

思考与练习

1. 联系部队实际，谈谈即兴演讲在军旅生活中具有什么意义。
2. 结合学习、训练、生活实际，选择一种演讲形式进行练习。
3. 说说怎样才能组织好一场小型演讲比赛。设法在班内组织实施，然后写出组织演讲活动的简要总结。
4. 设计一个论辩活动的论题，在班内组织实施，然后按照课本内容总结经验教训。

第三节　演讲活动的构成要素

演讲活动一般由三个要素构成：主体要素即演讲者，客体要素即听众，环境要素即演讲时所处的时间、地点。三者相互配合，相互制约，协调统一地构成演讲活动。

一、主体要素

演讲者在演讲活动的三要素中是首要因素，是演讲活动的中心和前提，也是演讲成败的决定性因素。为了使演讲获得最好的效果，演讲者应具备一定的修养和能力。

（一）演讲者的修养

一是要有较高的思想水平。演讲的目的是教育人、启迪人、说服人，传播真理，提高听众的思想认识和文化水平，以推动社会前进。这就要求演讲者本身必须具有正确的世界观和较高的思想认识水平，这样才能高瞻远瞩，识前人所未识，讲前人所未讲。历史上一些著名的演讲家，同时也是伟大的思想家。他们的演讲，往往闪烁着真理、科学、智慧的光芒。而今天，我们处在这样一个复杂多变的伟大时代，演讲者更应在正确思想的指导下，透过事物现象看本质，形成自己对问题清醒的认识。

二是要有高尚的道德情操。古人说："其身正，不令而行；其身不正，虽令不从。""正己然后可以正物，自治然后可以治人。"这也从某个侧面说明了演讲者道德品质的重要性。此外，作为演讲主体的演讲者，还应该是行动上的先行者。他应以一个具有高尚道德水准的形象出现在公众面前，带头恪守社会道德规范。

三是要有真挚的情感。"感人心者，莫先乎情"。演讲者没有真挚、强烈的感情，没有鲜明的爱憎，就不能打动听众的心，就不能引起听众灵魂深处的共鸣。

四是要有丰富的学识。古今中外的演讲家无一不是学识渊博的。他们之所以能旁征博引、妙语惊人，能把生动、具体、精彩的事例自如地组织到演讲中，就是因为他们博览群书、知识渊博。如今，各门学科纷繁复杂而又分工精细。作为演讲者，对于天文、地理、风土人情、历史典故、革命理论、文艺常识、语言修辞、逻辑推理等，不妨都涉猎一点。如果不了解新知识，跟不上现代科学文化的发展步伐，就不会使演讲充实、新鲜、生动。演讲者走上演讲台，就应该能纵横古今中外，驰骋四面八方，撷采精华，兼收并蓄，达到"胸藏万汇，口有千钧"的境界。

（二）演讲者的能力

有了思想、道德、情感、学识等方面的修养，演讲者还必须具备以下几种能力：

一是深邃的思维能力。思维能力主要指形象思维和逻辑思维的综合运用。形象思维能力使演讲者“思接千载，视通万里”，文思泉涌，将各种各样的事物与演讲主题巧妙地结合起来，使演讲的内容充实丰富、新意迭出，使演讲的结构跌宕起伏、错落有致，从而增加演讲的深度、广度和感染力。逻辑思维能力帮助演讲者把演讲的内容条理清晰而严谨、主题鲜明而深刻地阐述出来。演讲者必须凭借形象思维能力和逻辑思维能力这两只“翅膀”，调动大脑中的知识积累，进而达到更高的演讲境界。

二是良好的表达能力。演讲是一种高级的口语表达方式，演讲者必须具备良好的口语表达能力。演讲稿写得再好，表达不出来，同样做不了演讲家。当然，口语表达能力不是天生的，它可以经过后天培养、训练而成。演讲者要系统地学习汉语知识，使语言表达更加标准化和规范化。演讲者可以通过读讲法的训练，来使口语表达流利顺畅。所谓读，就是默读、朗读、快读；所谓讲，就是在任何场合、任何时间，抓住一切机会，勇于去讲去练，久而久之口语表达能力定会提高。此外还要深入生活实践，虚心学习和熟悉各种群体的群众语言，才能使自己的语言更加生动活泼，富于生活气息。

总之，演讲者所具备的修养越高、能力越强，演讲成功的概率也就越大。而演讲者的修养和能力的培养是无止境的。

二、客体要素

演讲的客体要素即听众，主要是指演讲者演讲时面对的直接听众，即现场听众，也包括现代广播电视演讲的非现场的间接听众。对于演讲者来说，听众处于从属和被动的地位。但是，听众是演讲者演讲的对象、接受者和演讲效果的体现者。听众的情绪如何，听众的素质、修养的好坏，直接影响演讲的效果。

按照听众对演讲的基本态度来划分，听众大体可分为三种类型：相容型、相斥型和淡漠型。

（一）相容型

这类听众对演讲的内容有浓厚的兴趣，易于接受演讲的思想内容，能与演讲者紧密配合，形成演讲者与听众互相鼓舞的局面。

相容型的听众态度是怎样形成的呢？从演讲者的角度看，一定是演讲者的演讲内容符合时代要求，材料新颖，信息有价值；演讲者的观点与听众的观点相同或相近；演讲者的口语表达技巧和态势语表达技巧也符合听众的文化修养和鉴赏水平；如果演讲者的知名度和权威性很高，加之现场环境宜人，会场布置恰当，这一切就更会在听众心中产生良好印象。从听众的角度看，一定是听众对演讲的内容十分感兴趣，立场观点与演讲者相同或相近，认为演讲内容能满足自身某种需要。

总之，形成相容型的听众态度的根本因素在于听众的价值取向呈正向。作为一个演讲者，决不能辜负听众的希望，应该以高度的责任心，用一片热诚努力作好演讲。

（二）相斥型

这类听众表现为同演讲者对立，对演讲活动抱否定抵制态度，不愿听演讲，甚至公开反对。那么，造成听众持否定相斥态度的原因又是什么呢？

从演讲者的角度看，或者是演讲内容不符合时代要求，老生常谈，材料陈旧、单调甚至虚假；或者是演讲者的观点与听众的观点相悖；或者是演讲者在道德、品格、才能等某一方面有明显的弱点和缺陷，或演讲技巧低下等等，这些都会激起听众的抵触情绪。

从听众的角度看，或者是听众对演讲的内容不感兴趣，认为与自己的切身利益关系不大；或者是听众持有与演讲者相反的立场观点，与演讲者的政治信仰、宗教意识、民族风俗相悖；或者是听众本身的思想修养和文化修养较差等等。

显然，听众的这种心理对演讲极为不利。面对这种情形，演讲者态度一定要冷静，要稳住阵脚。首先，对自己的演讲要充满自信。然后，用出其不意的技法，紧紧抓住听众的情绪，用丰富的知识、严密的逻辑、生动的语言，把听众的思想导向正确的轨道。

（三）淡漠型

这类听众的态度显得冷淡，既不表现出积极的合作倾向，也不表现出明显的反对态度。这种态度的形成原因往往是听众对演讲活动和演讲的具体内容缺乏了解。演讲开始之后，这种状态就可能发生转化，或趋于正向，形成相容型倾向；或趋于反向，形成相斥型倾向。

征服淡漠型听众，最有效的方法是增强演讲的知识性和趣味性。知识可以开拓人的视野，趣味可以激起人的联想。当听众打开了视野的大门，展开了联想的翅膀，他们就会从中立中走出来，把思绪移向演讲者这一边，按照演讲者设置的悬念、铺开的思路去思考、去研究，演讲也就毫无疑问地会收到良好的效果。

除了上述分类方法以外，听众还可按年龄、性别、民族、职业等进行分类。由于各类演讲活动的环境和听众的组成情况千差万别，对听众的分类只能是相对的、笼统的。但演讲者必须明确地意识到自己的每次演讲都是为某一群特定的听众准备的。这就要求演讲者必须首先了解听众的心理走向和需求。心理学研究表明：需要产生动机，动机引发行为，行为指向目标。要激励人产生积极追求和实现目标的行为，必须研究人的需要。要使听众积极配合演讲活动，就必须真正理解听众的心理需求。演讲内容必须针对听众心理，尤其是要尽可能地满足听众的精神需求，如宣扬和歌颂正义，揭露和鞭笞邪恶，以引起听众道德情感的共鸣，满足不同层次听众的共同审美需要。演讲者不可能迎合每一位听众，但决不可无视任何一位听众的存在。

三、环境要素

环境要素即时间、地点，是演讲活动赖以进行的客观条件，是演讲者和听众构成特定关系的场合，对演讲活动能否顺利进行甚至演讲活动的成败具有直接的制约作用。任何一次演讲，都是在一定的环境里进行的。通常情况下，演讲是在室内进行的。清洁的地面、整齐的桌椅、充足的光线、清新的空气，都能为演讲提供良好的客观条件。

环境不仅是演讲的必要条件，而且还能增强演讲的效果。这对于一些鼓动性演讲，特别是战场鼓动演讲尤为明显。战场鼓动演讲是在轰鸣的枪炮声、激昂的呐喊声的伴奏下进行的，血与火的环境往往锤炼出演讲精品。

思考与练习

1. 演讲能力与个人军政素质的提高有什么关系？
2. 你打算如何加强自己的口才训练？请拟订一个训练计划。
3. 在下列题目中任选一题，进行3分钟演讲。

(1) 历险的收获
(2) 我学会了__________
(3) 最悲伤的时刻
(4) 最兴奋的一天
(5) 难忘的朋友
(6) 军营趣事
(7) 我当上了__________
(8) 一次不平凡的__________
(9) 我的座右铭
(10) 我的理想

第六章　演讲的实施

第一节　演讲的准备

一、演讲的选题和主旨的确定

（一）确定选题

要作好演讲的准备，首要的就是要确定好演讲的选题。所谓选题，指的不是演讲的题目或者标题，而是指演讲的范围、演讲的内容。选题是演讲的第一步，也是演讲成功与否的关键一步。因此，演讲必须做好选题的工作。选题一般应把握以下原则 ：

1. 根据现实需要选题

演讲是一项目的性、功效性极强的宣传教育活动，远离社会实际需要或者缺少社会意义和价值的演讲是不可取的。因而在选题时，首先应该选择那些有社会意义、现实急需回答的问题。选择现实问题，讲眼前的、身边的事情，这是演讲与新闻相似而有别于其他文体的特点之一。当前，我国正处在改革的大潮之中，各条战线、各个部门的工作以及生活中的各个领域，都有大大小小、许许多多的为人们关切和急需回答的问题 ；我军也面临着新军事变革的考验，面临着信息化建设的新历史课题，这其中就有诸多亟待回答的现实问题。演讲者如果能从中选题，一定能收到较好的效果。

2. 根据听众状况选题

听众是演讲活动的对象，是演讲活动的重要组成部分。离开了听众的演讲毫无价值和意义。所以演讲选题时，一定要考虑到演讲对象即听众在年龄、文化、职业、心理、追求等方面的状况，了解他们的需求，选择他们关注的话题和内容。只有这样，选题才不会盲目，演讲才会有针对性和鼓动性，演讲者才会与听众心灵相通。不看对象、无的放矢的演讲，是注定要失败的。

3. 根据自身实际选题

选择听众感兴趣和现实中需要回答的问题，其着眼点是客观的需要。此外，还应考虑到主观的可能。演讲者能否从自身实际出发，实事求是地选题，也关系到演讲活动的成功与否。演讲者在选题时要认真考虑自己的学识和修养，选择那些符合自己生活阅历、文化程度、思想水平以及爱好、情趣追求等方面的话题。如果选题能较好地联系自己的生活经历，并为自己的知识范围和思想、文化修养所允许，演讲起来就会得心应手、顺手拈来，就容易深入论述问题并提出新的见解，也容易迸发激情。总之，演讲是一种综合性的实践活动，演讲者只有全面、正确地认识自我，扬长避短，形成独特的风格，演讲才有可能获得成功。

4. 根据演讲环境选题

演讲环境是指演讲的时间及场所状况，是演讲活动中的客观要素，选题时必须认真考虑。一般说来，演讲的时间和时限是规定好了的。因此，选题时一定要考虑选题是否适合规定的时限。如果时间较短而选题偏大，就难以充分展开和深入阐发；反之，则往往在演讲后期显得无话可说，匆匆收场。演讲时的场所也会有不同的状况。演讲选题只有在适合演讲场合的气氛和状况下，才可能获得预期的效果。特别是对于一些特殊的场合，更应该注意这一点，否则就有可能触犯一些禁忌，造成负面的结果。

（二）确立主旨

演讲的主旨就是指演讲的主题。演讲主旨的确定对于演讲的成功来说是至关重要的。选题确定后，演讲者就应根据对题材的感受、理解和认识来确立演讲的主要论点，即确立主旨。不同类型的演讲，确立主旨的过程和方法会有所不同，但以下几点却是要共同遵守的：

1. 要符合时代精神

演讲所表达的思想、观念要与不断向前发展的时代精神相符。今天，改革开放的深入发展、中华民族的复兴、强国强军战略、军事斗争准备等等，都是人们特别是广大官兵普遍关心的重大问题。以这些问题作为主题就能使演讲具有时代气息，也容易吸引听众，激发听众的兴趣。

2. 要有积极向上的鼓舞力量

无论是何种类型，或者从何种角度出发的演讲，其所宣扬的思想、观念都应具有一股鼓舞斗志、催人奋发上进的正能量，以激励人们积极行动起来，努力奋斗。

3. 要旗帜鲜明

演讲的主题要鲜明、突出，要有倾向性。这种倾向性渗透着演讲者的见解、观点和意图，让人一听就知道演讲者的爱憎态度、思想、观念，知道其肯定什么、否定什么、赞颂什么、贬斥什么。主题要清清楚楚、明明白白，决不可似是而非、模棱两可。

4. 要集中、单一

一个演讲只能有一个主旨、一个中心，不能多主题、多中心。如果贪多求全，这也想讲，那也想说，就会使主题分散，形成多个中心，这就势必造成演讲的头绪纷繁、结构松散，影响演讲的效果。

二、演讲稿的撰写

确立了选题及演讲的主旨后，就要撰写演讲稿了。作为一种特殊文体，演讲稿与一般文体相比，既有相同点，又有自身的特点。对于主题、材料、结构、语言等方面的一般要求，同样适用于演讲稿的写作，这里不再赘述。下面仅就演讲稿撰写中在结构和语言上的一些独特写法和需要注意的问题来展开论述。

（一）演讲稿的结构设计

在准备演讲时，演讲者必须精心思考，进行总体及局部的设计，诸如先讲什么、后讲什么，如何开头、怎样结尾，哪里详说、何处略表，等等。这些问题就属于演讲稿结构方面的内容。演讲稿的结构同一般文章的结构相比，既有相同之处，又有其自身的特点。在进行演讲稿的结构设计时，要注意以下几点：

1. 结构清晰、明了

演讲稿的结构与一般的文章相比，要更清晰、更明了，不宜太复杂或跳跃性太大。一般文章在结构上也要求条理清楚、层次分明，但是演讲稿在结构上的要求要比一般文章高得多。这一特点是由信息传递和接收方式的不同决定的。这是因为，一般文章的结构是凭视觉感知的，一遍看不明白可以再看一遍，也可以拿着文章去请教别人指点迷津；而演讲是听众凭借听觉感知的，是一次性的，没有反复思考的余地和条件。文章可以用段首空格、序码和标题等手段把层次和段落展示给读者，使读者一看便知；而演讲者以有声语言为信息传递的主要手段，除了用次序词，用“首先”“其次”“再次”等少数几个词以外，演讲者不可能说“第一段”“第二段”“大一”“小一”等。这些完全要靠演讲者用有声语言准确地展示出来，其难度远远大于一般的文章。为了使演讲条理清楚、层次分明，演讲者需要在撰写演讲稿时，精心、巧妙地安排好层次、过渡与照应，按照事物本身发展的逻辑来安排所讲内容的先后次序，在两层意思之间要做到承上启下、自然衔接；前后内容或题目与内容之间要相互呼应。

2. 要考虑到演讲的动态性

演讲稿与一般文章在结构上的最大差异在于其动态性。因为演讲者是在特定的时间、空间里，运用有声语言面对听众进行演讲的，这种传递信息的方式有立体的、综合的效果，所以，演讲中时间、空间要素及演讲过程中内容的调整和变化，都应看成演讲结构的组成部分。那么怎样在具体的语境中利用时间和空间的转换来巧妙地安排内容、调整结构，以达到最佳的演讲效果，就是演讲稿撰写过程中必须要考虑的问题了。

在时间方面，可采用停顿、变速等方式。比如，一位指导员在准备《怎样对待自己的一生》的演讲稿时，设计了从正反两方面讲完之后，突然来一个设问：“同志们，我们到底怎样对待自己的一生呢？”然后停留三四秒钟，以引起听众的思考。在这里，这三四秒钟的停顿就成了演讲稿结构的组成部分。而一般文章的结构就不可能空上一段，即使空一段也不会收到这种特殊的效果，只会让读者摸不着头脑。

在空间方面，可以利用演讲能够直接观察实物和动作变化的特点，营造特殊的表达效果。比如在军事训练场合里，演讲者可以把某一武器装备呈现给听众，边指具体部件边讲解；在讲述某一军事动作时，可以边讲边作示范。演讲中这种实物道具的使用、示范动作的演示，都会加强听众对演讲内容的认识和理解。这种利用空间传递视觉信息的作用，是任何文章都难以达到的。而这些，在演讲稿结构的安排中，却都是要充分考虑到的。

演讲者还要善于在具体情境中变换和调整内容。出色的演讲者总是能根据情境的变化随时触景生情，见物有感，并把这“情”这“感”随时恰到好处地组织安排到结构中去，使原定的结构有所改变。比如闻一多先生在作《最后一次演讲》时，当讲到“你们完了，快了！快完了！”时，他看到天上飘着的乌云，马上接着讲道：“我们的光明就要出现了。我们看，光明就在我们眼前，而现在正是黎明之前那个最黑暗的时候。我们有力量打破这个黑暗，争到光明！我们的光明，就是反对派的末日！”由此可见，这种对原来结构的变化和调整，即结构的动态性，对表现主题起到了很好的作用。

人们在听对方讲话时，其高度注意力往往每隔一段时间后就会有所松弛。根据听众这一心理特点，演讲除了需要主题、材料有吸引力外，在结构上还要做到张弛有致、跌宕起伏。为了达到这一目的，在演讲过程中，适时、适当插入一些奇闻轶事、诗文警句、幽默笑话等等，不仅会使内容更加丰富多彩，也会使结构显得变幻多姿。

3. 要注重开头和结尾

演讲的开头和结尾，作为演讲结构的有机组成部分，在演讲中起着极其重要的作用。

(1) 巧妙设计开头

好的开头能起到以下作用：一是引起听众注意。开头要向听众提供一个必须听演讲的理由。二是设定演讲基调。幽默的开场白预示一个轻松的基调；严肃的开场白预示一个较深刻或较忧郁的基调。三是建立演讲者与听众之间的良好关系。听众往往能从最初的几句话中感觉出演讲者的身份和气质来。

开头的具体形式多种多样，常用的有以下几种：

一是明了式，即开门见山、简洁明了，直接表明演讲的中心内容。如演讲《新时代的流行色》是这样开头的：

青年朋友们，说起流行色，你恐怕会联想到大街上姑娘们漂亮的衣裙、商场橱窗里炫目的广告，甚至一盒巧克力的包装。赤橙黄绿，千变万化；姹紫嫣红，时时刷新。啊，不不！我所说的流行色，可不是种种赏心悦目的色彩形象，而是当今时代人们的精神风貌。

通过这样的开头，听众容易了解演讲的主题和目的是什么。有不少的演讲者喜欢在演讲开始时说一些客套话，如什么“准备不足”“水平有限”“讲得不好”“多提意见”或“多多原谅”等等，这些都是没必要的废话。听众听了这些话，就会有“没劲，又是这一套”的感觉，会分散注意力。

二是提问式，即以提问题的方式来开始演讲。这种问题并不要听众回答，但它能够引导听众思索，有效地吸引听众的注意力，激发听众的兴趣。演讲《为了我们的父亲》是这样开头的：

同学们，你们见过青年画家罗中立的油画《我的父亲》吗？如果见过，还记得那位动人的中国老年农民的形象吗？让我们再看看这幅油画，再看一看我们的父亲吧！

这个开头以提问的方式，唤起听众的回忆和想象，成功地在听众脑海中塑造了一个父亲的动人形象，为整个演讲的顺利进行铺平了道路。

三是缘由式，即从自己演讲的缘由谈起。演讲通常是演讲者有感而发的，演讲者表明自己演讲的缘由，能够获得听众的同情和理解。如孙中山 1905 年《在东京中国留学生欢迎大会上的演说》就是这样：

兄弟此次东来，蒙诸君如此热心欢迎，兄弟实感佩莫名。窃恐无以付诸君欢迎之盛意，然不得不献兄弟见闻所及，与诸君商定救国之方针，当亦诸君所乐闻者。……

今日试就我游历过各国的情形，与诸君言之。

四是现场情景式，即由当场的情景讲起。这种开头新鲜活泼，易于和听众交流感情，调节气氛，使演讲者和听众心连心。例如某单位组织的“保边疆，献青春”演讲团，在给武汉 20 多所高校近万名师生进行露天演讲时，天正下着大雨。演讲团成员走上演讲台，是这样开的头：

刚才我在外面走了一圈，大雨不停地下，许多同志，还有老师，在冒雨听着、记着。雨点是凉的，血是热的，当代大学生对边防战士们的感情是真诚的。我将把它带回去，告诉战友，大学生和我们边防战士心连心。

寥寥数语，一下把听众的心抓住了，拉近了演讲者与听众之间的距离。在运用这种方法开头时，一定要从演讲的中心论点出发，不能信口开河、离题万里，使听众不知所云；同时，要防止空话、套话。

除了上述几种方式，开头还有许多方式，但不管哪种开头，都要新颖独特、清楚明白，吸引听众的注意，激发听众的兴趣。

(2) 精心安排结尾

演讲有个好的结尾，犹如咀嚼橄榄、品尝香茗，令人回味无穷。因此，撰写演讲稿，要精心安排结尾。演讲结尾的方法很多，常见的有以下几种：

一是概括式，即用最精练的语言将整个演讲的思想观点作一个概括和总结，以起到画龙点睛的作用，使演讲首尾呼应，前后一致，加强听众的理解和印象。

二是号召式。这是演讲者经常使用的方式。这种方式对于号召人们行动起来，具有特殊的作用。如周恩来在万隆亚非会议上的那篇著名演说的结尾：

16万万亚非人民期待着我们的会议成功。全世界愿意和平的国家和人民期待着我们的会议能为扩大和平区域和建立集体和平有所贡献。让我们亚非国家团结起来，为亚非会议的成功努力吧！

这种结尾，或者提出殷切希望，或者发出战斗号召，或者利用一些感情激昂的言辞进行呼吁，或者向听众描绘美好的未来，从而帮助听众明确前进方向，给听众以极大的鼓舞和鞭策。

三是决心式。这种结尾方法对于使人行动的演讲来说，效果十分显著。例如，海军某部战士在《爱国保国是革命军人之魂》的演讲中是这样结尾的：

战友们，让我们像热爱自己的母亲那样去热爱我们的祖国和人民吧！像爱护自己的眼睛那样去爱护我们的军舰和手中武器吧！为了祖国母亲无限美好的明天去无私地贡献我们的青春吧！若问我们新一代的水兵有什么美好的志愿，震响万里海疆的回答是：爱舰、爱岛、爱海洋！

这样的结尾，铿锵有声，字字千钧，显示了演讲者保家卫国的决心，从而坚定了听众的信念，增强了演讲的感染力，使听众愿意跟着演讲者，向着既定的目标去行动、去奋斗。

（二）演讲稿的语言特色

把握演讲稿的语言特色，是写好演讲稿、实施好演讲的重要前提。演讲稿写作语言的基本特点，就在于它既有口头语言的特点又有书面语言的形式，集两种形式语言的特点于一体。撰写演讲稿，要注意突出演讲稿语言的以下特色：

1. 口语化

演讲稿语言为什么要口语化呢？这是因为：第一，演讲是口语表达的一种形式。如果演讲稿语言书面语化，那它就不成其为演讲了。即使勉强用书面化的语言讲了，不仅讲起来不上口，恐怕听起来也不入耳。第二，口语具有丰富多变的特点。口语不仅有声有义，而且还有语音的轻重、语调的高低、语速的快慢、语气的变化、停顿的长短。这些要素的结合不仅起到了有效传递信息的作用，而且生动活泼，绘声绘色，形之于声，会之于意。所以艾青说：“口语是美的，它存在于人的日常生活里。它富有人情味。它使我们感到无比的亲切。”第三，口语具有好听易记的特点。人们用口语表达比用书面语的机会多，几乎天天动口说话，久而久之积累了大量丰富生动的口语词汇，形成了适合口语表达的多变的句式，而这些词汇和句式，就容易说之上口，听之入耳。这是书面语所不及的。

那么，在演讲稿写作中怎样才能做到语言口语化呢？要注意以下三个方面：第一，先解决好观念问题。动笔时首先应明确不是在写文章，而是在写演讲稿，以免一动笔就往书面语言上靠。写完后自己照稿讲一讲，看看读起来是否朗朗上口，然后把那些不合适的书面语言改为口语化的演讲语言。第二，要注意选择那些有利于口语表达的词语和句式。比如双音节和多音节的词语就比单音节的词语容易上口，而且也好听。至于句子的长短问题，由于演讲的口语化特点，演讲时需要较多停顿，因而要多选择短句，这样既清楚明了，听众也容易记住。当然还要注意整句和散句，两者各有优点，结合使用最好。第三，尽量不用倒装句，要改换或删去不易明白的文言词语和生僻成语。这些都有利于演讲稿语言的口语化。

2. 富有激励性

演讲总是以演讲者的思想、激情来影响听众，这就决定了演讲稿的语言应富有激励性。对于军事演讲来说，这点尤为重要。古今中外的历次战争总是伴随着激动人心的演讲。富有强烈鼓动性的演讲为部队提高士气、形成战斗力乃至最后夺取胜利立下了不朽的功勋。演讲正是“励士”的重要手段。

怎样才能让自己的演讲使部属听了热血沸腾、勇气倍增、奋起行动、夺取胜利呢？这就要求演讲稿的用语要有强烈的鼓动性和激励性。特别是在战时，官兵面临着生与死、荣与辱、恐惧与无畏的严峻考验，指挥员要使上级的作战意图迅速变成参战官兵英勇作战的自觉行动，就必须用饱含激情的语言，鼓动起他们斗争的精神和勇气，增强部队的凝聚力和战斗力。如第二次世界大战期间，法国戴高乐将军所作的广播演说《谁说败局已定》、斯大林在苏联遭受德国突然袭击后所作的广播演说《苏维埃保卫者的坚定誓言》、彭德怀面对胡宗南对边区的进攻时所作的演讲《我们一定能够打胜仗》……这样的例子举不胜举。这些富有激励性的演讲对于鼓舞广大军民去英勇战斗、夺取胜利，起到了巨大的作用。

3. 个性化

演讲者应该用自己的语言讲出自己的思想感情、意志和气质，而不是生搬那些书本上的语句或是别人的语言。只有运用有个性的、有风格的语言，演讲才能精彩、感人。而那些缺乏个人风格的演讲，即使是满篇漂亮的辞藻，长篇累牍地引用名家名言，也会因为缺乏个性、缺少与听众真实的交流，变得空洞无味。

怎样才能使演讲稿语言个性化呢？马克思说过：“你怎么说就怎么写，怎么写就怎么说。”这句话很有哲理，对于搞好演讲是很有启示的。在准备演讲稿时，你要怎么说，就把它怎么写在演讲稿上，然后再把它说出来。只有用自己的语言写自己的思想，表达自己的思想，才能使演讲的语言有个性。同时，要使语言有个性，还需要勇于实践。在实践中，一是要去掉“怕”字，不要怕自己的语言不“漂亮”，不要怕别人笑话自己“土”；二是要去掉“懒”字，要对问题进行独立的思考和理解，对事物进行认真的观察和分析，并用自己的语言阐释出来，而不是去拾人牙慧。

4. 形象化

在演讲中，议论也好，记事也好，状物也好，都离不开形象化的语言。形象化的语言不仅浅显易懂、生动活泼、娓娓动听，使听众“如临其境”“如闻其声”“如嗅其味”“如触其物”，而且使听众接受了这样形象化语言的刺激后，就会在头脑中对记忆表象进行加工和改造，形成新的印象，从而增强演讲的表现力、感染力和说服力。如毛泽东同志《反对党八股》的演讲中有这样的话：“简直是老鸦声调，却偏要向人民群众哇哇地叫。”这样形象化的语言就容易作用于听众的听觉器官，使听众如同听见老鸦在哇哇叫一样，自然憎恶八股调。总之，演讲稿语言的形象化，对于把抽象的事物具体化，把深奥的道理浅显化，在演讲中准确地、绘声绘色地表达演讲者的思想感情，从而达到启发、影响听众的目的，是起着重要作用的。

5. 诙谐幽默

幽默是思想、学识、阅历、经验、智慧和灵感在语言运用中的结晶，是一瞬间闪现的光彩夺目的心灵火花。在演讲中运用幽默，能使听众在会心一笑中，在轻松愉快的气氛里，不知不觉地接受演讲者的思想和主张。幽默的运用，不只是为了缓解紧张的气氛，调节听众的情绪，增强演讲的趣味性和生动性，起到“调料”的作用，更重要的是，幽默本身就是思想教育和斗争的武器。善于运用这一武器，就能够在谈笑风生中阐述和强调自己的主张和观点，在妙趣横生中体现出批判的战斗精神。所以，在演讲中，我们应当善于运用诙谐与幽默，使语言更生动形象，抓住听众的注意力，从而达到演讲的目的。当然，在追求语言幽默的同时，要注意避免出现一些庸俗、插科打诨、耍贫嘴和出洋相的现象。

思考与练习

1. 演讲稿与一般文章相比，在结构上有哪些特点？
2. 以自己的一段难忘的人生经历为主题，写一篇 1000 字左右的演讲稿。

第二节　演讲的技巧

一、口语的运用

（一）口语运用的基本要求

口语是演讲活动中最主要的表达手段，口语的运用对演讲的成功与否起着关键作用。演讲的口语运用，应符合以下基本要求：

1. 清晰规范

清晰是演讲中对口语运用的最基本的要求。清晰主要指演讲者要做到吐字清楚，让听众听得真切。

规范，一是指演讲时要使用普通话。普通话是“以北京语音作为标准音，以北方话为基础方言，以典型的现代白话文著作为语法规范的现代汉民族共同语”。我国地域辽阔、幅员广大，各地有各地的方言，南北方的方言差异很大。这就给信息传递、思想沟通和情感交流带来了很大的阻力和障碍。如果一个演讲者操着浓重的方言进行演讲，很多人就会听不懂。纵然他的思想很深刻，感情很丰富，恐怕也达不到演讲的目的，从而使演讲丧失了应有的意义和作用。二是指要准确运用军事术语，不能因为是口语表达，就随便使用不规范用语。

2. 通俗流畅

演讲中，演讲者的声音稍纵即逝。为了使听众第一时间就能听明白演讲内容，口语表达就一定要通俗易懂。应该说，对演讲语言通俗性的要求要比书面语言严格得多。流畅，一方面表现为口语本身的语句通顺，没有成分残缺、语词混乱、前后不搭等疙疙瘩瘩的语病；另一方面就是口语表达中语流的行进通畅，没有滞塞阻碍，没有迟疑、犹豫、结结巴巴等毛病。

3. 生动形象

演讲中，适当穿插运用生动的语句，能增强演讲的效果和魅力。如同样以“振兴中华”为主题作演讲，同样采用呼吁式结尾，有的演讲者这样收尾：“让我们为振兴中华而奋斗吧！让我们为中华民族的伟大复兴贡献青春吧！”而另一位演讲者却这样结尾：“我们有的是满腔热血，我们有的是年轻生命。那就用我们的热血来复兴中华民族的蓬勃生机吧！用我们的生命来焕发祖国母亲的夺目光彩吧！”显然，后者的语言更为生动，其感染力和鼓动力都要更强一些。同时，演讲中适当地运用一些形象化的口语，也能使演讲增色不少。如恩格斯在《在马克思墓前的讲话》这一演讲的开头，讲到马克思逝世时，说：“他在安乐椅上安静地睡着了。”这是从视觉上形象地再现了马克思坐在安乐椅上逝世的情景。不说“逝世”而说“睡着”，不仅形象地显现出马克思逝世时平静、安详的神态，也饱含着演讲者的无限惋惜和悲痛之情。

（二）口语运用的技巧

演讲中，运用口语表达手段时，要根据演讲内容和演讲环境的需要，充分发挥演讲的技巧。口语运用的技巧灵活多变，这里介绍以下几组常用的技巧：

1. 明确与模糊

明确是口语表达最基本的要求之一，同时也是一种表达技巧。所谓表达明确，是指口语表达的语义要准确、鲜明，不模棱两可。如果是陈述事实，要做到对事件发生的时间、地点、过程、人物、原因、结果表述得十分肯定、确切、清楚。如果是发表见解、讲述道理，就要观点突出、旗帜鲜明，提倡什么、反对什么，爱什么、恨什么，都要具体、明确。具体说来，明确的表述需要从两方面入手：一是从微观上，运用词语要注意语义明确，避免产生歧义；二是从宏观上，把握每一次演讲的主旨，主旨要明确。不论表达内容长短，都应做到讲话思路清晰，重点突出，层次清楚，倾向鲜明，逻辑严密，从整体上给人留下明确的、强烈的印象。

所谓模糊表达，是指在语义上所体现的概念在外延上没有明确的界限，或出于表达策略的需要，故意使用一些语义模糊的话，在一定场合中达到特定的交际效果。模糊语言的存在有其客观必要性。一方面，客观事物本身就具有某种模糊性。另一方面，模糊语言既是模糊的，又是相对准确的，它具有可信性。所以模糊语言在口语表达中具有特殊的意义。

运用模糊语言可以提高效率。模糊语言的不确定性能带来口语表达的灵活性、多样性、暗示性。对于一些不必说得太死、太具体的内容，不妨说得模糊些。这样不仅不会影响沟通，反而可以提高表达的效率。比如运用时间上的模糊词，如“一个时期以来”“早上、中午、晚上”“最近”等，虽语义不太精确，但在通常场合下，使用这些就足够了。

运用模糊语言有时还可以留下回旋余地。当人们对事实真相不清楚，特别是当突发事件结局尚不明朗时，运用模糊语言表态可以给自己留下回旋余地，能显示出更大的灵活性，有利于使自己在事态的发展和形势的变化中把握主动性。

运用模糊语言可以体现“策略性”。演讲有时需要考虑听众的心理状态，尤其是批评性、否定性的演讲，使用模糊语言，则具有保护听众自尊心的暗示功能，运用得当可以鼓动其积极性。

值得注意的是，“模糊”不是“糊涂”，“模糊表达”与“含糊其辞”“语无伦次”不同，“模糊表达”是表达的需要，是有意识地使用含义较为灵活的词句，表达清晰的思路，其目的是明确的，语言本身也是合乎语法逻辑的。当然，模糊表达有一定的局限性。它只是在可以灵活处理的情况下才有实际意义。一切需要明确表达的地方，模糊表达就失去了积极意义。

2. 简洁与“啰唆”

简洁不只是口语表达的一种基本要求，还是一种表达风格和技巧。古人云：“事以简为上，言以简为当。”口语表达的简洁是一个很高的标准。简洁就是用较少的词语，传递尽可能多的信息，即所谓“词约意丰”。

简洁表达的语言要求：一是要去掉毫无意义的口头语和多余的感叹词之类，把信息价值不大的话减到最低限度。二是坚持以少胜多的原则，字斟句酌，选择最能准确反映事物本质，表达思想感情的语汇。三是养成缜密思索的习惯。表达简洁与思维缜密是一致的，说话不精是思维松散、不够缜密所致，语言精练是思维严密、概括力强的表现。

一般说来，口语表达需要简洁明快，但不能绝对化，有时候反倒需要一点“啰唆”。恰到好处的“啰唆”也是一种表达技巧。“啰唆”技巧与本来意义上的“啰唆”含义不同，它是由口语表达的易逝性和连续性的特点决定的。在书面语中可以删掉的多余重复的话，在口语表达中很可能成为有用的话。这种“冗余度”恰当的话就是有积极表达意义的“啰唆”技巧。它主要表现在:恰当地运用口头语和语气词，必要的反复句式，必不可少的解释、说明和细节描绘。

与特定语境和交际宗旨相吻合的“啰唆”，是具有价值的。有时为了填补思维的空当就需要“啰唆”来缓冲。演讲时，演讲者同时进行着紧张的思维活动。然而思维的速度有时要慢于说话的速度。为了保持思维与说话的同步，有时就要借助于“啰唆”。当思维出现障碍，或出现遗忘，或受到外界意外刺激而造成思维间歇时，如果恰到好处地运用“啰唆”，就可以填补这些空白，赢得必要的思维时间，保证表达的连续性和说话者的风度。

有时为了让听众加深理解，为了表达复杂的思想感情，也需要“啰唆”。心理学研究表明，一个人完全集中在一件事上而不被其他事物干扰的时间是很短的。说话人在发出了一串音节之后，不自觉地来个口头禅、语气词或重复词语，那正是兴奋与休息交替进行以消除疲劳的方式，客观上也使听者得到了思维理解的时间，有助于增强理解。

一般情况下，简洁和“啰唆”技巧互相配合才能发挥较好的作用。表达的简洁与“啰唆”要视当时的情况而定。需要“啰唆”时就要增加“冗余度”，需要简洁时就要惜语如金。

3. 直述与委婉

直述即直言表述自己的观点，介绍事情的原委的方式。其特点是陈述事情直截了当，表明态度旗帜鲜明，表露感情真挚可信。从语言运用的角度来看，直述方式一般都质朴无华，不过多地增加修饰成分。直述方式较易取信于人，能体现人的坦直性格。直言快语，有助于提高表达的效率。

与直述相对应的是“委婉”这一表达技巧。委婉表达是表达者将某些不宜直说或不想直说但又必须要说的意思加以语言的伪装和掩饰，用委婉、暗示的方式表达出来。委婉说法一般由表义和本义两部分构成。表义即表面意义，是说话人明白说出的那一部分。它是构成委婉的前提，由它构成本义的“外壳”。本义即隐含意义，是说话者没有直接说出的潜伏在表义之后的那一部分，是说话者要表达的意义主旨。因此，得体的委婉，需要演讲者为本义找到合适的表义“外衣”这一载体，从而产生“言外之意”或“弦外之音”，收到委婉表达的效果。委婉表达通常需要借助以下修辞手段来实现 ：

同义替代。当演讲涉及别人的避讳或敏感问题时，可利用同义或近义互替的方式，选择对方易于接受的词语表达。比如对于“死”人们是忌讳的,可用“逝世”“谢世”“过世”等来替代。

同音黏连。利用某些词语同音异义的特点，用谐音的方式使语义指向发生转移，产生暗指效果。比如针对某地公路状况不佳，说这条路“下雨是‘水泥路’，天旱是‘扬灰路’”，在谈笑之间曲折形象地进行了批评。

巧妙截取。有些成双成对的成语、歇后语、古诗句，上下句之间都具有表里或对立的两层意思。如果只说上句而不说下句，同样能构成委婉。比如对领导偏听偏信表示不满，只说“兼听则明啊”，把成语的下半句“偏信则暗”略去不说，对方也就能意会了。

此外，以问代答、褒贬暗示、比喻、用典、诙谐等都可以构成委婉。

委婉说法能体现表达者的善意，它常常辅以得体的微笑和谅解的神情，因而刺激性较小，是处理分歧、矛盾、差异的良好表达方式，对于否定、贬斥、批评性发言有特殊的效果。运用得当可以表现说话者的策略性和对听者的尊重，能避免矛盾激化，易于为对方接纳。同时，委婉还能展示说话者的机智和风度，从一定程度上反映一个人的口语表达水平。

4. 平实与奇崛

平实是诸多语言风格中不可或缺的要素，同时也是一种表达技法。其表现是：语言质朴无华，坦率得体，分寸感强。

平实，首先是朴素，即没有华丽辞藻的雕琢，用最质朴平常的话，把自己的思想感情如实地表达出来。平实质朴的话乍听似乎平平常常，语不惊人，但立意深远，很有力度，能给人以很强的感染力。演讲者往往坦诚率直，不藏不隐，不拐弯抹角，不装腔作势，给人一种心口如一、自然亲切、真实可信的感觉，从而大大增强了表达的可信度。可见，平实是成熟老练、炉火纯青的标志，演讲者要追求这种“返璞归真”的境界。如苏东坡所说，平实不是平淡，乃绚丽之极也。

奇崛是一种特殊的表达技巧。奇崛就是采用超常说法，追求出人意料的效果的表达方式。奇崛表达具有求新、求异、求巧的特点。它不落俗套，或者在观点上，或者在用语上，或者在方式上追求与众不同，超常出新，每每振聋发聩、启人心智，收到出奇制胜的效果。常见的奇崛技法有：

独到之语。在演讲中善于从崭新的角度，阐发与众不同的独到见解，鞭辟入里地说明道理，能起到奇崛的效果，使人耳目一新，由衷叹服。当然，独到的见解往往是演讲者生活经验的浓缩，是科学思维的升华，表达出来常常撼人心魄、奇崛隽永，有很强的冲击力。

点睛之语。有时，人们对于错综复杂的问题，或对事件发展过程的走向结局一时看不清楚，若能高瞻远瞩、高度精练地概括语言，画龙点睛、提纲挈领地把问题的本质特征、关键症结和发展结局点出来，会产生使人豁然开朗的奇效。点睛之语，言简意赅、内涵丰富，具有高度的概括性、浓缩性，有很强的点化、启迪作用，能使人从错综纷繁的现象中，看到事物的本质，收到片言居要的最佳效果。

警策之语。在一次演讲中，演讲者不可能字字珠玑、句句传神。但如果有几句体现说话者思想、精神、情感或主张的蕴含哲理的名言隽语，同样可以震撼心灵、发人深省、令人回味。如“一切节省，归根到底都归结为时间的节省”“最容易、最简单的东西往往是最难找到的”等等。

这种警策之语一出口，便使人一惊，却惊而不险，出人意料之外，又在情理之中，亦为奇崛。

反常之语。有时说话故意别出心裁，违背惯例，使用反语、奇语，也能产生奇效。比如在一些正式场合，按惯例是要长篇大论的，有人却破例作了简短的发言，引起强烈反响；对于一些问题，通常是要作正面阐述的，有人却用了反语方式，反打正着，使人猛醒。总之，要善于避开常规惯例，从对方意想不到的方向去突破，出奇兵，收奇效。这就是军事上"正合奇胜"的战术在表达上的运用。

5. 反复与幽默

在演讲中，反复是一种突出重点、强调要害、加深印象的表达技巧。它常常通过词语、句式或内容的重复出现达到预期的表达效果。反复有以下三种形式：一是简单反复，即将表示同一观点的语句反复连用几次。二是变化反复，就是用同义词或近义词，重复表达同一内容，如说"这朵花多美，真鲜艳，太漂亮了"。三是概括反复，即对已经分述过的内容再用概括语言进行重复叙述。这种方式是一种提高、深化。不管哪种反复方式，当运用得恰到好处时，都有助于听众对内容的深化理解。反之，如果用之过多，就会变成冗赘，产生相反的作用。因此要谨防滥用。

幽默是指人们表达时再现现实生活中喜剧性的特征和现象的一种能力。语言幽默，往往是三言两语，既饶有风趣，又鞭辟入里；既使人忍俊不禁，又含意深刻——当人们收敛笑容时，又会领悟到其中蕴含的智慧和哲理。运用幽默具有如下作用：第一，幽默是演讲的润滑剂，能增强演讲者的表现力，在使人发笑中得领其善意，缩短彼此的心理距离，加深了解，产生亲近感，从而成为沟通感情的纽带；第二，幽默的语言意义含蓄，意味深长，启发思考，令人回味，能使人在笑声中受到启迪和教育；第三，幽默和讽刺还是一对"孪生兄弟"，运用它们对不良现象进行批评，在轻松诙谐的气氛之中，使是非曲直泾渭分明，是扬正祛邪的有力武器；第四，幽默还有助于应付复杂场合，摆脱困境，力争主动。

6. 先说与后说

演讲的效果如何，不仅与内容本身有关，而且与内容展开的次序和结构相联系。因此每一次表达过程中先说什么、后说什么，便成了一种不容忽视的表达技巧。

通过词语先后位置的颠倒，可以造成语义的质变。若将一些固定词组中的词语位置对换，往往会改变词组的语义。因此，在口语表达中，有时为了追求特定的表达效果，就可以利用这种"置换反应"，有意将原有规范性语序进行置换，从而达到特殊的效果。比如"屡战屡败"指的是连续打败仗，若换成"屡败屡战"，意义就不同了，意在强调百折不挠的战斗精神。经过这一颠倒，思想意义就发生了质变，自然也就产生了不同的表达效果。

一般情况下，演讲应把最能打开听众心灵大门的内容放在前面先说，而后根据情况娓娓道来，水到渠成地使听众接受自己的观点。尤其是自己的观点与听众的观点有一定距离或完全对立时，更应注意讲究说话内容的总体设计和表达顺序。比如批评性演讲，常常以赞扬为先导，目的是达成心理相容，建起沟通的桥梁，而后指出问题、不足，使听众容易接受。

口语表达顺序可以千变万化，并没有固定的模式，但是确定先说什么、后说什么一般应遵循如下原则：一是应以听众的接受程度为着眼点，将对方易于接受的内容放在前面，从共同点入手说开，把分歧点放在后面，这样效果较好；二是应从演讲的宗旨出发，确定表达顺序，以能准确、得体地表达思想感情作为安排结构的依据。

二、态势语的运用

态势语也可称为"形体语言"。它是指在演讲中在一定程度上表达演讲者思想感情的面部表情、姿态、动作、仪表等非口语因素。它以形体的动态变化来表达思想感情，是演讲者表情达意的外在手段和重要技巧。言辞接于耳，而动作形态则接于目。态势语言直接诉诸听众的视觉器官，是听众视觉的接受和欣赏对象。

（一）态势语的作用

1. 辅助作用

面对广大的听众，演讲者要想准确生动地表情达意，仅仅靠有声语言，就只是照章念稿，这是远远不够的。演讲者还得声情并茂，借助于面部表情、手势动作、体态变化等态势语言的运用，使听众通过视觉更加深刻细腻地感受到仅靠有声语言难以表达的思想感情。"眉目传情""喜形于色""诚于中而形于外"，这些人们十分熟悉的词语或表达正是我们运用体态语言的写照。

当然，演讲中，口语永远是最重要的表达手段，态势语言只是依附于有声语言的一种辅助手段，但却是不可或缺的重要手段。正因为如此，演讲家们无不十分重视态势语言的辅助作用，"以姿势助说话"，来增强演讲效果。

2. 美感作用

演讲不仅是一种社会实践活动，也是一门艺术。它不仅承担着"传道授业解惑"的重任，也有着美化生活、满足审美需求、提高审美情趣的美学功能。演讲者的态势语言，正是演讲审美功能的重要承担者，是演讲美学的重要内容。自然端庄的仪表、优雅大方的举手投足，不仅能增强有声语言的感染力，也能给听众带来莫大的美学享受。

（二）态势语的内容

1. 仪表

演讲活动中，演讲者的外表形象，往往最先为听众所感知，并形成第一印象，进而构成听众带倾向性的心理定式，影响听众对演讲者的主观评价。一般来说，一个仪表端庄、举止大方、精神饱满的演讲者容易获得听众的好感；而一个衣着不整、动作粗俗、精神萎靡或者神情狂躁的演讲者，则难以获得听众的配合。所以，仪表美是每个演讲者必须高度重视的。

仪表当然首先体现在一个人的外在形象上。无可否认，相同条件下，形象、身材优越的人更具有吸引力。但是这只是人的自然属性，是难以改变的。我们在这里要强调的是，作为具有社会属性的人，内在美是更为重要的。我们所说的仪表美，应该是和内在美相一致的和谐美。一个人的先天形象可能很好，但如果知识贫乏、品格低下，那他流露在外的气质是绝不会给人以美感的。仪表虽说主要是外在因素，但也在很大程度上受到一个人的精神气质、文化素养和审美情趣这些内在因素的影响。所以说，注重仪表美，更应在气质、素养上多下功夫。

仪表美还有个衣着装饰的问题。演讲者在演讲台上如果衣着不整、邋里邋遢，当然是得不到听众的好感的。衣着装饰的基本要求就是整洁大方、庄重得体，要符合自己的年龄、职业和身份。军人讲究的是军容美，一身整洁适体的军装，体现了一种威武雄壮、英姿飒爽的美感。所以，符合规定的衣着装饰、意气风发的激昂精神，是军人演讲者的最好仪表。

2. 表情

面部表情可以说是一个人思想情感和内心世界的晴雨表。人的喜怒哀乐，往往都会通过面部表情流露出来。喜则眉飞色舞，怒则瞋目切齿，哀则蹙额锁眉，乐则笑逐颜开，“喜怒哀乐形之于色”说的就是这个意思。听众可以从表情中读出演讲者的情感和内心世界，演讲者也应善于运用表情的变化，增强与听众思想感情的交流。

运用表情表达内心情感，要注意以下两点：一是面部表情要自然真挚。任何故作姿态或僵化木然的表情都会使观众厌恶，收到适得其反的效果。二是面部表情要与演讲内容相适应。一笑一颦、一蹙一展，都要能和演讲内容合拍。这样演讲者才能引导听众的情绪，并使他们在思想情感上产生共鸣，从而增强演讲效果。

3. 眼神

眼睛是心灵的“窗户”。人的眼神可以表达出丰富多变的思想感情，而且眼神往往是和面部表情交融在一起的。我国古代的论辩家孟子对眼神有过一段精辟的论述：“存乎人者，莫良于眸子。眸子不能掩其恶。胸中正，则眸子瞭焉；胸中不正，则眸子眊焉。听其言也，观其眸子，人焉廋哉？”（《孟子·离娄上》）人的内心世界和情感总是不自觉地从多变的眼神中表露出来，不同的眼神往往表现着不同的情感。如目光明澈，表明心怀坦荡；目光躲闪，表明心事隐秘；目光炯炯，表明精神焕发；目光如豆，表明心胸狭窄。

演讲中的眼神运用，应该注意以下两个方面：

一是尽量多和听众进行眼神交流。和听众进行实实在在的目光接触，不仅能够增进和听众的情感交流，还可以及时地观察到听众的表情变化，获悉听众的反应，以便随时调整演讲的内容，改进演讲的方法。如果演讲者没有勇气正视听众，总是躲避听众的目光，左顾右盼，东张西望，不但会给听众以缺乏信心的印象，还可能给听众造成不礼貌、目中无人的误解。与听众进行眼神交流，有多种方法：环视法。有意识地将目光自然地左右前后呈环形扫向会场，可以起到统领全场的作用。点视法，即根据内容表达和现场环境的需要，在较短的时间内将目光集中于某一个体或区域，以引起个别或某部分听众的注意。虚视法，即演讲者的目光对听众似看非看，睁大眼睛面向全场听众而不专注某一处，使所有的听众都觉得演讲者在注视他们。这种眼神既能控制全场，也能帮助初学演讲者克服怯场心理。

二是眼神的运用要灵活多样。眼神的变化是十分微妙和复杂的，实际应用中往往千变万化、丰富多彩。现代汉语里与“看”这一眼神动作相关的词语就多达上百个。演讲中，眼神有时传递的是演讲的内容信息，有时则是演讲者自己感情的流露，有时又表现出对听众的态度。眼神运用得自如、得体，可以使听众清楚地感受到演讲者情绪的跌宕起伏，从而有利于拉近彼此之间思想感情的距离。

4. 手势

手势也是演讲中交流信息、传播思想感情的一个重要的辅助手段。手势具有丰富的表现力，它可以使有声语言更生动、更活泼、更有感染力，还可以使演讲更具有美感，更富于艺术色彩。演讲的手势没有一个固定的模式，往往是由演讲者的性格和演讲的内容以及演讲者当时的情绪所支配的，因人而异，随内容而变。演讲中常常会用到的一些手势有：竖起大拇指，其余四指弯曲，表示强大、肯定、赞美、第一等；食指伸出，其余四指弯曲并拢，用来指示人物、事物、方向，或者表示肯定；食指、中指伸直分开，其余三指弯曲，表示胜利；五指并拢，手掌挺直，像一把斧子用力劈下，表示果断、坚决、排除等。不管用哪种手势，都要与演讲的内容相协调，与有声语言、表情、眼神、姿态密切配合，做到自然恰当、优雅大方。

5. 姿态

姿态是演讲者整体形象的重要组成部分。演讲时，演讲者站立、走动的姿态直接关系到演讲的效果。演讲者在台上英姿勃发、步态稳健、举止潇洒，就会使听众产生一种信任感和亲近感，激发起强烈的听讲兴趣；反之，演讲者在台上手足无措、抓耳挠腮，就会使听众感到很不舒服，甚至产生一种厌烦心理。

演讲时多采用站姿。通常的站姿有两种：一种是前进式站法。一脚在前，一脚在后，两脚稍有距离。前脚脚尖指向正前方或稍向外侧斜，两脚延长线呈 45 度左右的夹角，身子微微前倾。一种是自然站立法。两脚自然分开，平行，相距约与肩同宽。这两种站法都比较有利于演讲者走动和发音。前者显得稳健庄重、英武干练，给人一种气宇轩昂、青春焕发的感觉；后者显得自然洒脱，给人一种成竹在胸的印象。

当然，一些时间较长的政治演讲、学术演讲、法庭演讲、论辩演讲等也可采用坐式。运用坐式要文雅、大方，落座时要轻盈、和缓，切忌急急忙忙，人未站稳就重重地将屁股落在椅子上。落座后要保持上身正直、头平稳，力戒歪斜肩膀、半躺半坐和两手交叉在胸前等不良姿势。两腿微曲并拢，两脚并起或稍微前后分开，不要跷二郎腿或勾着脚。

（三）态势语运用的要求

1. 与演讲内容相符

演讲中，要根据演讲内容的需要而运用态势语。相对于有声语言来说，态势语只是个辅助手段，不能自成一体，更不能喧宾夺主。这就要求态势语的运用应与演讲内容相吻合，根据演讲词的变化而调整。

2. 要自然得体

态势语的使用要做到自然生动。态势的变化要前后连贯，而且要有自然的过渡。使用态势语时要不做作、不生硬，有如"清水出芙蓉，天然去雕饰"。

3. 不要滥用，要恰如其分、适度运用

有些演讲者为了迎合少数听众的心理而玩弄动作，矫揉造作，手舞足蹈，轻挑作态，哗众取宠。这些都会影响演讲效果的表达，甚至引起听众的反感。

三、情感的运用

（一）情感的组织

演讲是要以情感人的。因此，要想使演讲成功，演讲者就得组织自己的情感，满腔热忱地投入到演讲中去。要组织好自己的情感，就要从以下几个方面努力：

首先，演讲者本人要有热情。要用自己的热情之火去点燃听众的情感之火。假若自己冷冰冰、毫无生气，又如何去感染听众呢？演讲中激起的感情比引导听众思考所取得的效果更显著。所以，演讲者一定先要自己有热情，然后才能感动听众。古人说"寓义于情而义愈至""感人心者，莫先乎情"，都说明了情感表达的重要性。

其次，演讲者要喜爱自己的演讲。要坚信所讲的是自己的真实感受，是经过深思熟虑才得出的结论，是千真万确的真理，是听众迫切需要了解的。

第三，演讲者要深信演讲的价值。要深信自己的演讲将对听众的思想、感情和行为产生重要影响，自己的演讲告诉了听众许多他们以前不知道而又想知道的东西，台下的听众正以热情的眼光注视着自己，正在全神贯注地听自己的演讲。而这种机会和荣耀，不是每一个人都能得到的，所以自己是幸运的。这样，演讲者就会激动起来，就会激发自己的全部才能，组织自己的情感投入演讲，就会淋漓尽致地发挥自己的情感潜能，使演讲真实感人、充满生气，最终成功地将自己的思想、观念、认识传播给听众，有效地实现演讲的目的和价值。列宁曾说过："在人类追求真理、获取知识的道路上，情感、情绪是潜在的巨大的动力源泉。如果把真理的思想比作云朵的话，那么情感就是吹动思想云朵的风。"这就是情感与思想之间密不可分的关系。

（二）情感的调动

在演讲中，演讲者的根本目的是要打动听众、感动听众，因此演讲者除了要组织好自己的感情外，还要最大限度地调动起听众的情感，使听众产生共鸣，从而达到演讲的最佳效果。这就要求演讲者做到以下几点：

1. 真挚自然

真挚自然要求演讲者作真情实感的自然表露，而不是矫揉造作地装样子，否则就会让听众感到厌烦。一位演讲家曾说过："在演讲和一切艺术活动中，唯真情，才能够使人怒；唯真情，才能够使人怜；唯真情，才能够使人笑；唯真情，才能够使听众信服。"在 1955 年于印度尼西亚召开的万隆亚非会议上，虽然绝大多数国家的代表在发言中表达了对和平友好的诉求，但也出现了一些不和谐的声音，表示了对中国的疑虑。会场的气氛越发紧张。面对这样的局势，中国代表团团长周恩来总理登台讲话，开门见山地指出：

中国代表团是来求团结而不是来吵架的。我们共产党人从不讳言我们相信共产主义和认为社会主义制度是好的。但是，在这个会议上用不着来宣传个人的思想意识和各国政治制度，虽然这种不同在我们中间显然是存在的。

在发言中，周恩来强调"求同"而不是"立异"，主张不同思想意识和社会制度的存在并不妨碍亚非国家求同和团结，并表示中国准备在坚守五项原则的基础上与亚非各国建立正常关系。周恩来充满智慧地进行阐释和解惑，用平等的态度来平息争论，其真挚的演说赢得了各方的尊敬和赞同，一举扭转了当时某些国家在帝国主义的挑唆下对新中国的偏见，会议气氛也产生了积极的变化。

2. 丰富多样

演讲应表达多种情感。根据演讲内容的需要，可以抒发愤怒、喜悦、悲哀、深沉等多种情感。优秀的演讲家在抒情方面通常能运用自如，高潮的安排十分恰当，有时如滔滔江河奔腾而下，有时如涓涓溪水平缓直流，有时像暴风骤雨，有时像春风细雨，如此使得演讲能够紧紧抓住听众，有效地激发听众的情感。所以，演讲的抒情不能是单一的，也不应该是单一的。因此，在情感的抒发过程中一定要注意表达方式的综合运用，如依附于理、依附于景的抒情。演讲时既要以正确深邃的思想内容、缜密中肯的逻辑分析与高品位的理性思辨影响人，又要用强烈的情感力量去冲击听众的心理，以情感为媒介去引起听众理性的共鸣。如我国某著名公司的代表，在西雅图国际法庭上对骗走我国 300 万美元的两位美国律师的痛斥：

在中国，我们最崇敬两种人：一种是教师，他教人怎样读书、怎样做人；一种是律师，他教人什么是"是"，什么是"非"。然而，我们被骗了，欺骗我们的正是贵国很有名的两位律师。

对此，我们不肯相信，所有善良的人都不愿相信。然而，这却是无法回避的现实。美国人民是伟大的，这样的人不属于这个伟大的民族；西雅图是美丽的，这样的人不属于这座美丽的城市。

这段话以理托情，理直气壮、义正词严。先扬后抑的语势落差，反复、排比的句法运用，裹挟着奔腾澎湃的感情激流，语言掷地作金石声，撼人如震天雷。

显然，演讲的生命在于真诚、真理、真情，如果缺乏这三方面的投入，一切美丽动听的言辞都会成为纸做的花朵，一切精心设计的态势语都会显得矫揉造作。有人演讲只注重所谓的表达"技巧"，而不重视情感的投入，老是琢磨"让我们展开幻想的翅膀，荡起青春的双桨，跨上飞奔的骏马，扬起生命的风帆"之类的言辞，殊不知这实在是舍本而逐末，忽视了真正的技巧。

（三）情感的表达

情感的表达要把握以下三个方面的问题：

1. 注重词语的感情色彩

词语有褒、贬之分，雅、俗之别，选择特定词语可以把特定情感准确地表达出来。如说"这个人爱看书""这人是读书迷""这是个书呆子"，都是说人喜欢读书，但是感情色彩一听便知。在这里主要就是通过选择不同的词语，表现了说者主观的情感色彩和态度。很显然，准确辨析和把握词语的感情色彩对情感的准确表达是十分重要的。

2. 善于运用语调

在有声语言中，不同的语调和语气可以表达出不同的感情和情绪色彩。同样的话，用不同的语气语调，如感叹和陈述、疑问和反问等，能表达出不同的语义，从而表达出不同的情感。

3. 注意直感表情的显露

人们的各种感情、情绪，会自觉不自觉地反映在面部表情和体态变化上。内心的喜怒哀乐等情感变化，从人的面部表情就可一目了然，正所谓"情动于中，形之于外"。面容的喜怒哀乐，特别是强烈的感情，具有直接的"传染"作用。

当然，演讲中情感的表达应该注意两点：一是和谐。感情的渲染要有所依附和根据。或与思想合拍，或与叙事结合，使带有感情色彩的语调节奏、表情特征能与内容的感情基调同步对应。二是适度。把自己的感情表露控制在有效范围内。面无表情、平平淡淡的所谓"零度风格"肯定不行，但是如果感情太过放纵，没有节制，则也会过犹不及。所以，演讲时应该善于调度、调节和控制感情。

四、临场发挥

在掌握了演讲在口语表达、态势语、情感运用等方面的基本技巧和手段后，演讲者还面临着一个临场发挥的问题。它包括对演讲场面的处理和对听众情感的把握等。

（一）演讲场面的处理

演讲场面的处理，指的是演讲者在演讲过程中，根据现场情况的变化，对演讲内容、方法、时间灵活作出调整，对意外情况及时作出应对及处理，即通常所说的“应变”与“控场”。演讲场面处理能力对演讲者来说是非常重要的。一场演讲，由于对象不同、时间不同、地点不同，即使是同一个演讲者和同样的演讲内容，情况也会大不一样。此外，意料不到的事情也会时有发生。演讲者如果不善于灵活应变，遇到问题束手无策，以致场上失控，会使演讲无法顺利进行，即使勉强完成，效果也不会好。因此，每个演讲者都应该培养和提高自己的应变控场能力。演讲过程中通常可能会发生哪些意外情况？我们又应如何去处理呢？

1. 准备的讲稿不适用

在演讲中，演讲者有时可能会碰到以下情形：一是听众提出了一些新的问题，超出了演讲者演讲的范围；二是准备的讲稿内容与前面演讲者所讲的内容有许多重复之处；三是从前面演讲者的演讲中获得了新的启示，有了新的看法和感想；四是会场情况发生了重大变化，准备的讲稿完全不适用。如果碰到上述情形，演讲者应灵活应变，及时调整自己的演讲内容。

（1）视情回应

对于听众提出的新问题，首先，应考虑有没有马上回答的必要，在什么时候回答合适，有没有必要对所有听众回答。如果有必要马上回答，就马上回答，趁热打铁；如果问题是自己准备要讲的，但还没讲到，可以回答听众：“这个问题一会儿就讲到，先暂且不作回答。”如果问题没有必要对所有听众回答，不妨对提问者说：“这个问题演讲结束以后我会答复你。”其次，还要进一步考虑听众提出的问题是否与自己的讲题有关。如果回答会把问题扯远，分散演讲的中心，那就要避免马上回答。但最好这样说：“你提的问题，我演讲结束以后一定答复你。”这样才不会使提问者扫兴。再次，要好好考虑听众提出的问题自己能否回答得了。如果能够回答当然最好，但如果缺乏准备不能回答，千万不能采取不理不睬的态度，倒是可以对听众说：“这是一个很有趣而且很重要的问题，我没仔细研究过，但我很乐意演讲结束以后与你一起讨论研究这个问题。”

（2）避免简单重复

如果准备的内容与前面演讲者所讲的内容有重复之处，可以采取以下方法：一是对相同的看法、论述略去不说，只说与其不同的那一点。比如可以这样说：“刚才 ×× 对 ××× 问题讲得很详细深入了，这里我只想作一点补充。”或者说“这里我只想就某个问题谈谈我的看法”等。

二是对相同的事例略去详细描述，只作总结性、过渡性的评议。比如可以说："刚才不少人都详细讲述了 ××× 的事迹。的确，他的事迹是十分感人的，他的精神是值得我们学习的。"当然，如果能举出新的事例是最好不过了。如在一次以"人生与理想"为题的演讲比赛中，前面有几个战士已经讲了他们如何为祖国奉献青春，在平凡的岗位上做出不平凡的事迹。这时一个战士上台，提出了"军人是把理想拴在脚上的人"这一十分新颖的立意："……军人把理想拴在脚上，走一步零点七五米，走两步一米五，走到祖国最需要的地方，理想洒遍九百六十万平方公里的美丽国土。"这就使听众耳目一新，从而获得更好的演讲效果。

（3）组织新内容

如有必要，可以重新组织演讲内容。有两种处理方法：一是时间充足的话可重新写讲稿；二是时间仓促的话，可列出提纲，作即兴演讲。

2. 听众的质疑和诘难

一般来说，绝大多数听众对演讲者都是尊敬和友善的，即使提出一些质疑也是出于善意。对此，演讲者应持欢迎的态度，并认真地给予解答。但也可能会有一些人故意提出一些带歧视、轻视、敌视性的问题，刁难演讲者。对此，如果有必要的话，演讲者应给予有理有节的回击。例如有位作家有一次应邀到美国一所大学演讲，她刚登上讲台，有人就给她提了一个尖刻的问题："听说您至今还不是中国共产党党员，请问您对中国共产党的私人感情如何？"作家顺势答道："你的情报很准确，我确实还不是中国共产党党员。但是，我的丈夫是个老共产党员，而我同他共同生活了几十年，尚无离婚的迹象。可见，我同中国共产党的感情有多深。"这位作家巧妙得体的回答既坚持了原则，又不失身份，博得了台下听众的称赞，有力地回击了挑衅者。

3. 听众注意力分散

在许多演讲会上，听众有时会出现注意力分散的现象，如看报纸杂志、聊天、打瞌睡等等。这种情形会严重影响演讲效果，同时也会影响演讲者自身的演讲情绪。碰到这种情况，演讲者务必找出原因，对症下药，及时调整自己的演讲内容及演讲方法，针对不同的情况采取适当的解决方法和措施。

（1）尽量缩短演讲时间

遇到会议时间过长，以致听众疲倦或出现不耐烦情绪时，演讲者不妨精简演讲内容，尽量缩短演讲时间。如在一次演讲会上，一位名人被排在最后一个发言。由于前面的人演讲都是长篇大论，轮到他发言时，时间已经不多了，听众早就迫不及待地等着散会了。他放弃了原来准备的讲稿，对听众说了以下两句话："每一篇演讲不管它写成书面的还是其他形式，都应该有标点符号。今天晚上，我就是标点符号中的句号。"说完，他就回到座位上了。当听众明白他已经演讲完时，对他简短的演讲报以热烈的掌声。

（2）适当活动，防止听众困倦

曾经有位演讲者遇到过这种情景：当他正在台上侃侃而谈时，少数听众在初春的阳光照射下产生困意，沉沉入睡了。这种气氛很快传染给其他听众。看到这一情景，演讲者暂停了演讲，对听众说："请诸位抬起头看看天花板。"大家以为天花板上有什么异常，纷纷依言而行。"现在再看一看左边。"大家果然又向左边张望。"那么诸位不妨看一看右边。……好了，这就是头部运动。疲倦的时候，不妨做头部运动。如仍觉疲倦，亦可以做体操活动。现在，请诸位举起手来。"大家便跟着他举起了手……这一方法果然奏效。要消除听众的困倦和烦躁，使听众进入良好的精神状态，演讲者自己首先要保持良好的精神状态，这是至关重要的。

（3）运用幽默，制止干扰

在演讲中，有时候会碰到这种情形：演讲者正讲得兴致勃勃，听众也正听得津津有味，突然有人发出干扰声，引得听众哈哈大笑，打断了演讲者的思路，分散了听众的注意力。对此，演讲者不妨用幽默的方法批评制止，效果会很好。例如，在一次演讲会上，演讲者正滔滔不绝地讲着，突然一个喝醉的人在下面学公鸡叫，引得听众大笑，打断了正常的演讲。这时，演讲者有意看了一下表，然后说道："怎么回事？难道天要亮了吗？"演讲者的幽默逗得听众哄堂大笑起来。在笑声中，那个学鸡叫的人似乎清醒了一些，不好意思叫了。可见，用幽默批评捣乱分子的效果是很好的。

4. 演讲者自身失误

演讲者在演讲中出现失误有时是难以避免的，诸如忘了演讲词，或念错词了，或讲漏了，或上台时不小心摔倒等等。出现以上失误，演讲者千万不要惊慌失措，要镇定自若，急中生智，灵活应对。

演讲中如果忘了演讲词，演讲者千万别让自己"卡壳"的时间太久，而应强使自己集中思想，争取在两三秒之内回忆起忘掉的演讲词。实在想不起来，可根据原来的意思另换说法，或者干脆将下一段内容提上来讲。

如果出现遗漏或念错词、讲错话的失误，演讲者最好能够悄悄改过，不露痕迹。比如，发现自己漏讲了某一点或某一段，可以随后补上，不必声张；念错某个字词，或讲错某句话，也可以及时纠正，或在第二次出现时纠正。万一被听众发现了错误，演讲者不妨将错就错，自圆其说。

上台演讲有时也会遇到一些令人失笑的尴尬瞬间。一般的化解方法是，演讲者可以跟着听众笑一笑，在笑声中恢复常态。一般情况下，听众是不会介意演讲者的失误的。高明的化解方法，当然是演讲者能够借事发挥，巧妙地化解开来。例如，一位著名女演员上台领奖，由于跑得太急，上台阶时绊了一下，差点摔倒。她在致辞时说道："我经历了漫长的艰苦跋涉，才到达这事业的高峰。"这句应变的开场白简直妙不可言。她将上台领奖遇到的挫折与拍电影历经的艰辛巧妙地结合在一起，既揭示了达到事业顶峰的真谛，同时又化解了摔跤的尴尬，可谓一举两得。

5. 遇到意外情况

演讲中有时会遇到一些意外的情况，比如，麦克风突然哑了，照明灯突然灭了，听众中突然有人晕倒等等。遇到这种情况，演讲者除了请有关人员协助处理外，还需要用聪明才智去消除意外带来的影响。有一次，两位著名相声演员在某地表演相声《吹牛》。两人正“吹”得不可开交时，天棚上一盏吊灯突然炸裂，玻璃碎片向四处散落，听众惊得抱头叫了起来，现场十分混乱。其中一位演员灵机一动，把这情景巧妙自然地转化为相声的内容。他用手指着天棚说：“你能吹，瞧我的，我都把吊灯吹碎了！”真可谓妙语惊四座，全场爆发出热烈的掌声。演讲不也需要这种“急”才吗？

（二）听众情感的把握

演讲者在演讲中主动把握听众情感并根据听众的需求进行演讲，是使演讲获得成功的重要因素。

1. 拉近与听众的距离

（1）得体的称谓

得体的称谓可以顺利地使听众接受演讲者，形成融洽的氛围。当面对多层次听众参与的场合时，可以使用泛称，如“朋友们”“同胞们”“同伴们”“女士们、先生们”“姐妹们”等；当遇到一些特殊行业、特殊年龄、特殊层次的听众时，就要使用特称，这样显得亲近些，听众也有一种受尊重感，如“尊贵的客人们”“在座的各位老师”“尊敬的教练”“各位评委”“未来的工程师们”“尊敬的白衣天使”“可爱的小朋友们”“祖国的卫士们”等；在一般情况下，可用“朋友们”这一称呼。称谓一定要适时适度，一般用在开头和结尾处，也可用在感情高潮处；要表达出得体的情感，感情要真挚，字字含情，句句有义，语气要亲切。必须是该用时用，不能随意乱用，更不能没完没了地用。

（2）使听众产生亲切感

最好在开始演讲时便指出自己与听众之间有某种直接的关系。如果是被邀请发表演讲，应首先表示自己对此倍感荣幸，这会很快赢得亲近感。比如，有机会就在演讲中以友好的方式直接提到具体的听众，如“我之所以取得这样的成绩，与 ×× 对我的关怀和帮助分不开”，或“×× 同学曾说过一句话，他可能当时并未在意，但这句话对我的触动非常之大”等等。这不仅会使被提到的听众感到愉悦，也会使其他听众对你产生好感。

（3）让听众参与进来

演讲时如果挑选听众来协助展示某个论点，或将某个意念戏剧化地表现出来时，听众的注意便会显著地增加。就像许多演讲者所说的那样，讲台上下之间有时也似乎有形无形地存在着一些交流上的障碍，而演讲者如果与听众展开互动，就可以突破这些障碍，使得台上台下融为一体。

2. 设置兴奋点，让听众产生共鸣

演讲不可能全场都是高潮，听众始终都处于兴奋的高峰；更不能自始至终都如一池温水，波澜不惊。好的演讲应是波澜起伏，一浪高过一浪。这就需要在演讲中设置多个兴奋点，让听众能够始终保持激昂的情绪。

（1）给掌声留出空间

掌声会使演讲产生强烈的现场感染力。演讲时，一定要有意识地创造一些掌声响起的机会。那些带有强烈感情、充满激情的语言，那些立场鲜明、见解独到、能够给听众以深刻启迪的语言，都能让听众受到激励、鼓舞和启发，从而自发地鼓掌。

（2）善于埋设兴奋点

所有能够引起听众兴趣和热切关注的事例、名言、佳句和精辟独到的见解都属兴奋点的范畴。在演讲中，要刻意地选用一些易于触及兴奋点的语句和事例，以拉近听众和演讲者之间的心理距离，满足听众的心理需要。当然，兴奋点的埋设也要顺理成章、水到渠成，千万不能不顾对象，故弄玄虚，刻意求成。

（3）敢于标新立异

好奇之心，人皆有之。满足人们的好奇心和求知欲本身就具有使人兴奋的作用。打破常规、标新立异是设置兴奋点的好方法。为了使演讲吸引听众，要对演讲稿进行必要的创新，打破思维定式，敢于创造，善于借鉴，营造清新的时代新风。

3. 变化语调，赋予声音以美感

人的兴奋、悲哀、犹豫、坚定、昂扬之类的复杂情感都可以通过声音的高低、轻重、快慢、停顿等语气语调的变化表现出来。所以，富于听觉美感的演讲往往更易于被听众接受。

（1）利用重音

汉语口语的重音分为语法重音和逻辑重音。语法重音是与语法结构相联系的一种语调形式，如在一般句子中，谓语就比主语说得要重一些。所谓逻辑重音，是句子中根据表情达意的具体需要特意加重的对某一成分的读音。逻辑重音的主要作用是强调句子中表意的侧重点，借以更准确、更细腻地表达某种特殊的思想感情，突出所强调的观点和问题。如“我自豪，我是一个军人的妻子”这一句中，把逻辑重音放在“军人”上，就强调了演讲者不是一般人的妻子，而是“军人”的妻子，显出了一份特有的自豪和骄傲。

（2）利用语速的快慢变化

演讲过程中，声音应当有快慢缓急的变化。在表达一般内容时，语速可以适中，既不要太快，也不要太慢；当表达热烈、兴奋、激动、愤怒、紧急的思想情感时，出言吐语就要快，滔滔不绝，势如破竹；讲到庄重、怀念、悲伤、沉寂、失落、失望的内容时，语速可以放慢些，缓缓道来。这里需要注意的是，演讲语音的变化应当自然、顺畅，不能做作。

（3）利用语调的抑扬变化

在演讲中，为了更有效地表达思想感情，应自觉利用语调的抑扬变化，使语调的高低随意而变，随情而变，才能达到最佳的演讲效果。

（4）利用停顿

演讲时，有些地方应作必要的停顿。比如，在向听众提出某个问题之后，在提出自己的某个观点之后，在道出某个妙语警句之后，在讲清一个相对完整的意思之后，都要有明显的停顿。

4. 现场演示，更好地阐发主题

演讲时适当进行一些现场演示，不仅能增加演讲的吸引力，而且有时还可以克服一些演讲中口语表达的难点。有些事光凭嘴是很难说清楚的。所以说，可能的话，在演讲中加些“道具”，至少是形体动作，对阐发主题是非常有帮助的。

5. 巧用提问，吸引听众

演讲时，在适当的情境下提问可以缩短与听众的心理距离，满足听众的好奇心，创造宽松的气氛，利于表达，使演讲者处于主动地位。

一般情况下，演讲的提问有这样几种方式：正问，开门见山，直接提出问题；反问，从相反的方面提出问题；侧问，从侧面入手，通过旁敲侧击，回到正题上；设问，假设一个结论，启发听众思索。在演说中提问虽然有许多好处，但一定要注意方法，否则会事与愿违。

五、即兴演讲和论辩演讲

（一）即兴演讲

即兴演讲，是指演讲者在事先没有充分准备的情况下即席发表的演讲。即兴演讲可以分为以下几种：一种是演讲者被眼前的事物、场面、情景所触发，临时兴之所至，当场主动发表的演讲；一种是在一些会议、聚会和活动中，临时受到邀请所发表的演讲；还有一种是在诸如演讲比赛的场合中，演讲者根据演讲比赛的规则，当场抽取演讲题签，根据题签上的题目而进行的“命题演讲”。

1. 即兴演讲的特点

作为演讲的一个独特的类别，即兴演讲有着明显区别于其他类型演讲的鲜明特点：一是篇幅短小精悍。即兴演讲多是演讲者临时起兴，事前多无准备。即使有人作了一点准备，也是十分简单，顶多是有个腹稿。所以，即兴演讲一般不会长篇大论、滔滔不绝。二是时境感强烈。到什么山上唱什么歌，见什么人说什么话。即兴演讲现实性非常强，虽说所有演讲者都要考虑观众、场合，但即兴演讲尤甚。三是就事论事，有感而发。演讲者必须从眼前的事、时、物、人中找出触发点，引出话头，然后再将心中所思所想以不吐不快的情绪宣泄出来。所以，即兴演讲大多是演讲者真实情感和思想的流露。四是形式自然、灵活多变。即兴演讲有时没有明确的中心，只是自然而然地表述各种话题。

2. 即兴演讲的技巧

（1）作好准备，勇于实践

即兴演讲虽说都是事先不能作充分准备的即席演讲，但多数情况下，演讲者也并不是对可能的演讲毫不知情。因此，有些即兴演讲还是可以作一些预先准备的。首先，在参加一些活动时，要预估是否有需要演讲的可能。无论是出席一些庆典、参加一些活动，还是亲朋好友聚会、战友出征送行，都要作好即兴演讲或者即兴发言的准备。大致准备个讲话提纲，等到真要作演讲时，就可以在此基础上，根据当时的情境作必要的调整和补充。要真正做到心中有底，从容不迫。

作好准备，还在于要勇于实践。包括即兴演讲能力在内的演讲能力，都是在大量演讲活动中逐渐形成并提高的。平时多参加一些演讲实践活动，从能力提高的角度来说，也是对即兴演讲的一种准备。在一些合适的场合里，当有人在演讲时，自己可以试着进入角色，找到感觉，自己给自己提问：假如要我讲，我讲什么？怎么讲？最好变“要我讲”的状态为“我要讲”的行为。一旦考虑得较为成熟，就应抓住机会，大胆走上讲台。如果大胆实践，久而久之，必能提高自己的即兴演讲能力。

（2）尽快切入演讲主题

在即兴演讲中，演讲者大多是临时确定演讲内容的。由于缺少准备时间，来不及对所讲内容细细考虑并围绕主题充分组织材料和语言，演讲时就难免出现疏漏，尤其是所讲的内容较多较复杂时，更容易出现失误。因此，即兴演讲一旦确定了主题，选定了材料，就应避免在枝节问题上作过多的纠缠，要舍弃那些不必要的铺垫和交代以及过分的客套，尽快切入演讲主题，用简明扼要的语言直截了当地表达所思所想。如所讲内容的头绪较多，可理出提纲，按顺序一条一条提纲挈领作交代。有的即兴演讲则仅需向听众介绍自己的观点。

（3）抓好由头，生发开来

所谓由头，是指可以由此生发的事或物。即兴演讲需要因事起兴，找到了由头，就找到了起兴的根基，有了谈话的起点。有一位指导员，自愿到一个比较后进的连队工作，一进门，就遭到了正在玩扑克的老连长和战士们的冷遇。随即他作了这样一个即兴演讲：

我感到三连是个好连队，好就好在有人才。我们全连几乎都对玩扑克有浓厚的兴趣，我看完全可以先在玩扑克方面压倒其他连，夺个冠军。关于扑克的知识，大家可知道吗？扑克牌中的四种花色，都有不同的寓意：黑桃象征橄榄叶，表示和平；红桃是心形，表示智慧；梅花是黑色三叶，源于三叶草，象征着幸运；方块表示钻石，意味着财富。这四种花色，是人们一年中美好的祝愿。我也用扑克这四种花，向大家表示美好的祝愿！

这段即兴演讲篇幅很短，但很有技巧。演讲者很了解战士的心理和第一次演讲的重要。所以，他并没有讲一些很可能引起战士反感的说教性内容，而是抓住战士打扑克这一由头，从战士们熟悉又不了解的扑克谈起，讲了一些战士们不知道的知识，出人意料，令人耳目一新，很自然地缩短了自己与战士们的距离，在战士们心中留下了良好而深刻的印象。

具体情景中，有许许多多可以发挥的素材：地点、时间、人物、事件、景物等等。只要善于捕捉，善于生发，作一次即兴演讲就不是一件太难的事情。

(4) 浓缩演讲内容

即兴演讲不宜讲得很长，必须努力将自己要讲的内容进行浓缩。浓缩时，可把要讲的几个层次的内容用几个字概括起来。例如，一位重返母校的老校友，当年曾参加过学校初创时期的艰苦工作。面对母校的巨变，他感慨万千，把自己的感受概括为四句话："母校已变得焕然一新，当初师生创业艰难，学员们任重道远，展望未来为母校争光。"这四句话的每一句都可以做篇大文章，然而老校友演讲时不仅对内容进行了简括，还将四句话浓缩成了八个字："变了——创业——任重——争光"，使演讲获得了很好的效果。演讲者也可以用一些名言警句来概括演讲内容。无论是演讲者还是听众，都对一些名言警句耳熟能详。把演讲的结构层次用名言警句概括出来，不仅可以增强演讲的哲理性、文学性，还可增强概括性和感召力，使听众得到美的享受。

（二）论辩演讲

论辩演讲是指就不同的观点展开争辩的一种演讲。

1. 论辩的一般法则

一是要努力阐述自己观点的正确性。论辩固然要辩，要驳，但归根结底仍是要使对手，使听众确信自己的认识和主张。这样，就要首先阐明自己观点的正确性，就要充分阐述事理，列举事例。否则，说理就将软弱苍白，难免片面，立论也就缺少强大的、不容辩驳的力量。为了生动有力地阐明观点，通常还运用归纳论证、演绎论证、类比论证等论证方法，并且把这些论证方法巧妙地结合起来，以发挥阐述的综合效应。

二是要犀利反驳对方的阐述。论辩是论辩双方在各自陈述自己的观点的基础上进行交锋和反驳。反驳通常有批驳论点、批驳论据和批驳论证三种。在论辩中，往往是多种辩驳方法综合运用，即把反驳论点、反驳论据、反驳论证恰当地、有机地结合起来，发挥"集束炸弹"的作用，以收到更强的辩驳效果。

2. 论辩的技巧

论辩的技巧较多，这里只介绍一些常用的技巧。

(1) 针锋相对

它是针对对方议论中的论点和论据，直接地加以辩驳。如在广州两所高校的一场辩论赛中，正方的观点是"发展教育首当提高教育经费"，反方的观点是"发展教育首当树立正确的办学观念"。反方第一副辩在论辩中说道：

……对方提到要增加教育经费，也提到要进行教育体制改革。可是我想请问，如果没有投资和改革的观念，又有谁来进行这两项工作呢？长期以来，我们认为教育只是国家的事，似乎全民并不需要如何关心教育。于是，现在有些地方出现了重商轻学的风气，有些人甘愿捐钱建庙堂寺宇，却不愿捐资办教育……这难道是增加经费所能解决的吗？如果不首先树立正确的办学观念，重视办学，投资教育又从何谈起呢？

这里，反方论辩者以充足的论据，反驳了正方的论点。由于抓住了对方论辩的关键，因此辩驳较为有力。

（2）比喻论辩

指论辩的一方不直接提出论点，不从正面针锋相对地反驳对方的论点，而是运用比喻或类比的方法，寻找一个相似或相关的事物与之进行比拟或比较，从它们的相似或相关中，揭示出对方论点的谬误。

比喻论辩所驳斥的对象只是一个喻体，从大家熟悉的喻体的荒谬中去揭露所要驳辩的事物的荒谬。比喻论辩一般多用“好像”“比如”一类比喻词。比喻论辩法在论辩实践中，多用以反驳具有明显错误的论断，运用得好显得睿智机敏、含蓄幽默、尖锐泼辣，具有很强的战斗力。但是，这种方法不能用来代替科学的说理和严密的逻辑推论。

（3）引申谬误

也称“归谬法”。这种论辩方法，先假定肯定对方的论点，然后加以引申，使对方观点中原来不甚显著的错误，得以“放大”，从中显示出荒谬性。引申谬误法往往能收到犀利、辛辣、幽默、风趣的论辩效果。

鲁迅先生是一位善用归谬法的大家。二十世纪三十年代，文化界提倡白话文和语言大众化的时候，有人走向极端，提出了“作品愈高，知音愈少”的观点，以此来固守文言写作而反对白话文。对此，鲁迅先生便在《文艺的大众化》一文中予以反驳：“倘若说，作品愈高，知音愈小，那么，推论起来，谁也不懂的东西就是世界上的绝作了。”显然这样的结论是荒唐可笑的，而以此为理由说白话文是低劣的，因而不能登大雅之堂的说法也就不攻自破了。宋代文学家苏东坡与王安石有过一段有趣的论辩。苏：“‘坡’字怎么解释？”王：“‘坡’者，土之皮也。”苏：“那么‘滑’者即水之骨了。”

以上两例，都是运用归谬法，把对方论点加以合理地引申，充分暴露其谬误之处，使之不攻自破。

（4）以子之矛攻子之盾

即抓住对方的与其自身观点相悖的一些说法或事实材料来驳斥对方，这样就可使对方言塞语短，无力反驳。如在前面所述的广州两所高校的论辩中，正方在阐述自己的“发展教育首当提高教育经费”论点，反驳“发展教育首当树立正确的办学观念”的论点时，第一副辩说道：

刚才对方的发言可谓情文并茂，但可惜观点站不住脚，因为发展教育来不得半点罗曼蒂克……正是贵校的财会处长曾披露：国家教委每年拨给贵校的经费只有2000万元，而贵校精打细算，结果也花了3000多万元。他还说，如果一年有4000万，教学改革就可以全面铺开。贵校的这一状况，不正恰恰说明了你们的观点不妥吗？

论辩中用来自论辩对方“权威人士”的与对方观点相悖的事实材料来驳斥对方，这便发挥了“以子之矛攻子之盾”的作用。

(5) 后发制人

指论辩中已经洞察对手破绽，但不当即戳穿，而是故意设问，使其再次确认后再去揭穿。著名的林肯辩护词便是十分典型的一例。

有一个名叫阿姆斯特朗的年轻人，被人诬告谋财害命，判定有罪。当时作为律师的林肯，在查阅了有关案卷后，愿为被告辩护。在法庭上，被原告收买了的证人福尔逊一口咬定被告阿姆斯特朗用枪击毙了死者，并且发誓说是在 10 月 18 日晚上的月光下亲眼看到的。

在法庭上，林肯问：“你在草堆后面，被告在大树下，相距二三十米，你能看清楚吗？”福尔逊答：“看得很清楚，因为月光很明亮，我看清了他的脸。”林肯又问：“具体的时间也能肯定吗？”福尔逊说：“完全可以肯定，那是 11 点一刻。”质问完毕，林肯转身向法官和旁听的观众说：“我必须告诉大家，这个证人是个彻头彻尾的骗子！”接着他说：“请大家想一想，10 月 18 日那天是上弦月，11 点钟时月亮已经下山了，哪里会有月光呢？退一步说，就是提前一些时间，月亮还没有下山，那也只能从西向东照射。草堆在东，大树在西，如果被告面向草堆，脸上是不能照到月光的。证人怎么能从二三十米远的草堆后面看清楚被告的脸呢？”证人无言以答，只好承认作伪证，于是冤案得以推翻。

这里林肯的两次发问，是为了让“证人”在大庭广众、众目睽睽之下重申其谎言，绝其退路。当其退路已绝，再来“关门打狗”，便显得十分有力。

思考与练习

1. 结合个人演讲实践，总结处理演讲会上意外情况的经验教训。
2. 模拟下列情境，进行即兴演讲。
   (1) 在军事训练动员会上
   (2) 在第一次任职演说会上
   (3) 在新年联欢会上

第三节 演讲活动的组织

一、演讲培训的组织

（一）学习演讲知识

学习和掌握演讲知识是进行演讲的基础，同时也是开展演讲培训活动的一项重要内容。

演讲知识的学习可以以讲座、观摩的形式，针对演讲爱好者的不同层次和需求展开。例如，对于初学者，可以以“什么是演讲”“演讲者要具备怎样的素质”“如何消除怯场心理”等为题组织讲座，使他们了解演讲的基本理论、基本方法。对于有一定演讲理论基础和实践经验的人，可以组织有关演讲技巧的学习，组织观看大型演讲比赛、论辩赛的实况录像，加强他们对演讲的感性认识，提升他们的理论修养和实践技能。

在有条件的情况下，应该参加院校开设的诸如“大学语文”“演讲与口才”“写作与口才”等专业课程的学习。通过学习，使学习者全面系统地掌握演讲的理论知识和实践技能，从而大大提高自身的演讲水平。

（二）组织演讲训练

演讲训练可分纵式、横式两种形式：纵式就是由低到高、由浅入深地分段进行训练。横式就是从口才训练的几个侧面入手，先单项、后综合地逐次进行。两种形式都可选择，一般以纵式为经，横式为纬，互相交叉安排。

1. 横式训练

横式训练包括以下内容：一是心理训练。以当众讲话为主要形式，对表达者进行心理素质训练，包括勇气、自信心、情绪控制、观察判断能力和现场适应能力等训练。二是发音训练，训练吐字发音，掌握停顿、重音、语气、节奏等技法。三是表达方式训练，重点是陈述表达、描述表达、说理表达、抒情表达和语言技巧的训练。四是态势训练，包括仪容、表情、眼神、手势、体态、道具使用等非口语方式的训练。五是运思训练，即进行口语表达的思路与结构练习。六是技巧训练，包括听说技巧、控场技巧、修复技巧、应变技巧和综合练习等等。以上这些单项训练对于提高口才素质来说都是非常重要的。

2. 纵式训练

纵式训练分为五个阶段：第一步是语音训练，以朗读为基本训练方法，重点解决发音准确、清晰、洪亮的问题；规范使用普通话，消除方言影响。第二步是语调训练，以背诵为基本训练方法，重点解决重音、升降、速度和停顿等语调问题。第三步是口语表述训练，以复述、转述、提问、答问为主要形式，重点解决口语表述的完整、清楚、干净、准确和语法规范等问题。第四步是语境训练，以一定的语言环境为背景，以当众讲话为主要手段，以充任角色的自我介绍、致辞等为主要训练方法，迈开当众讲话的第一步，重点解决当众讲话的勇气、自信和中心突出、结构完整、层次清楚、语意连贯的问题。

（三）进行演讲练习

在演讲训练的基础上进行演讲练习。

第一，选择一个演讲题目，让练习者撰写演讲稿。选择演讲题目时，要从现实性较强的热点问题中寻找话题，让练习者有话可说；要从练习者的生活、学习、工作实践中寻找题材，让练习者有话想说；要根据练习者的现有知识水平和演讲能力确定题目，让练习者有话敢说。在此基础上，要求练习者完成演讲稿的撰写，并提出演讲稿修改意见。

第二，向练习者提出具体、详细的要求，要求其将撰写好的演讲稿转变为有利于口语表达的“口头文本”。其中包括语音技巧、态势技巧的标注。

第三，自主练习，应按以下几个环节进行：熟读演讲稿，朗诵演讲稿，背诵演讲稿，脱稿演讲。

第四，选择练习者熟悉的环境、场合进行登台练习，让练习者体验演讲的现场感受，从中寻找问题和差距，从而进一步完善演讲的整体设计。

第五，组织练习者在正式场合进行演讲表演。表演结束后，由组织者进行讲评。讲评应主要对练习者的表现进行评析，对演讲作整体评价。当然，还应对演讲的题目提出全面、准确的看法，以使练习者在以后的学习中较好地把握演讲题目的解析以及演讲整体的设计。

二、演讲比赛的组织

演讲比赛是最常见的演讲活动方式。组织演讲比赛要把握好以下四个环节：

（一）确立比赛命题

演讲比赛能否搞得生动、活跃，与演讲主题是否适宜有很大关系。因此，组织者要把握好“命题”这一关键。

演讲比赛的题目，应符合时代特征，最好是具有现实意义的热点难点问题。这对于参赛选手而言，不仅使他们有话可说，而且可以为他们提供一个较大的发挥空间；对于听众而言，也能提高其参与的积极性。生动、活跃的现场氛围不仅有助于演讲比赛的组织开展，还能刺激选手临场的超水平发挥。

演讲比赛的命题可分为两种：一种是带提示、有既定观点的，如“科学是没有国界的，可是科学家是有祖国的”；另一种是不带提示、没有既定观点的，如“当你被误解的时候”“如果我是连长”等。

（二）提出比赛要求

首先，是对比赛形式的要求。演讲比赛的形式包括有准备的演讲和即兴演讲。比赛形式要与演讲的选题相符，因为并不是任何选题都适用于即兴演讲。其次，是对参赛选手的要求。要根据比赛的具体情况，对参赛选手提出诸如年龄、学历等具体规定。如果是规模较大的演讲比赛，还应组织参赛选手的选拔。

（三）作好赛前准备

1. 积极宣传

组织者要将演讲的主题、相关要求和筹备情况在参赛区域进行广泛的宣传。要积极动员，促使更多的人参与演讲比赛活动。

2. 挑选主持人

比赛能否成功，与主持人的口才和应变能力有很大关系。因此，主持人要有丰富的主持经验，要口齿伶俐，思维敏捷，熟悉比赛规则，能控制比赛节奏，懂得用恰当的语言衔接比赛的各个环节，保证比赛的精彩性和连贯性。除此以外，主持人还要有良好的仪表形象。

3. 聘请评委

担任评委的人不一定全都是名人、专家。但是，评委要有良好的思想道德修养、较高的理论修养、演讲方面丰富的理论和实践知识以及较高的评价能力。这样，才能够保证演讲比赛公正、客观地进行。

4. 制定评分标准和比赛规则

演讲的评分标准不宜定得过细，只要能把分数拉开就可以。这样，既有利于评判的公正，也有利于评委掌握。

演讲比赛中，选手的出场顺序由抽签决定。要规定演讲时间，演讲时间不宜太长。因此，要安排计时、记分人员，准备好相关设备。

（四）安排比赛程序

比赛程序是否得当，各环节安排是否紧凑，直接影响比赛的气氛。比赛程序的设计和安排要从实际出发，避免生搬硬套。一般程序有以下几项：

第一，主持人首先介绍演讲比赛的筹划、准备情况，然后宣布比赛规则，接着介绍参赛选手和评委，最后宣布比赛正式开始。

第二，演讲人员按赛前抽签顺序进行演讲。

第三，评委打分、亮分。

第四，主持人在比赛空隙时间，可以对选手、评委或观众进行现场采访。

第五，主持人宣布成绩和获奖名次。

第六，评委代表对演讲进行总结点评，总结点评应包括对比赛的整体评价和对参赛者表现的评析。

第七，主持人宣布比赛结束。

三、论辩赛的组织

组织论辩赛是一项十分烦琐和复杂的工作。它主要包括以下几个方面的工作：

（一）赛前宣传

论辩赛的宣传要与论辩赛的目的和作用紧密地结合起来。论辩赛作为思想政治教育工作的一个重要组成部分，应该与当前整个社会、部队的思想政治教育的思路相一致，要和当前的形势相符合。应该看到，论辩赛既是智育、德育的过程，又是牢固树立正确的人生观、价值观以及军人的军魂意识等多种思想政治教育的综合过程。

（二）组织参赛队伍

1. 选拔参赛教练和队员

教练的选拔，应从智囊型和谋略性的角度加以综合考虑。对于辩手的选拔，应考虑下列条件：强烈的表演和自我表现的欲望，较强的逻辑思维能力和口语表达能力，等等。此外，参赛队员还应具备较好的心理素质、团队意识，有人际交往的特长。

2. 集训

无论哪种级别的论辩赛，都应该进行赛前训练。对于一般规模的比赛，辩手完全可以采用“分散准备，集中强化”的训练方式，这样既可以完成比赛任务，又不影响本职工作和学习；对于规模较大的比赛，就应该有较长时间的集中训练。集训中所做的主要工作有 ：

（1）鉴别辩题类型

确定了辩题类型，便明确了需要论证什么，实际上就形成了论辩方案，下一步则是寻找能支持这一方案的论据材料了。

（2）知识准备

首先是材料的广泛收集。可以从多方面收集材料，如统计资料、专家评论、普遍见解、事例、常识等等。其次是知识的学习。需要学习的知识包括基础知识和核心知识。基础知识是指作为一名论辩员所要具备的基本知识，如逻辑学、传统文化、心理学等一般常识 ；核心知识是指针对辩题所要具备的专门知识。

（3）单项训练

单项训练是指针对某一具体技能或战术而进行的训练，如语言训练、心理素质训练、整体配合训练、快速反应训练、技巧训练、攻防训练、思维训练等。

（4）模拟比赛

模拟比赛是调整心态、找出问题、锻炼和检验整体配合技巧的最佳方式。模拟比赛要有真实的赛场气氛，以减少队员正式上场后的陌生感。集训前期一般是宽范围地加强对知识的掌握，集训后期就要举行模拟比赛。

（三）确定辩题

辩题的设计不但关系到论辩赛的价值，而且影响到论辩能否有效展开。辩题必须用陈述句，不能用疑问句，否则论点不明确，论辩双方不知从何处开始辩起。

1. 辩题的特点

一是深刻性。辩题的立意要高，内涵要丰富，最好是人们共同关心的问题。二是现实性。辩题要有深刻的社会意义与广泛的现实意义，并带有明显的时代特点，最好是公众关注的社会热点和焦点。三是可辩性。辩题必须有内容可辩，辩题过度抽象化、专业化、学术化都不见得很好。另外辩题不能绝对化、孤立化和割裂化。四是公平性。辩题本身应是中性的，对论辩双方都是公平的，不能存在明显有利于其中一方的情况。

2. 辩题的确定

辩题的确定一般有以下几条途径 ：一是专家命题，二是征求命题，三是组织者自行命题。

（四）确定比赛规则

比赛规则是确保比赛顺利进行的“法律保障”。比赛规则包括赛制、组队原则和要求、比赛细则、抽签细则、评审细则等。规则应尽可能详尽、严谨，可操作性要强。

（五）确定论辩赛的评委

评委最好是与辩题相关的某个领域的学者，还应熟悉论辩的相关程序。论辩赛对评委的要求大致有以下几点：

1. 要有较高的思想道德修养

评委要有良好的思想道德修养，以保证裁决和评判的公正性。

2. 要有较高的专业水平

评委要有能力对论题作出准确的理解，这样，对于参赛双方的立论就能很好地判断，也有利于在高度紧张的论辩流程中判断辩手的逻辑是否合理、观点是否统一等。

3. 要讲究风范

评委不同于一般的观众，评判过程中过分鼓掌，或是交头接耳，或是摇头、点头之类的倾向性动作，都会给辩手带来或多或少的压力，影响辩手水平的发挥，影响观众的欣赏。

4. 要恪守规则

论辩赛都有明确的评判规则。评委应该有自觉遵守评判规则的意识，这是评判的客观与公正所需要的。对于评委来说，规则就是“法律”。

5. 注意力要集中

论辩赛的流程是很紧张的，只有集中精力才能发现辩手的主要观点是否正确、是否有漏洞，也才能对整个赛程形成一个连贯的整体印象，才能得出准确的结论。同时，认真听辩手发言也是对辩手的尊重。

（六）选定论辩赛的主持人

论辩赛的主持人应符合以下要求：

1. 口齿伶俐，思维敏捷

论辩赛的参赛者通常都是演讲论辩中的佼佼者。如果主持人自己说话疙疙瘩瘩，必定形成强烈反差，影响整个论辩赛的观赏性。

2. 有丰富的主持经验

论辩比赛是一个复杂而激烈的动态过程。合理控制比赛节奏，用恰当的语言衔接比赛的各个环节，以保证比赛的精彩和连贯，对论辩赛中的一些意外情况的处理，这些都需要主持人有着丰富的临场经验。

3. 来自中立的第三方

主持人来自中立的第三方，可以避免比赛结果的公正性受到质疑。

（七）保障工作

保障工作包括场地布置，计时员、记分员等工作人员的安排以及辩手和评委的接待等。保障工作虽然琐碎，但却是比赛得以顺利进行的必要条件。

（八）组织点评

1. 确定点评人

对点评人的确定，要注意以下几点：一是负责点评的评委或嘉宾要有较高程度的理论修养、思想道德修养、文学修养和语言驾驭能力。二是作为点评嘉宾，在论辩之前就要对辩题有所了解，并站在双方的立场设身处地地考虑这场论辩赛应该如何实施。在比赛中，要迅速地发现双方辩手的优点、不足以及漏洞。此外，还要对每个辩手的论辩内容、论辩风格有一个大致的认识。三是要善于为比赛营造和谐的氛围。

2. 确定点评的内容

应根据论辩演讲的内容和目的确定点评的内容。一般来说，点评应包括以下几项内容：一是双方的论辩战术评述，包括对辩题的剖析与认识、舌战中的论辩技巧、逻辑推理框架；二是论辩态势分析，包括双方优劣势的演化、论辩焦点、攻防情况；三是现场表现评析，多角度地对论辩队和辩手个人的表现予以评说；四是对辩题的看法，引导和加深观众对辩题内涵的认识。

（九）赛事总结

论辩赛前的宣传往往是大张旗鼓的，赛场上更是唇枪舌剑。因此，如果赛后草草收场，很容易给人一种虎头蛇尾的感觉。其实，在赛后对比赛进行回顾和总结并不是一件难事。通常比赛过后，辩手都会觉得言犹未尽。而且经过长时间的训练和准备，无论输赢，他们都有很多酸甜苦辣渴望倾诉。观众在看完比赛之后，也常常有意犹未尽的感觉，有些话不吐不快。评委也乐于在赛后撰文对比赛进行更深入的分析和评论。组织者大可利用这样的机会，邀请辩手、评委和观众撰写比赛的回顾和总结。

思考与练习

1. 结合中队最近的活动，组织一次演讲比赛。
2. 根据当前社会或军队建设中的热点问题，拟出两组论辩赛的赛题。

第七章　军队常用演讲

作为一种带有艺术性的现实的社会实践活动，演讲不仅广泛应用于社会生活的各个方面，也与军事结下了不解之缘。在严肃紧张的军营，在激烈拼杀的战场，总是活跃着演讲者的身影。演讲在军事活动中发挥着不可低估的作用。

演讲在军队中的运用有多种形式，主要有思想政治教育演讲、读书演讲、战时演讲和分队日常演讲等。

第一节　思想政治教育演讲

一、思想政治教育演讲的含义

思想政治教育的方法和手段多种多样，思想政治教育演讲无疑是其中一种重要而且有效的形式和手段。那么，什么是思想政治教育演讲呢？

思想政治教育演讲，就是为了配合思想政治教育工作而开展的演讲活动，是为了达到思想政治教育目标而采用的一种工作形式。思想政治教育演讲的根本目的，是要全面贯彻落实党和国家的路线、方针、政策，积极完成上级交给的各项任务。为了达到这一目的，演讲者要通过富有激情、饱含哲理的语言，运用真实生动的实例，向听众进行宣传鼓动，使听众心悦诚服地接受演讲者的观点，积极热情地朝着演讲者所期待的目标去努力。

思想政治教育演讲的形式多种多样。大型集会时的政治教育报告，是思想政治教育演讲，小组会上针对某一思想问题的即兴发言，也是思想政治教育演讲；作战之前鼓舞士气的思想动员，是思想政治教育演讲，任务完成之后对参战人员表现的点评、总结，同样也是思想政治教育演讲。

当然，根据思想政治工作需要而专门精心组织的专题演讲，则是一种更正规的思想政治教育演讲。比如，为纪念党的生日而举办的“党在我心中”“人民军队永远忠于党”演讲比赛、为纪念中国工农红军长征胜利 ×× 周年而举办的“长征精神永远引领我前进”演讲活动等，都属于这一类型的演讲。本节介绍的思想政治教育演讲，主要就是这一类型的演讲。

二、思想政治教育演讲的特点

（一）正确的导向性

在当前思想认识多元化、价值观念多元化、学说理论多元化的背景下，思想政治教育演讲一定要坚持正确的导向。所谓正确的导向，就是要求演讲者在向听众进行演讲的时候，一定要让听众在听完演讲之后，产生积极的、向上的、美好的情感，更加热爱祖国，热爱中国共产党领导的社会主义事业，对人类未来的前途充满乐观主义精神，愿意为推动社会进步贡献自己的力量。追求如此效果的演讲，就是导向正确的演讲。

（二）鲜明的针对性

思想政治教育演讲强调有的放矢和对症下药，针对部队官兵的思想特点、实际问题有效地进行演讲活动。因此，空洞的内容、言不及义的说教是不可取的。

思想政治教育演讲具有针对性，首先是因为我们处于一个伟大的变革时代，不断出现的社会热点不可避免地波及部队，对官兵的思想产生不同程度的影响。诸如，因形势变化和政策的调整反映出的思想问题、在执行各项任务中产生的思想问题、在个人理想前途上出现的思想问题等等。这些都需要思想政治教育演讲有针对性地宣讲新形势、新观念，进行理论联系实际的阐释，回答各种新问题，从而解决各种思想上的疑惑。同时，思想政治教育演讲的针对性，还体现在视角要对准官兵日常工作生活的方方面面，令人信服地回答他们所关心的各种问题，从而产生理想的思想教育效果。

（三）严肃的政策性

思想政治教育演讲，所涉及的一般都是与党和国家的路线、方针、政策相关的问题。这就决定了严肃的政策性是思想政治教育演讲的又一突出特点。即便是基层部队的一项具体工作，也都与党和军队的有关方针政策有着千丝万缕的联系。因此，演讲的语言可以活泼生动，但体现政策的严肃性这一点却决不可动摇，决不能为了追求所谓的“剧场效果”“轰动效应”而有意搞什么“戏说”，把严肃的思想政治教育变成极不严肃的玩笑与儿戏。

三、思想政治教育演讲的要求

根据思想政治教育的特点，思想政治教育演讲应符合以下几点要求：

（一）要坚持党性原则

坚持党对军队的绝对领导是我军建设不可动摇的根本原则。我军的思想政治工作必须把保证党对军队的绝对领导作为自己的最根本任务。而作为思想政治工作重要宣传手段的思想政治演讲也必须将鲜明的党性原则放在首位，努力宣传党的方针政策，宣传和捍卫党对军队的绝对领导。

（二）要寓理于事

思想政治教育演讲要想达到感染人、感动人、教育人的目的，必须寓理于事，从现实生活中撷取新鲜生动的材料，通过综合分析，提炼出具有教育意义的主题。这样的演讲，说的往往是身边人、身边事，给听众以可亲可信、入情入理之感，其宣讲的道理就容易使听众接受，因而容易收到比较理想的教育效果。

寓理于事，这里所说的“事”并非一般意义上的寻常琐事，而是指能够阐释道理、论证道理的典型事例。这就需要对事例进行去粗取精、去伪存真的筛选。于事说理，不是简单、机械、生拉硬扯地进行联系，更不是为了说理而胡编乱造例证，或一味地罗列、滥用例证，而应在求实的基础上，进行“事”与“理”的有机结合。寓理于事，由事入理，水乳交融，恰到好处。说理与实例结合的方法可以是正面引述事例，也可以运用鲜明对比，努力从具体事例中自然引出深刻道理，使演讲所阐述的道理更具体、更通俗、更清晰，易为听众接受。

（三）要真诚相待

既然是思想政治教育演讲，就肯定要对听众宣传一定的理论。但是如果仅有真理，而缺乏充沛而真挚的感情，演讲的效果必然会大打折扣。因此，思想政治教育演讲，演讲者切不可高高在上、盛气凌人，把演讲变成填鸭式的灌输或面冷辞严的训斥。它是演讲者和听众的双向活动，需要情感的交流、真诚的态度和亲切的引导。因此，演讲者务必将自己摆在与听众平等的位置上，析事说理避免说教，解难释疑真挚诚恳。要对听众高度信任和尊重，切不可乱抓辫子、乱扣帽子，要用一片真诚与听众进行心灵上的沟通。真诚相待贵在讲真话，唯有讲真话才能动真情，才能让听众真心听你的讲解，与你实现真正的心灵上的交流。有时，演讲者不妨将自己摆进去，进行自我解剖。这样可以消除演讲者和听众之间的距离感，在听众心目中树起真诚友好的形象，使听众真心地信服。

（四）要生动简洁

思想政治教育演讲，除了重大会议的政治报告之外，一般的演讲应符合既生动又简洁的原则。生动，将会对听众产生较强的吸引力；简洁则往往可收到事半功倍的效果。尤其是在一些特殊的场合，简洁而又生动的演讲，会给人留下非常深刻甚至是终生难忘的印象。

思考与练习

1. 思想政治教育演讲的特点是什么？
2. 要作好思想政治教育演讲，应注意哪些问题？

第二节　读书演讲

一、读书演讲的含义

读书演讲，是一种融读书、书评、演讲为一体的基层读书活动。开展读书演讲活动，可以开阔官兵的知识视野，提高官兵的文化素养，促进军队基层精神文明建设的进一步发展。

二、读书演讲的特点

（一）知识性

因为读书活动以提高官兵文化素养为目的，为的是增加部队官兵的文化底蕴、知识容量，所以丰富的知识性是读书演讲活动的一个主要特点。在进行读书演讲时，一定要让听众从演讲中得到更多的知识信息，并且加深对读书意义和读书价值的理解与认识。知识面宽、信息量大、眼界开阔、富有文采的演讲，肯定会受到广大官兵的喜爱与欢迎。

下面这篇演讲，就比较好地体现了读书演讲的知识性特点。

我爱读书

同学们！在祖国和平的蓝天下，在我们美丽的校园中，我们比先辈拥有了更优越的学习条件，能心无旁骛、日以继夜地遨游学海，向书山攀登。我们成了新一代读书人，志存高远，只争朝夕；我们要在学好课本知识后，博览群书，在书中读李白的潇洒，读苏轼的豪放，思索鲁迅的冷峻深邃，感味冰心的意切情长。历经苦难的高尔基说："书籍使我变成了一个幸福的人。"我们又何尝不是呢？读书带给我们最隽永的乐趣、最恒久的动力；读书带给我们心灵的平和、精神的慰藉。朋友可能离去，书却是最忠诚的伙伴；时光不断流逝，阅读却让我们永葆青春！不仅如此，读书使我们逐步建立起和古今中外伟大作家之间的交流。跟随他们的指引，历史的大门为我们洞开，未来为我们展现理想的蓝图。

有人说，"读书足以怡情，足以傅彩，足以长才"，使人开茅塞、除鄙见、得新知、养性灵。书中有着广阔的世界，书中有着永世不朽的精神。虽然沧海桑田，物换星移，但书籍永远是新的。所以，热爱读书吧！像饥饿的人扑到面包上那样，热爱读书，阅读撼人心弦的作品，亲炙伟大性灵的教化，吸收超越生老病死的智慧精华，让目光投向更广阔的时空，让心灵沟通过去和未来、已知和未知。

世纪老人冰心说过：“读书好，好读书，读好书。”这是一句至理名言。读一本好书，可以使心灵充实，使之明辨是非，使人有爱心和文明行为、礼仪规范；而读一本坏书，则使人心胸狭窄，使人不知羞耻，使人自私残暴。有这样一个故事：俄国的罗蒙诺索夫是渔民的儿子。他小的时候，最希望得到一本书。白天，他跟父亲打鱼；晚上，躲在板棚里看书。有一天，罗蒙诺索夫和父亲在海上打鱼。忽然，一阵狂风吹来，大海掀起了巨浪，船上的帆篷被吹落了，情况十分紧急。他不顾一切，沿着摇晃的桅杆爬上去，很快把吹落的帆篷扎结实了，渔船恢复了平稳。狂风过去后，父亲把他拉到身边，笑眯眯地说：“孩子，我要奖赏你的勇敢，给你买件鹿皮上衣，好吗？”罗蒙诺索夫摇摇头。“那你要什么呢？”“我要买一本书，爸爸，其他我什么都不要。”“难道一件鹿皮上衣还比不上一本书？”“爸爸，我想要一本好书，什么知识都有的书。比方，天上的星星为什么会掉下来，为什么黑夜过去就是黎明……”父亲和水手们听了，都惊奇得睁圆了眼睛。长大后，罗蒙诺索夫成了俄国著名的科学家、诗人、语言学家和历史学家。他的科学研究范围很广，涉及自然科学的许多领域。在科学研究的同时，他又进行文学创作和语言学、历史学研究，给后人留下了很多有价值的作品。

亲爱的同学们，听了这个故事，你们一定会从中有所感悟，有所启迪吧？在新的世纪中，愿同学们都来与好书做伴：文学的、艺术的、科技的、思想的、生活的……只要是好书，就开卷有益；只有博览群书，才能使我们的知识渊博；只有与书为伴，思想才不贫穷、不孤独，身心才能得到陶冶，生活才能充满情趣。

“半亩方塘一鉴开，天光云影共徘徊。问渠哪得清如许，为有源头活水来。”同学们，让我们畅饮这“源头活水”，攀登这人类进步的阶梯，成为知识的富翁、精神的巨人，成为祖国二十一世纪的高素质的建设者。

这篇演讲稿，列举了从古到今许多名人、名文、名句，经典诗词都是信手拈来，运用得恰到好处、自然流畅，尤其是罗蒙诺索夫的故事的讲述，不仅让听众感到了知识的宝贵，而且也显示了演讲者知识储量的饱满与丰富，听后令人叹服。

（二）评论性

读书演讲具有评论色彩。有的是对全篇、全书评论，即通过对全篇、全书的认真通读和整体把握，根据自己的理解和感悟，进行入情入理、有感而发的评论；有的是从文中、书中抽出一个观点或一种思想进行评论；也有的是引出文中、书中的一段话，从某一角度进行评论。读书演讲不管以何种形式出现，都鲜明地表现出其评论的特点。但读书演讲的评论不同于一般的书籍、文章评论。它不是就该书、该文的主题思想、写作特色、人物塑造、结构安排等文学性因素进行评论，而是着眼于它的认识价值和教育意义，画龙点睛、言简意赅地评说。例如，有一篇读书演讲这样讲道：

读了报告文学《在这片国土上》，我们的眼前顿时浮现出一群巨大的雕像……引滦战士的献身精神是革命加拼命的精神，是严守纪律和自我牺牲的精神，是革命乐观主义和压倒一切的豪迈！正是这种献身精神，谱写了我国水利建设史上光辉灿烂的一页，也谱写了我军成长史上壮丽辉煌的篇章！

在这里，演讲者便没有把着眼点放在这一报告文学名篇的具有创造性的全景式布局上，也没有落笔于该篇对英雄群像的塑造上，而是提取了“引滦精神即奉献精神”这一闪光点，简明扼要地作了评说，形成了该篇演讲的主题和议论的中心。

读书演讲的评论性还表现在：它注重演讲者的自我感觉，从书籍、文章的丰富内涵中选择对自己启迪最大、教育最深，最能引起自己共鸣，最能激发自己感情的部分展开评论。如某军校学员在读了介绍某位优秀飞行员舰长事迹的报告文学之后，对他“上天能驾机，下海能操舰”的高超本领赞叹不已，并深深感到，为了打赢未来的高科技战争，作为一名新时代的革命军人，除了忠诚和勇敢之外，还必须具备驾驭现代战争的能力，因此，必须努力学习科学知识，提高自身素质。于是他在一篇读书演讲中在阐述了自己的这一读书体会之后，又结合自己的深刻感受、奋斗目标及怎样实现这一目标进行了演讲。在演讲中，对文章的评论成为他通篇演讲的缘起，为他洋洋洒洒地表明自己的观点、抒发自己的情感找到了凭借。“评书”是为了“述己”，书的精髓与自己的思想结合起来，使人觉得具体、亲切、感人。

（三）启迪性

所谓启迪性，就是对听众有一定的启发、教育作用，使人听过读书演讲之后，能够产生一连串的思索，在认识上产生一个飞跃。如一位演讲者在读过苏联著名作家奥斯特洛夫斯基的回忆录以后，作了一篇读书演讲。他首先引述了奥斯特洛夫斯基在回忆录中的几段名言，继而讲道：

在生活中，人们有各种各样的理想。这些理想，有的就像天边的彩虹，使你在憧憬中沉醉；有的好似美丽的纸花，给你虚幻的安慰；有的犹如大海中的航灯，把你引向胜利的彼岸。是的，生活从来就不像人们所想象的那样富有诗意，通向理想的大路并不都是红毯铺道。它需要矢志不渝的奋斗，需要与祖国的前途命运紧密相连。军人的理想应该生长在肥沃的土壤上，用辛勤的汗水，浇灌出祖国的栋梁！

读书演讲的启迪性，一般是通过从所读的书中直接引出有深刻含义的语句来实现的。但为了使说理更加充分，更能启迪听众的思索，演讲者有时也旁征博引一些与主题有关的名言警句，与从所讲书籍中引出的观点、论述互相补充，互为参照，使言论中心变得更加鲜明和充实。演讲者还需要对这些材料进行一番归纳和提炼，用自己的语言更集中、更凝练地表达出来，这样便使演讲的启示意义更加强化，使听众产生更深层次的思索。

一篇读书演讲的启迪性往往是多角度、多层次的。演讲者根据自己的知识储备和优势，巧妙安排结构，恰当使用语言，适时议论，大胆展开联想，这样就使通篇演讲的信息量大增，从而给听众提供广阔的思维空间。听众可以从演讲中捕捉自己最感兴趣的信息，因人而异地寻找某一点或几点对自己来说最感兴趣的启示，揣摩出自己感到最有价值的人生道理。这样的演讲内涵丰富，颇耐咀嚼，因而也便更具启迪效果。

比如一位演讲者在读了《雷锋的故事》《雷锋日记》之后，针对社会上出现的“现在是商品经济社会了，雷锋精神过时了”等谬论，集中表达了自己的看法：社会经济发展了，更应发扬优良传统和雷锋精神，否则，这个社会就会堕落。人们如果只讲索取，不讲奉献，社会就会倒退；只有当人们的奉献大于索取时，社会才能发展，才能进步。从具体的事情来看，我们所做的都是一件件小事，但我们都向社会奉献这个小小的“一”，就能汇成强大的社会合力。应该说，这位演讲者的深刻见解是很耐人寻味的。

（四）概括性

在通常情况下，读书演讲的时间比较短，有的三五分钟，最多的不过十来分钟。在这样非常有限的时间内，要阐述一个观点或讲清一个道理很不容易。所以，演讲者多用简明的语言进行概括，进而更简洁、更集中地传达演讲内容，更有效地唤起听众的注意力。

读书演讲的概括性，体现在以下两个方面：

一是理论概括，即对演讲中阐述的理论观点去粗取精，删繁就简。某部一位战士在作《让你的青春更美好》一书的读书演讲时，对书中阐发的深刻道理进行了一番梳理。为使自己的演讲观点鲜明，他把演讲的主题概括为一句话：“献身国防最风流。”这一概括成为这篇演讲的中心。围绕这一中心，他讲述了自己为什么要参军、参军之初的种种不适应、思想上的波动以及如何在两年的军人生涯中不断提高觉悟，后来深深地爱上了军人这个职业。这样发自内心地讲出了“献身国防最风流”的切身体会，给听众留下了深刻的印象。

二是事例概括，即对演讲中列举的典型事例进行剪裁，避免枝蔓芜杂。事例概括并非将生动的事例数语带过，而是把那些与演讲主题无关或关系不大的过程性叙述从简，在某些最感人、最具说服力的细节上展开。空军某部一位女领航员在她的题为《让美的横杆不断升高》的读书演讲中，生动地讲述了她的成长过程。但她没有泛泛地罗列事例，只用寥寥数语概括了她为翱翔蓝天所经历的艰辛：

亲爱的朋友们，你们知道吗？为了成为一个真正的天之骄子，我流淌了多少眼泪？挥洒了多少汗水？经过了多少磨炼？第一次站在旋梯前看着别人轮转，我已经要晕倒了。我是个连耗子都害怕的小姑娘啊！不行，教员下命令了，用背包带把我捆在了旋梯上。我横下心、闭上眼，转哪，转哪，这是转向蓝天的第一圈……第一次跳伞开始……飞机在跃升，300 米，600 米，800 米……跳伞的铃声响了，舱门打开了，我周身的血液似乎凝固了……我感到自己像是风里的草、云里的小蛋壳。可是一刹那间，仿佛一只手猛地托了我一下，伞打开了！我的头上盛开了一朵白莲花！我的心里踏实了，保持姿态，睁开双眼，一朵朵云簇拥着我，一阵阵风拂拭着我，蓝天拥抱着我，太阳变得那么亲近。绿海似的群山、小镜子一样的湖泊、火柴盒似的房屋在魔幻般地放大，任我尽情欣赏。我和战友们互相大声呼喊着彼此的名字，欢快地唱起了歌。我在自己幻想过的境界里飘荡，一时间，敦煌飞天的神话、天女下凡的梦幻，似乎都变成了切实的美的体验。

这段惊心动魄的经历，简直就是一幅绝美的图画。这段细致入微的描绘升华了演讲的主题：美在艰苦中。同时，也以其活灵活现的生活画面和真情实感给听众留下了更加美好的印象，使听众与演讲者一起感悟青春的意义、生命的价值。

这样的细腻刻画绝非烦琐的铺陈，它与此前的简明概括交相辉映，使通篇演讲跌宕起伏，妙趣横生。

三、读书演讲的要求

（一）认真读书，选好讲题

首先，对演讲者来说，作读书演讲要认认真真读书，这就要解决一个读书态度和读书方法的问题。所谓读书态度，就是要明确为什么读书，把读书和个人素质的提高、军队的发展建设、祖国的繁荣富强联系起来，真正像周恩来同志所说的那样，“为中华之崛起而读书”。至于读书方法，首先要会选书，即根据演讲需要，选择与演讲主旨关系最密切的书，选择对官兵思想教育最有意义的书。其次，要会读书。所谓会读，并非投机取巧，而是要能够读进去，善于从书本中获取自己所需的营养，让书为自己服务。这样，就必须开动脑筋，认真思索，“读”与“思”并行，浏览和精读相结合，这样便可提高读书效率。同时，还应记好笔记，作好摘录，对于偶然闪现的一点感想、一点体会，应及时捕捉、记录下来，这对演讲稿的写作将大有帮助。

读书演讲的选题十分重要，选题是否恰当往往决定着演讲的成败。演讲的选题是在读书之后确定的，但在读书的过程中已开始酝酿，或者可以说，读书的过程也是选题的过程。

要选好读书演讲的题目，就要善于启动自己的独特感受。感受是读书过程中的心理活动，是对所阅读内容的感触、认识和思索。不同的人阅读同一本书、同一篇文章，会产生各不相同的感受。这是因为，每个读者的生活经历不同，文化素养不同，感悟程度不同，接受能力不同，因而与所阅读内容产生的共鸣点也会有所不同。读书演讲在选题时，应及时抓住这些有别于他人的共鸣点，生发开去，讲出自己独特的感受和体会，努力使自己的演讲饶有新意，不落俗套。例如有一篇关于《钢铁是怎样炼成的》的读书演讲，题目是《珍爱生命》。演讲者对这个题目的诠释是："生命的意义不在于寿命的长短，而在于生命的质量。生命，给虚度者留下的是一无所有，给奋进者留下的是丰硕果实。珍爱生命便是让生命更富有生命。"这样的命题和主题可谓深刻独到，令人耳目一新。

读书演讲的选题还应选择那些具有时代感和深刻教育意义的题目。有关雷锋的书籍在军营中流行甚广，是官兵们十分喜爱、常读不衰的书，有关的读书演讲活动也是常讲常新，其原因便在于这些演讲活动能够紧跟时代步伐，不断地为学习雷锋精神注入新的内容。例如某部的一次读书演讲，便将弘扬雷锋精神和培养高素质人才，践行强军使命结合起来，由此确定演讲题目，使这次演讲成为一次生动活泼且与现实紧密结合的思想教育活动。

（二）形式要活泼多样

为了使读书演讲活动收到普及性强、参与人多、受益面广的效果，活动的形式一定要活泼多样。从演讲活动的内容来看，既可以有关于读书意义、读书价值的演讲，也可以有关于某一部书给人带来的影响的演讲，还可以有介绍读书方法、提高读书效率的演讲；从演讲的时间来看，可以有十分钟、半小时的长篇大论，也可以有一两分钟甚至几十秒钟的简短发言；从演讲的场所来看，可以有大型集会演讲、广场演讲、报告厅演讲，还可以有小组演讲和课堂演讲等等；从演讲的类型来看，可以有专题演讲，也可以有综合演讲；从演讲队伍的组织来看，可以有单人演讲、团体演讲，还可以组织小分队巡回演讲。总而言之，只要坚持"不拘一格、多姿多彩、形式活泼、风格多样"的原则，读书演讲活动就一定能取得让广大群众和官兵满意的效果。

（三）合理联想，升华思想

读书演讲不能就书论书，读书只是个触媒，要在认真读书的基础上展开广阔的联想，以便使思路更加开阔，使演讲内容更加充实。可以联想经典作家的教导，可以联想古今中外的逸闻趣事，可以联想名言典故，可以联想身边的好人好事……总之，只要是有助于阐发自己的观点、增强演讲的力度，尽可驰骋联想，广采博撷。

联想并非漫无边际的胡思乱想，而必须紧紧围绕中心讲题。某部一位战士在阅读了《抗洪救灾先进人物报告文学集》之后，作了一篇题为《青春在激流中闪光》的演讲。他讲道：

在骄阳似火的中午，人们赞美路旁浓密的梧桐树盖，是因为它愿承受烈日曝晒，而将绿荫和凉爽毫不吝啬地献给了行人；在一望无际的沙漠中，人们讴歌忠诚的骆驼，是因为它不惜自己忍受旅途的饥渴，而把人们引向生命的绿洲。那么，在现实生活中，那些牺牲了个人利益甚至生命，而为了使更多的人得到安宁和幸福的战士们不是更高尚、更伟大吗？

这个演讲者的讲题旨在讴歌精神——一种伟大的奉献精神，但演讲者并未局限在对这种精神的诠释和剖析上，而是联想到路旁的梧桐、沙漠中的骆驼、身边的战友，这样便把抗洪精神十分形象而又颇具文采地阐发出来，以一系列生动的画面在听众心海中荡起了思索的涟漪，唤起了强烈的共鸣。

联想还要注意贴切自然、顺理成章。有人说，好文章是从心里流出来的。同样，一篇好的读书演讲也应该是心曲的鸣奏。在读书演讲中，不管是直抒胸臆，还是展开联想，都应努力避免生吞活剥和生搬硬套。某部一位指导员在他的题为《战胜自我，走改革之路》的读书演讲中，曾联想到中国古典文学名著《西游记》中的孙悟空，想到套在他头上的紧箍咒，想到孙悟空有"越轨"行为时唐僧便念起咒语，使孙悟空痛苦万分的情节。这种联想初听起来似与演讲主旨无关，但演讲者紧接着又讲道："在我们这些青年军人中，也有不少人头上戴着紧箍咒。这个紧箍咒就是我们自己给自己设置的思想束缚。能否冲破这些束缚，是改革成败的关键。"这位演讲者没有听任活跃的联想漫无边际地展翅飞翔，而是适时地将它"拉"了回来，回到自己的讲题上来，因而紧紧地把握住了中心，使联想合乎逻辑，思路也变得顺畅了。

必要的联想可以拓宽演讲的思维空间，但为使联想更切题、更明晰，还需注意思想上的升华，即将串联到你思路上的材料进行一番开掘和提炼，使其显示出理论的深度，更具思想性。我们时常看到这种情况，有的读书演讲海阔天空地罗列了很多材料，联想不可谓不丰富，但就是给人的印象不深，甚至有些不得要领。究其原因，就是理论上的升华不够。正确的做法应该是，当各种各样的联想浮现于脑海的时候，应该首先问自己：这些材料和演讲主旨有什么必然的联系？它们究竟要说明什么？然后再进行认真思索，从中悟出你自己的理解和看法，形成自己的观点，使认识上升到一定的理论高度。这样，你联想的材料就会体现出深刻的意蕴，老材料也能变换新角度，产生新价值。

（四）视野要开阔

读书演讲活动的视野要开阔，这主要指以下两个方面：第一，读书演讲涉猎的知识领域一定要宽广。世上的知识浩如烟海，人们对知识的需求也是多种多样的。演讲涉猎的知识领域宽广，读书演讲活动的内容才能丰富，活动才能受到广大官兵的喜爱。如果知识领域狭窄，老生常谈，久而久之，官兵肯定会失去兴趣，读书演讲活动也就只能流于形式而收效甚微。第二，读书演讲结合现实生活的面也要宽广。读一本书却能与现实生活的许多方面结合起来，就能够从许多方面给人以指导，这样的读书演讲必是大受欢迎的演讲。

思考与练习

1. 谈谈读书演讲的启迪性特点。
2. 为什么说读书演讲的基础在于读书？
3. 结合自己最近的读书情况，写一篇读书演讲稿。

第三节　战时演讲

一、战时演讲的含义和类型

（一）战时演讲的含义

战时演讲，是指在激烈的战场上，有针对性地以多种形式进行的鼓舞士气的演讲。战时演讲是我军指战员鼓舞士气、宣传思想和组织群众的重要手段，为战斗胜利发挥了重要作用。

（二）战时演讲的类型

从战斗进程上分，战时演讲可分为战前动员演讲、战中鼓动演讲、战后总结演讲以及瓦解敌军演讲等。

1. 战前动员演讲

是指在战斗打响前，为激励指战员夺取战斗胜利所进行的演讲。其要点一般是：敌军的态势及企图，我军克敌制胜的决心及意图，本部队担负的任务及其意义、面临的有利条件及主要困难，以及扬长避短的主要办法。目的是使指战员认清敌我双方的态势，明确本部、本人所担负的作战任务，树立敢打必胜的信心，为夺取战斗胜利作好思想准备。战前动员演讲是战时政治工作的重要内容，可分别在旅、营、连等单位进行，也可在党团员中或军人大会上进行。

2. 战中鼓动演讲

是指在战斗过程中根据瞬息万变的战场情况，有的放矢地进行的鼓动激励的演讲。内容是根据战场情况，激励指战员实施正确的军事指挥，运用各种战斗动作，有力地打击敌人。目的是使指战员在任何情况下都保持高昂的斗志和必胜的信心。战中鼓动演讲可不拘时间地点，不拘形式地进行，可以提出鼓动口号，可以宣扬英雄事迹，可以宣传战果，还可以揭露敌人，具有内容的多样性和方法的灵活性。

3. 战后总结演讲

是指在战斗结束之后所进行的战评演讲。内容是传播、宣讲胜利消息，评价、赞扬战斗的指挥艺术，鼓舞士气，振奋军心，引导全体参战人员团结一心去夺取新的更大的胜利。目的是总结作战经验教训，掌握战争规律，做到打一仗进一步。演讲的形式、规模、内容可视情况而定。

4. 瓦解敌军演讲

是指在作战过程中，配合我军的强大攻势，用多种手段宣传对敌斗争策略，以便使敌军军心动摇、内部分化、放下武器所进行的演讲，如战地对敌广播、战场对敌喊话等。这种演讲是一种攻心战，运用得法可以对加速战斗进程、扩大我军战果产生巨大作用。

除了上述类型的战时演讲以外，还有一些其他形式的演讲，如战斗英模事迹演讲等。抓住时机进行这些演讲，可以及时地对参战指战员起到鼓舞士气、激励勇气的作用。

二、战时演讲的特点

战时演讲是在枪林弹雨中进行的，迅猛、激烈、严酷的战争属性赋予了战时演讲不同于其他演讲的突出特点。

（一）快速实效，简洁明快

战场上的形势瞬息万变，主动权的掌握、战机的捕捉，往往发生在极短的时间内。特别是在现代战争中，各种先进的通信器材、侦察手段和运载工具大量使用，战斗进程变得更快，突变性更强，情况更为复杂多变。在此情况下，战时演讲就必须强调快速、简明，注重实效。要开门见山、一语中的。语言不能言不及义、拖泥带水，要简明扼要、干净利落、要言不烦，突出战斗气氛。

战时演讲的快速简明，还表现为它的不间断性，即根据战场情况、任务、思想动态、战术要求，不失时机地连续进行。胜利时，鼓动官兵不要骄傲轻敌、疏忽大意；受挫时，不要灰心丧气、急躁蛮干；情况危急时，要镇定沉着、英勇果断、奋战到底。这样，战时演讲便非常主动，从而在战斗全过程中产生连续性效应。

（二）慷慨激昂，刚健有力

战时演讲，尤其具有强烈的鼓动性，在语言上要斩钉截铁、干净利落，有股子“火药味”，如催征的战鼓，似进军的号角。此类演讲无需华美的辞藻、刻意的构思，甚至不必字斟句酌，唯有强有力的宣传鼓动才是关键所在。演讲者只要能唤起听众对形势紧迫感的认同和在共同命运的基础上强烈的行动热情，就必然能使演讲产生巨大的鼓动力。因此，在血与火的战场上，慷慨激昂、刚健有力的语言就成了战时演讲的必然选择和特点。

三、战时演讲的要求

（一）准确指导

战时演讲担负着指导战斗的重要使命。因此，战时演讲比任何形式的演讲都要注重实效，来不得半点华而不实。要做到这点，关键是抓一个“准”字。战时演讲尤其要求准确，这直接关系到战斗的胜败。战时演讲的准确指导，具体体现在以下方面：

一是要求准确地分析战场形势。讲清形势，明确任务，使广大指战员准确地了解战场形势和自己所担负的作战任务，这在高级指挥人员的演讲中体现得尤为明显。他们的演讲既是宣传鼓动，又是重大决策的发布。因此，战时演讲必须把官兵们所关心的形势、任务讲清，特别是当形势变化、任务转换时，这一点尤为重要。

二是要求准确地把握官兵思想动态。战场上异常残酷的环境往往会使官兵们的思想产生一些变化。比如，打胜仗时容易骄傲自满、轻敌麻痹；受挫折时可能影响必胜的信心。在这种情况下，战时演讲就要在准确把握官兵的思想动态的基础上，对症下药，以迅速扭转对作战不利的思想情绪，达到鼓舞士气、冷静思考、夺取胜利的目的。

三是要求准确把握演讲的时机和内容。战时演讲如同作战一样，时机的出现往往带有突发性和偶然性。演讲者要有敏锐的观察力和快速反应的能力。当时机出现时，立即确立相应的演讲内容，迅速进行演讲。只有这样，才能产生立竿见影的效果。如果反应迟钝、行动缓慢，一旦时机错过，演讲将无法进行，或者内容与时机不相符合，演讲都难以发挥应有的作用。

（二）强化鼓动

战时演讲一定要注重强化演讲的激励功能。战时演讲中，听众本来就是一个有群体意识的整体，有着拥护和服从的心理定式。部队首长所发表的讲话，在很大程度上都带有命令性质，只要稍加点染，加以鼓动，就会极大地增强战斗力。

首先，演讲者要善于抓住能引起广大听众共鸣的因素，从而调动起广大听众的激情。例如公元前 209 年，陈胜在大泽乡为了鼓动将要谪戍渔阳的 900 人起义，慷慨陈词道：

> 公等遇雨，皆已失期，失期当斩。藉第令毋斩，而戍死者固十六七。且壮士不死即已，死即举大名耳，王侯将相宁有种乎！

在短短的语句中，首先分析了面临的困境，说明大家都已是“失期当斩”，即使不斩，戍边的最后结果也是十人中就会有六七人死亡，这就营造出了共同命运的强烈氛围。最后一句画龙点睛，一反传统，表示了对“王侯将相”的蔑视和对自己力量的信心。演讲产生了极大的感染力和鼓动性，900人揭竿而起。

再者，要从鼓舞士气入手。士气是一种无形的巨大力量，是战斗力的重要因素。对一支革命军队来说，高昂的士气不是凭空产生的。它来源于爱憎分明的正义感、保卫祖国的责任感、敢打必胜的信念和大无畏的革命英雄主义精神。这一切构成了士气的情感基础、认识基础和意志基础。要鼓舞指战员的士气，提高其斗志，就必须从这里入手，并以坚定的信心和洋溢的激情，大力强化鼓动效果。

1947年，蒋介石派胡宗南率17个旅、35个团进攻陕甘宁边区和延安。面对严峻的形势，党中央发出了保卫延安的号召。3月8日，延安各界召开了保卫边区、保卫延安动员大会。会上，彭德怀同志发表了一篇题为《我们一定能够打胜仗》的演讲：

蒋介石、胡宗南调动大军打我们的边区，破坏和平，我们为了和平就要消灭它，不消灭它就不能和平。……

问题在于能不能消灭他的进攻军队。我看能消灭它。有人要问我：你有什么证据？证据在哪里？这自然是有证据的。1935年的事情就是证据。当时陕北刘志丹只不过3000人，后来来了一个徐海东也不过3000人，最后中央红军开到陕北，也只是7000人，共计不超过15000人。可是那时候的敌人有多少呢？据我记得的，那时候敌人有101个团，30万人。今天胡宗南却只有35个团。那时我们只有15000人，现在可就不同了。边区那时只有三四十万人，5个县，现在我们是大得多了。大家想一想，看我是不是扯谎？（群众：“是真的！”）没有扯谎，这是事实。当时红军总共不超过15000人，国共兵力是20与1之比。可是今天，胡宗南只有35个团，我们比那时的15000人就多得多了。我们能打胜吗？（群众：“一定能打胜！”）是一定能够打胜的。

彭德怀同志的这篇战前动员演讲，贯彻了党中央的指示精神，语言斩钉截铁，表现出他强烈的胜利自信，具有强大的鼓舞力量。

思考与练习

1. 谈谈战时演讲的鼓动性特点。
2. 战时演讲有哪些特点？
3. 结合未来战争的特点，谈谈你对如何提高战时演讲能力的想法。

第四节　分队日常演讲

演讲这一形式也被广泛地应用到基层分队的日常管理中。分队常用的演讲有动员、点名、讲评等。

一、动员

动员，是通过富有感召力的话语，激发部属全力投入某项行动的鼓动性演讲，是发动官兵参加某项工作或战斗的一种口头鼓动形式，是部队指挥员常用的一种讲话形式。会作动员，也是基层指挥员必须具备的能力。部队在执行某项新任务之前，或是任务进行到关键的时刻，都要进行动员。动员的目的主要是明确任务、确定职责、讲清意义、说明步骤及方法。一次成功的动员演讲，可以使执行任务的指战员心中有数，极大地调动官兵们的战斗意志，产生巨大的力量。

（一）动员的特点

1. 针对性

即动员应有的放矢，要根据不同的环境、不同的任务以及各种不同的思想倾向，有针对性地进行动员，以增强动员的效果。任何一次战斗、勤务活动都不是以往某次战斗、勤务活动的简单重复，部队的思想状况也随时处在变化之中。只有根据特定的任务、条件和部队的实际情况有针对性地进行动员，才能收到良好的效果。例如，有一个军事训练先进连队接受参加某大型运动会的团体操表演的任务。起初，一些战士想不通，担心参加团体操表演会影响军事训练；而另一些战士又对此抱有好奇心，感到好玩、有意思。指导员摸清了这些思想倾向以后，在全连进行了动员。他说：

军人的英武和荣耀决不仅仅体现在战场和训练场上。一支真正有战斗力、作风过硬的连队，不论执行什么任务都应该打得响、过得硬。大型团体操表演是运动会开幕式的重头戏，也是对我们连队整体素质和精神风貌的检验，必将促进我连军事素质的提高。它不是娱乐和消遣，而是向党和人民的汇报。我们要在表演中展示我们的军威，为运动会的成功作出贡献！

指导员的动员说到了战士的心里，使大家加深了对这次任务重大意义的认识，动员收到了很好的效果。

2. 鼓动性

鼓动性是动员的重要特征。动员有没有生命力主要看其是否具有鼓动性。要抓住官兵心理特点和思想状况，选择最能振奋军心、鼓舞士气的话语进行动员。方法上，要运用竞赛激励、危机激励、奖惩激励等方法激励官兵士气；语言上，要有激情，斩钉截铁，掷地有声，要运用设问、反问、排比等修辞方式和感叹语句以增强感染力，激发官兵的激情，推动战斗的胜利和任务的完成。例如某分队在执行某项国防施工任务之初，召开了一次动员大会。会上，连长“兵味儿”十足地作了动员演讲。他说：

同志们，大家知道，我们五连是一支有着光荣革命传统的连队。在战争年代，五连是以敢打敢拼、能打硬仗著称的。每有艰巨的任务，首长总要先想到我们连。争第一、夺红旗、站排头是我们连的性格。无论情况多么复杂，任务多么艰巨，五连从未叫过苦、落过后。五连人个个都是英雄好汉！今天，上级又把我们派到了最叫劲儿的地方，五连这把尖刀决不能在我们手上“卷”了“刃”。我们必须把这个任务拿下来！干部要站在前头；党员、班长、骨干要站在前头；我们五连人要站在全团的前头！我们要以革命的硬骨头精神，再打一个漂亮的硬仗，让五连的战旗更加鲜红！

连长的动员演讲激昂慷慨，铿锵有力，使全连官兵群情振奋，斗志高涨，为施工任务的顺利完成奠定了良好的思想基础。

鼓动性是动员的目的所决定的，因为动员就是为了激励部队为完成某一任务而努力。鼓动性实质上是一种情感的激发和感染。对于军人来说，爱憎分明的情感具有特殊的意义。军人对祖国的爱、对人民的爱以及对敌人的恨是一种无形的、巨大的战斗力。动员注重激励官兵的情感，可以坚定官兵们完成任务的信心。

3. 临场性

动员往往是在执行某项任务的现场进行的，它十分注重在特定的环境中借助现有条件营造一种有利于激发部队情感的氛围。临场性的特点要求动员的内容简练、语言有力、声调高昂、手势得体。同时，临场性还赋予动员某些即兴发挥的色彩。

（二）动员的基本内容

动员，一般可按以下几个方面组织材料、安排内容、实施演讲：

1. 传达精神，明确任务

动员的开头部分，应讲清要执行的具体任务，阐明所要执行任务的意义。如果上级有命令或指示，一般先宣布命令，传达首长指示，再讲清具体任务。

2. 分析形势，增强信心

结合具体任务，简明分析任务的难易，以及完成此工作任务的各种有利条件和不利因素，使部队树立必胜信心，克服盲目乐观情绪和侥幸取胜心理；同时，针对各种思想反映，讲清道理，使大家消除思想障碍，提高认识，端正态度，从而增强官兵克服困难、完成任务的决心和信心。

3. 具体部署，全面安排

在分析形势、激励斗志的基础上，明确完成任务的要点、步骤、措施、要求和注意事项等内容。进一步引导部属正确认识形势，指明战胜困难、夺取胜利的正确思路，使部属信心百倍地投入战斗，投入工作。

（三）动员的要求

军事动员作为鼓动性很强的演讲形式，在实施过程中应注意以下几个方面：

1. 简洁明了，注重实效

动员应用简洁明了的语言。动员通常是在部队面临执行某项任务的情况下进行的，有很强的实用性。这就要求演讲者在有限的时间内清楚地说明有关情况，形式简洁，开门见山，干脆利落，不许拖沓。要使部属尽快了解将要进行的战斗或工作的实施情况、安排步骤、措施等。要注重实效，切不可只是鼓劲，使具体内容、具体安排与动员脱节。

2. 话语果断，情感激昂

在动员时，演讲者要情绪高涨、慷慨激昂，除运用精练准确的口头语言外，还应恰当地运用眼神、手势、动作、表情等态势语言，从而增强感染力，使听众产生强烈的共鸣和感情冲动。只有这样，才能产生上下一致，同仇敌忾的效果，使动员发挥最大的鼓动作用。

3. 慎之又慎，注意保密

部队执行的任务，往往带有一定的保密性。这就决定了动员的时间、范围和讲述的内容，都要有一定的限制，以防泄密。

二、点名

点名是部队基层单位在规定时间内由指挥员对列队部属进行呼点和简短讲话。点名是连队（中队）日常生活的组成部分，是部队日常管理制度的一个重要环节，在我军长期建设实践中发挥了重要作用。

（一）点名的特点

1. 经常性

连队（中队）通常每日点名，一般于晚间就寝前进行，休息日和节假日必须点名。

2. 限时性

按规定，每次点名时间不得过长。

3. 针对性

点名通常以连队（中队）或者相当于连队（中队）的基层分队为单位进行，由一名连队（中队）首长实施，有时也可以排为单位进行，由排长实施。点名所涉及的问题，都出自本连队（中队），针对性极强。

（二）点名的基本内容

1. 清点人员

通常采用呼点的方式。可以按官兵花名册呼点全体人员，也可以呼点部分人员。

2. 情况讲评

主要讲评连队（中队）执行一日生活制度的基本情况，表扬好人好事，批评不良倾向，指出存在问题，对全连队（中队）情况作出准确、概括的评价。

3. 传达精神

主要是传达上级首长或机关的命令、指示、通知等。

4. 安排工作

部署第二天应开展的工作内容，提出要求。

（三）点名的要求

1. 严肃认真，准备充分

点名前，连队（中队）首长应当认真准备点名提纲和花名册。由连队（中队）值班员发出点名信号并迅速集合全连队（中队）人员，整队，清查人数，整理着装，向连队（中队）首长报告人数。

2. 声音洪亮，姿态端正

语速不宜过快，声音要洪亮。点名者的军容姿态要符合条令要求，整洁的军容、良好的姿态就是富有影响力的态势语言，为全队官兵做好表率。

3. 言简意赅，干脆利落

由于点名要求在短时间内完成，因而在实施过程中，一定要言简意赅、干脆利落。讲评连队（中队）一日生活情况时必须准确精练、高度概括，注意主次详略，不要面面俱到。

4. 鼓舞士气，弘扬正气

常言道：点名点名，表扬批评。及时准确的表扬激励是战士成长进步的加油站，严肃正确的批评是连队建设的“清洁剂”。表扬好人好事要充分肯定，典型生动，言之有物，给人以启示和鼓舞；批评不良倾向，要敢讲敢说，对存在的事故苗头及问题，一定要明确指出、具体分析，使战士认识其危害，引以为戒。

5. 如以排为单位点名，连队（中队）的首长和值班员应当进行督促检查

下面是某中队的一次点名情况实录：

中队值班员：“中队长同志，全队应到 ×× 名，实到 ×× 名，请指示。”

中队长：“稍息。”

中队值班员：“是！稍息。”

中队长：唱名清点（略）

“同志们，今天讲两个问题：一、讲评今天情况；二、布置明天工作。今天是星期日，又正好是中秋节，全队总的情况是‘三好三不足’。

一好，是执勤任务完成得好。哨兵能认真履行职责，无误哨、漏哨情况发生，确保了目标安全。其中 ××× 同志在站哨期间坚持原则，方法灵活，既完成了执勤任务，又避免了与群众发生纠纷，在此提出表扬。

二好，是请销假制度遵守得好，各班能按比例控制外出人员，无不假外出和超假现象。这种严格的组织观念，值得继续发扬。

三好，是生活秩序坚持得好。各排、班对内务卫生和环境卫生保持较好，其中以 × 班最为突出。×× 同志主动为本班生病的同志打饭、洗衣服，×× 同志主动帮助炊事班的同志淘米、煮饭。这种关心战友、关心集体的精神和积极主动的工作态度值得提倡。

三不足，是指有的班内务卫生保持不够好，表现为物品摆放零乱；个别同志风格不高，有争外出名额的现象；还有个别同志在进行娱乐活动时说话不注意，引起了争执，造成了不良的影响。以上问题要引起同志们高度重视，坚决纠正。

第二个内容，明天的工作安排。

按计划，明天早操是长跑，白天进行射击训练。上级要求我们认真组织好训练，重点抓好防事故工作。因此，在训练中一定要严格遵守射击训练的有关规定，杜绝事故的发生。同志们能不能做到？”

全体：“能！”

“点名完毕！”

这一点名简洁、精当。先表扬了中队里的好人好事，然后讲评了一日生活制度的执行情况，最后提出要求。整个过程中，语言都十分简洁，使点名时间得到了严格控制，说明这位中队长情况掌握得准确、清楚。

三、讲评

讲评是部队特别是基层指挥员常用的一种总结评论性的讲话形式。

（一）讲评的作用

讲评是部队特别是基层单位调动积极因素，克服消极因素的有效方法，是通过表扬和批评，鼓舞部属士气，调动其积极性，纠正不良倾向，克服消极因素的有效手段，是结合具体活动进行思想教育的好形式。

讲评在内容和作用上类似于总结，但讲评是基层部队特有的演讲形式，和总结有多方面的不同。总结是全面性书面材料，讲评是具体性队前口语表达；总结利用会议发表或用文书呈送，而讲评是以现场队前讲话的形式实施。

（二）讲评的特点

1. 临场性

讲评都是针对部队执勤、训练等任务的完成情况以及日常生活的情况在现场进行的。每一天的日常生活以及每一次的执勤、训练都不是对前一天和前一次执勤、训练的简单重复，都有其新情况、新特点，要有针对性地把这些新情况、新特点讲出来，并给予适当的评价。所以，队列讲评不像命题演讲那样事先拟好稿子，也不像论辩赛那样事先调研、模拟，而是临场发挥。这就要求讲评者要针对受众和具体事宜，即兴构思，组织材料，具有敏捷性。

如影片《中国仪仗兵》中大队长对战士训练的讲评：

刚才看了你们的正步动作，一半以上的人我不满意，我给你们每一个人的皮鞋上都打了铁掌，就要让你们给我走出个青蛙叫，呱—呱—呱，明白吗？（明白！）三班长！（到！）出列！（是！）给大家作个示范！这就是我要的青蛙叫！这才是我要的正步！出脚带风，落地砸坑，每个步幅要精确在75公分！这是艺术，不是模特那种艺术，是我们三军仪仗队的艺术！明白吗？（明白！）

训练场上的讲评，现身说法，简练准确，摆问题毫不留情，讲方法准确生动，有讲有练，两者结合，使讲评有更强的说服力。

2. 评述性

讲评不同于一般的叙述，更重要的是在于“评”，因此具有明显的评述性。这也就决定了讲评应把握好讲事与说理两个方面的内容。通常有两种方式：一是摆事实讲道理。先讲事实，把事情的来龙去脉讲清楚，在此基础上进行分析评说，合乎逻辑地引出思想性的结论，给以肯定和赞扬。二是摆观点举事例。先对先进事迹作理性的概括，然后列举事实，给予表扬。不论哪种方式，都要中心突出、有理有据，态度要热情诚恳，语言要亲切平和，使官兵在情绪上受到感染，激发进取精神。

例如某部连长对连队一次步枪实弹射击考核情况的讲评：

同志们！（敬礼）请稍息。现在把这次实弹射击考核的情况讲评一下。全连参加考核79人，全部及格，成绩达到优秀的55人，优秀率为69.6%，全队优秀。宣传栏将公布各班优秀率名次。特别值得表扬的前三名是六班、七班、三班，他们都获得了全优的好成绩。值得深思的是五班的情况。这个老先进班的优秀率只有35.6%，是全连的最后一名。原因在哪里？他们呀，败给了最可怕的“敌人”——骄傲！五班的同志要很好地总结一下教训。同志们，前进是没有止境的。我们必须善于发扬成绩，勇于改正缺点，严格要求，严中求精，保持旺盛的革命斗志，练就更强的本领，练出更硬的铁拳，才能更好地执勤，更出色地完成战斗任务！讲评完毕，请稍息。

这是在考核现场发表的队前演讲，讲评了考核情况，分析了射击成绩的优劣及原因，总结了经验、教训，鼓舞了全体人员的士气。这种演讲，都是紧密结合军事活动的实践，具有突出的指导性和教育性，能有效促进部队各项实践活动的质量和水平的提高。

（三）讲评的要求

1. 充分准备

讲评应在充分掌握了解情况的前提下进行，一般应深入实际，耳闻目睹，直接了解；也可听取汇报，收集情况。要做到心中有数。情况摸清后，还要认真分析，找准问题，抓住一两个带有倾向性的问题讲深讲透。

2. 遵循以鼓励为主的原则

在讲评成绩时，要鼓舞士气，坚持以表扬为主。即使在讲评缺点和不足，指出思想上的问题时，也要在讲清道理的基础上，鼓励部属端正看法，克服缺点和不足。

3. 实事求是

讲评时要把成绩讲全，但问题也要点到，涉及全局的关键性问题要抓住。不论好事坏事，都要用事实说话。

4. 讲评结合

讲评要求既讲又评，讲评结合。即在讲清事实的基础上给予相应的评论，让事实向哲理升华，使官兵受到教育。切忌罗列事实，讲而不评。

请看某部连长对一次木马训练预考情况的讲评：

同志们，这次木马训练的预考情况，总的来说是很好的。全连 103 人参加预考，及格以上的 93 人，占 90%，其中优秀的 41 人，占 40%。连队的单位成绩总评优秀。大家都是刻苦认真的，不论成绩是否理想，每个同志都付出了巨大的努力。各单位的负责同志能高标准、严要求地组织和实施预考，促进了训练的深入开展和预考的顺利进行。

同时，这次预考也发现了一些值得重视的情况。第一，各单位在指导训练上，抓得不力，措施不当，要求不严，挖掘潜力不够。动作达不到优秀，问题在哪里？跳不过去，主要矛盾是什么？有的同志不善于总结经验，训练还存在一定的盲目性。第二，为实战而训练的意识不强。平时多流汗，大力提高军体能力，在将来的作战中才能顺利完成任务；训练中动作不好，战场上就可能贻误战机。严酷的战斗环境，不会因为你是勤杂人员而给予什么优待。这两点，必须引起全队同志的注意。

今天没跳过去的同志，绝不是不想跳过去。从他们刻苦认真的态度上，可以感受到他们强烈的集体荣誉心。他们平时训练机会少，完成动作比战斗班的同志有更多的困难。但是，我们决不能被困难吓倒，要坚决克服它！我主张，战略上藐视它——要豁出去，要敢于摔几跤；战术上重视它——不蛮干，深入体会方法要领，拜能者为师，要抽时间加小操。“不怕”加“认真”，无往而不胜。

从现在到上级验收，还有十几天时间。只要我们信心充足，敢于拼搏，夺取全部验收课目的总评优秀是有希望的！

以上讲评，第一段是评估讲述部分，第二、三段是分析评价部分。讲评者对训练中所反映出来的思想问题进行了分析，指出了两点不足。最后，鼓励大家全面搞好课目验收。

思考与练习

1. 动员的作用是什么？有哪些特点？
2. 什么是点名？点名应注意哪些问题？
3. 试对本队近一周来的工作学习情况作一次讲评。

附 录

党政机关公文处理工作条例

第一章 总 则

第一条 为了适应中国共产党机关和国家行政机关（以下简称党政机关）工作需要，推进党政机关公文处理工作科学化、制度化、规范化，制定本条例。

第二条 本条例适用于各级党政机关公文处理工作。

第三条 党政机关公文是党政机关实施领导、履行职能、处理公务的具有特定效力和规范体式的文书，是传达贯彻党和国家的方针政策，公布法规和规章，指导、布置和商洽工作，请示和答复问题，报告、通报和交流情况等的重要工具。

第四条 公文处理工作是指公文拟制、办理、管理等一系列相互关联、衔接有序的工作。

第五条 公文处理工作应当坚持实事求是、准确规范、精简高效、安全保密的原则。

第六条 各级党政机关应当高度重视公文处理工作，加强组织领导，强化队伍建设，设立文秘部门或者由专人负责公文处理工作。

第七条 各级党政机关办公厅（室）主管本机关的公文处理工作，并对下级机关的公文处理工作进行业务指导和督促检查。

第二章 公文种类

第八条 公文种类主要有：

（一）决议。适用于会议讨论通过的重大决策事项。

（二）决定。适用于对重要事项作出决策和部署、奖惩有关单位和人员、变更或者撤销下级机关不适当的决定事项。

（三）命令（令）。适用于公布行政法规和规章、宣布施行重大强制性措施、批准授予和晋升衔级、嘉奖有关单位和人员。

（四）公报。适用于公布重要决定或者重大事项。

（五）公告。适用于向国内外宣布重要事项或者法定事项。

（六）通告。适用于在一定范围内公布应当遵守或者周知的事项。

（七）意见。适用于对重要问题提出见解和处理办法。

（八）通知。适用于发布、传达要求下级机关执行和有关单位周知或者执行的事项，批转、转发公文。

（九）通报。适用于表彰先进、批评错误、传达重要精神和告知重要情况。

（十）报告。适用于向上级机关汇报工作、反映情况，回复上级机关的询问。

（十一）请示。适用于向上级机关请求指示、批准。

（十二）批复。适用于答复下级机关请示事项。

（十三）议案。适用于各级人民政府按照法律程序向同级人民代表大会或者人民代表大会常务委员会提请审议事项。

（十四）函。适用于不相隶属机关之间商洽工作、询问和答复问题、请求批准和答复审批事项。

（十五）纪要。适用于记载会议主要情况和议定事项。

第三章　公文格式

第九条　公文一般由份号、密级和保密期限、紧急程度、发文机关标志、发文字号、签发人、标题、主送机关、正文、附件说明、发文机关署名、成文日期、印章、附注、附件、抄送机关、印发机关和印发日期、页码等组成。

（一）份号。公文印制份数的顺序号。涉密公文应当标注份号。

（二）密级和保密期限。公文的秘密等级和保密的期限。涉密公文应当根据涉密程度分别标注“绝密”“机密”“秘密”和保密期限。

（三）紧急程度。公文送达和办理的时限要求。根据紧急程度，紧急公文应当分别标注“特急”“加急”，电报应当分别标注“特提”“特急”“加急”“平急”。

（四）发文机关标志。由发文机关全称或者规范化简称加“文件”二字组成，也可以使用发文机关全称或者规范化简称。联合行文时，发文机关标志可以并用联合发文机关名称，也可以单独用主办机关名称。

（五）发文字号。由发文机关代字、年份、发文顺序号组成。联合行文时，使用主办机关的发文字号。

（六）签发人。上行文应当标注签发人姓名。

（七）标题。由发文机关名称、事由和文种组成。

（八）主送机关。公文的主要受理机关，应当使用机关全称、规范化简称或者同类型机关统称。

（九）正文。公文的主体，用来表述公文的内容。

（十）附件说明。公文附件的顺序号和名称。

（十一）发文机关署名。署发文机关全称或者规范化简称。

（十二）成文日期。署会议通过或者发文机关负责人签发的日期。联合行文时，署最后签发机关负责人签发的日期。

（十三）印章。公文中有发文机关署名的，应当加盖发文机关印章，并与署名机关相符。有特定发文机关标志的普发性公文和电报可以不加盖印章。

（十四）附注。公文印发传达范围等需要说明的事项。

（十五）附件。公文正文的说明、补充或者参考资料。

（十六）抄送机关。除主送机关外需要执行或者知晓公文内容的其他机关，应当使用机关全称、规范化简称或者同类型机关统称。

（十七）印发机关和印发日期。公文的送印机关和送印日期。

（十八）页码。公文页数顺序号。

第十条 公文的版式按照《党政机关公文格式》国家标准执行。

第十一条 公文使用的汉字、数字、外文字符、计量单位和标点符号等，按照有关国家标准和规定执行。民族自治地方的公文，可以并用汉字和当地通用的少数民族文字。

第十二条 公文用纸幅面采用国际标准 A4 型。特殊形式的公文用纸幅面，根据实际需要确定。

第四章 行文规则

第十三条 行文应当确有必要，讲求实效，注重针对性和可操作性。

第十四条 行文关系根据隶属关系和职权范围确定。一般不得越级行文，特殊情况需要越级行文的，应当同时抄送被越过的机关。

第十五条 向上级机关行文，应当遵循以下规则：

（一）原则上主送一个上级机关，根据需要同时抄送相关上级机关和同级机关，不抄送下级机关。

（二）党委、政府的部门向上级主管部门请示、报告重大事项，应当经本级党委、政府同意或者授权；属于部门职权范围内的事项应当直接报送上级主管部门。

（三）下级机关的请示事项，如需以本机关名义向上级机关请示，应当提出倾向性意见后上报，不得原文转报上级机关。

（四）请示应当一文一事。不得在报告等非请示性公文中夹带请示事项。

（五）除上级机关负责人直接交办事项外，不得以本机关名义向上级机关负责人报送公文，不得以本机关负责人名义向上级机关报送公文。

（六）受双重领导的机关向一个上级机关行文，必要时抄送另一个上级机关。

第十六条 向下级机关行文，应当遵循以下规则：

（一）主送受理机关，根据需要抄送相关机关。重要行文应当同时抄送发文机关的直接上级机关。

（二）党委、政府的办公厅（室）根据本级党委、政府授权，可以向下级党委、政府行文，其他部门和单位不得向下级党委、政府发布指令性公文或者在公文中向下级党委、政府提出指令性要求。需经政府审批的具体事项，经政府同意后可以由政府职能部门行文，文中须注明已经政府同意。

（三）党委、政府的部门在各自职权范围内可以向下级党委、政府的相关部门行文。

（四）涉及多个部门职权范围内的事务，部门之间未协商一致的，不得向下行文；擅自行文的，上级机关应当责令其纠正或者撤销。

（五）上级机关向受双重领导的下级机关行文，必要时抄送该下级机关的另一个上级机关。

第十七条 同级党政机关、党政机关与其他同级机关必要时可以联合行文。属于党委、政府各自职权范围内的工作，不得联合行文。

党委、政府的部门依据职权可以相互行文。

部门内设机构除办公厅（室）外不得对外正式行文。

第五章 公文拟制

第十八条 公文拟制包括公文的起草、审核、签发等程序。

第十九条 公文起草应当做到：

（一）符合党的理论路线方针政策和国家法律法规，完整准确体现发文机关意图，并同现行有关公文相衔接。

（二）一切从实际出发，分析问题实事求是，所提政策措施和办法切实可行。

（三）内容简洁，主题突出，观点鲜明，结构严谨，表述准确，文字精练。

（四）文种正确，格式规范。

（五）深入调查研究，充分进行论证，广泛听取意见。

（六）公文涉及其他地区或者部门职权范围内的事项，起草单位必须征求相关地区或者部门意见，力求达成一致。

（七）机关负责人应当主持、指导重要公文起草工作。

第二十条 公文文稿签发前，应当由发文机关办公厅（室）进行审核。审核的重点是：

（一）行文理由是否充分，行文依据是否准确。

（二）内容是否符合党的理论路线方针政策和国家法律法规；是否完整准确体现发文机关意图；是否同现行有关公文相衔接；所提政策措施和办法是否切实可行。

（三）涉及有关地区或者部门职权范围内的事项是否经过充分协商并达成一致意见。

（四）文种是否正确，格式是否规范；人名、地名、时间、数字、段落顺序、引文等是否准确；文字、数字、计量单位和标点符号等用法是否规范。

（五）其他内容是否符合公文起草的有关要求。

需要发文机关审议的重要公文文稿，审议前由发文机关办公厅（室）进行初核。

第二十一条 经审核不宜发文的公文文稿，应当退回起草单位并说明理由；符合发文条件但内容需作进一步研究和修改的，由起草单位修改后重新报送。

第二十二条 公文应当经本机关负责人审批签发。重要公文和上行文由机关主要负责人签发。党委、政府的办公厅（室）根据党委、政府授权制发的公文，由受权机关主要负责人签发或者按照有关规定签发。签发人签发公文，应当签署意见、姓名和完整日期；圈阅或者签名的，视为同意。联合发文由所有联署机关的负责人会签。

第六章 公文办理

第二十三条 公文办理包括收文办理、发文办理和整理归档。

第二十四条 收文办理主要程序是：

（一）签收。对收到的公文应当逐件清点，核对无误后签字或者盖章，并注明签收时间。

（二）登记。对公文的主要信息和办理情况应当详细记载。

（三）初审。对收到的公文应当进行初审。初审的重点是：是否应当由本机关办理，是否符合行文规则，文种、格式是否符合要求，涉及其他地区或者部门职权范围内的事项是否已经协商、会签，是否符合公文起草的其他要求。经初审不符合规定的公文，应当及时退回来文单位并说明理由。

（四）承办。阅知性公文应当根据公文内容、要求和工作需要确定范围后分送。批办性公文应当提出拟办意见报本机关负责人批示或者转有关部门办理；需要两个以上部门办理的，应当明确主办部门。紧急公文应当明确办理时限。承办部门对交办的公文应当及时办理，有明确办理时限要求的应当在规定时限内办理完毕。

（五）传阅。根据领导批示和工作需要将公文及时送传阅对象阅知或者批示。办理公文传阅应当随时掌握公文去向，不得漏传、误传、延误。

（六）催办。及时了解掌握公文的办理进展情况，督促承办部门按期办结。紧急公文或者重要公文应当由专人负责催办。

（七）答复。公文的办理结果应当及时答复来文单位，并根据需要告知相关单位。

第二十五条 发文办理主要程序是：

（一）复核。已经发文机关负责人签批的公文，印发前应当对公文的审批手续、内容、文种、格式等进行复核；需作实质性修改的，应当报原签批人复审。

（二）登记。对复核后的公文，应当确定发文字号、分送范围和印制份数并详细记载。

（三）印制。公文印制必须确保质量和时效。涉密公文应当在符合保密要求的场所印制。

（四）核发。公文印制完毕，应当对公文的文字、格式和印刷质量进行检查后分发。

第二十六条 涉密公文应当通过机要交通、邮政机要通信、城市机要文件交换站或者收发件机关机要收发人员进行传递，通过密码电报或者符合国家保密规定的计算机信息系统进行传输。

第二十七条 需要归档的公文及有关材料，应当根据有关档案法律法规以及机关档案管理规定，及时收集齐全、整理归档。两个以上机关联合办理的公文，原件由主办机关归档，相关机关保存复制件。机关负责人兼任其他机关职务的，在履行所兼职务过程中形成的公文，由其兼职机关归档。

第七章 公文管理

第二十八条 各级党政机关应当建立健全本机关公文管理制度，确保管理严格规范，充分发挥公文效用。

第二十九条 党政机关公文由文秘部门或者专人统一管理。设立党委（党组）的县级以上单位应当建立机要保密室和机要阅文室，并按照有关保密规定配备工作人员和必要的安全保密设施设备。

第三十条 公文确定密级前，应当按照拟定的密级先行采取保密措施。确定密级后，应当按照所定密级严格管理。绝密级公文应当由专人管理。

公文的密级需要变更或者解除的，由原确定密级的机关或者其上级机关决定。

第三十一条 公文的印发传达范围应当按照发文机关的要求执行；需要变更的，应当经发文机关批准。

涉密公文公开发布前应当履行解密程序。公开发布的时间、形式和渠道，由发文机关确定。

经批准公开发布的公文，同发文机关正式印发的公文具有同等效力。

第三十二条 复制、汇编机密级、秘密级公文，应当符合有关规定并经本机关负责人批准。绝密级公文一般不得复制、汇编，确有工作需要的，应当经发文机关或者其上级机关批准。复制、汇编的公文视同原件管理。

复制件应当加盖复制机关戳记。翻印件应当注明翻印的机关名称、日期。汇编本的密级按照编入公文的最高密级标注。

第三十三条 公文的撤销和废止，由发文机关、上级机关或者权力机关根据职权范围和有关法律法规决定。公文被撤销的，视为自始无效；公文被废止的，视为自废止之日起失效。

第三十四条 涉密公文应当按照发文机关的要求和有关规定进行清退或者销毁。

第三十五条 不具备归档和保存价值的公文，经批准后可以销毁。销毁涉密公文必须严格按照有关规定履行审批登记手续，确保不丢失、不漏销。个人不得私自销毁、留存涉密公文。

第三十六条 机关合并时，全部公文应当随之合并管理；机关撤销时，需要归档的公文经整理后按照有关规定移交档案管理部门。

工作人员离岗离职时，所在机关应当督促其将暂存、借用的公文按照有关规定移交、清退。

第三十七条 新设立的机关应当向本级党委、政府的办公厅（室）提出发文立户申请。经审查符合条件的，列为发文单位，机关合并或者撤销时，相应进行调整。

第八章 附 则

第三十八条 党政机关公文含电子公文。电子公文处理工作的具体办法另行制定。

第三十九条 法规、规章方面的公文，依照有关规定处理。外事方面的公文，依照外事主管部门的有关规定处理。

第四十条 其他机关和单位的公文处理工作，可以参照本条例执行。

第四十一条 本条例由中共中央办公厅、国务院办公厅负责解释。

第四十二条 本条例自2012年7月1日起施行。1996年5月3日中共中央办公厅发布的《中国共产党机关公文处理条例》和2000年8月24日国务院发布的《国家行政机关公文处理办法》停止执行。

军队机关公文处理工作条例

第一章　总　则

第一条　为了深入贯彻依法治军、从严治军方针，适应深化国防和军队改革需要，保证各级机关有效履行职能，提高军队机关公文处理工作科学化、制度化、规范化水平，依据《党政机关公文处理工作条例》和其他有关法规，结合军队工作实际，制定本条例。

第二条　本条例适用于军队各级机关公文处理工作。

第三条　军队机关公文是军队机关处理公务的具有特定效力和规范体式的文书，是军队机关履行职能的重要工具。

第四条　公文处理工作是指公文的拟制、办理、管理等一系列相互关联、衔接有序的工作。

第五条　公文处理工作应当坚持求实、规范、精简、高效的原则，做到准确、及时、安全、保密。

第六条　各级机关应当加强组织领导，严格执行本条例，切实做好机关公文处理工作。

第七条　中央军委办公厅指导全军的机关公文处理工作。

军委机关部门办公厅（秘书局、综合局）、各大单位以及以下各级机关参谋部门或者履行相应职能的部门，主管本级机关公文处理工作，并对下级机关公文处理工作进行业务指导和督促检查。

第二章　公文种类

第八条　军队机关公文种类和使用范围按照下列规定执行：

（一）命令。适用于发布军事法规、军事规章，确定和调整体制编制，部署部队和军事行动，调动兵力，授予、变更和撤销部队番号，调配武器装备，任免干部，授予和晋升军（警）衔，选取士官，军（警）官和士兵退役，授予荣誉称号等。

（二）通令。适用于依据《中国人民解放军纪律条令》宣布奖惩事项。

（三）决定。适用于对重要事项作出决策或者安排，变更或者撤销下级不适当的决定事项。

（四）指示。适用于向下级机关布置工作，明确工作原则和要求。

（五）通知。适用于传达需要下级机关执行和有关单位周知或者办理的事项，转发上级机关和不相隶属机关的公文，批转下级机关的公文。

（六）通报。适用于表彰先进，批评错误，传达重要精神或者告知重要情况。

（七）报告。适用于向上级机关汇报工作、反映情况、回复询问。

（八）请示。适用于请求上级机关指示、批准事项。

（九）批复。适用于答复下级机关请示事项。

（十）函。适用于无隶属关系的机关之间商洽工作、征求意见、询问和答复问题、通报情况、请求批准和答复审批事项。

（十一）通告。适用于向社会公布应当遵守或者周知的事项。

（十二）纪要。适用于记载会议主要情况和议定事项。

第三章 公文格式

第九条 军队机关公文格式一般由下列要素组成：

（一）份号。公文印制份数的顺序号。涉密公文应当标注份号。

（二）密级。公文的秘密等级。涉密公文应当根据涉密程度分别标注“绝密·核心”“绝密”“机密”“秘密”。

（三）紧急程度。紧急公文应当根据紧急程度分别标注“特急”“加急”。

（四）发文机关标志。由发文机关全称或者规范化简称加“文件”二字组成，也可以使用发文机关全称或者规范化简称。联合行文时，各联署机关名称通常按照编制序列排列。

（五）发文字号。由发文机关代字、年份、顺序号组成。联合行文时，使用主办机关发文字号。

（六）签发人。上行文应当标注签发人姓名。

（七）标题。通常由事由和文种组成。

（八）主送机关。公文的受理机关，应当使用机关全称、规范化简称或者同类型机关统称。

（九）正文。公文的主体，用来表述公文的内容。有附件的标注附件说明，包括附件顺序号、名称。

（十）无正文说明。公文署名页没有正文时标注。

（十一）署名。发文机关署名署全称或者规范化简称，联合行文由各联署机关按照发文机关标志中的顺序署名。首长署名署职务。

（十二）成文日期。署公文审批签发完毕的日期或者会议通过的日期。

（十三）印章。加盖与公文署名相符的机关印章或者首长名章（签名章）。

（十四）附注。公文印发传达范围等需要说明的事项。

（十五）附件。公文正文的说明、补充或者参考资料。

（十六）抄送机关。需要知晓公文内容的其他机关，应当使用机关全称、规范化简称或者同类型机关统称。

（十七）印制份数。公文的印制数量。

（十八）承办说明。公文的承办单位、联系人和电话。公文需要联系办理的，应当标注承办说明。

（十九）印发机关和印发日期。公文的送印机关和送印日期。

（二十）页码。公文页数顺序号。

第十条 军队机关公文用纸幅面采用国际标准 A4 型。特殊形式的公文用纸幅面，根据实际需要确定。

军队机关公文版式按照国家军用标准《军队机关公文格式》执行。

第十一条 军队机关公文使用的汉字、数字、外文字符、计量单位和标点符号等，按照国家有关标准和规定执行。

驻民族自治地区部队的机关公文，可以根据需要并用汉字和驻地通用的少数民族文字。

第四章 行文规则

第十二条 军队机关行文应当确有必要，讲求实效，严格控制规格、范围和篇幅。

第十三条 军队机关应当根据隶属关系和各自的职权范围行文。一般不得越级行文，因特殊情况需要越级行文的，应当同时抄送被越过的机关。

第十四条 向上级机关行文，应当遵循下列规则：

（一）原则上主送一个上级机关，根据需要同时抄送相关上级或者同级机关，不抄送下级机关。

（二）各级机关部门对于本部门职权范围内的事项可以直接报送上级机关部门，重要事项应当经本级机关同意或者授权。

（三）向上级机关请示报告工作，应当使用“请示”“报告”等文种，不得以本机关名义向上级机关领导行文，不得以本机关领导名义向上级机关行文。

（四）请示应当一文一事，不得在报告等非请示性公文中夹带请示事项。

（五）需要以上级机关名义行文的，应当在请示中说明理由并附代拟稿。

（六）下级机关的请示事项，需要以本级机关名义向上级机关请示的，应当提出倾向性意见后上报，不得原文转报上级机关。

（七）行文内容涉及其他机关或者部门职权范围内事项的，应当与有关机关或者部门协商一致后行文；经协商未取得一致的，应当列明各方意见和理由并提出倾向性意见。

（八）受双重领导的机关向一个上级机关行文，通常应当抄送另一个上级机关。

第十五条 向下级机关行文，应当遵循下列规则：

（一）主送受理机关，根据需要抄送相关机关；重要行文应当抄送发文机关的直接上级机关。

（二）各级机关部门在各自职权范围内可以向下级机关相关部门行文，不得向下级机关行文。

（三）行文内容涉及其他机关或者部门职权范围内事项的，应当与有关机关或者部门协商一致后行文；经协商未取得一致的，不得向下行文；擅自行文的，上级机关应当责令其纠正或者撤销。

（四）上级机关向受双重领导的下级机关行文，必要时抄送该下级机关的另一个上级机关。

第十六条 军队同级机关、军队机关的同级部门、军队机关及其部门与相应党政机关及其部门，必要时可以联合行文。经本级机关批准，军队机关部门可以与相应党政机关部门联合向军队和党政机关的下级机关同时行文。

机关部门依据职权可以相互行文。

军委机关部门的办公厅（秘书局、综合局）可以对外正式行文；履行特定职能与党政机关之间有业务往来的内设机构，根据需要可以向党政机关部门或者其内设机构正式行文；其他各级机关部门的内设机构，均不得对外正式行文。

第五章 公文拟制

第十七条 公文拟制包括公文的起草、审核、审批签发等程序。

第十八条 起草公文应当深入调查研究，充分进行论证，广泛听取意见，机关领导应当主持并指导重要公文起草工作。遵循下列要求：

（一）符合党的路线方针政策、国家法律法规以及军队有关规定，完整准确体现发文机关意图。

（二）一切从实际出发，分析问题实事求是，所提政策措施和办法切实可行。

（三）内容简洁，主题突出，观点鲜明，结构严谨，表述准确，文字精练。

（四）文种正确，格式规范。

第十九条 公文文稿签发前，应当由发文机关主管公文处理工作的部门进行审核。主要审核下列内容：

（一）行文是否必要，依据是否准确，程序是否规范。

（二）内容是否符合党的路线方针政策、国家法律法规以及军队有关规定，是否完整准确体现发文机关意图，是否同现行有关公文相衔接，所提政策措施和办法是否切实可行。

（三）涉及其他机关或者部门职权范围内的事项是否经过协商并达成一致意见；意见不一致的，是否充分反映各方意见。

（四）文种、格式、定密是否准确，文字、数字、计量单位和标点符号等是否准确规范。

（五）属于军事法规、军事规章或者军事规范性文件的，是否经过相应法制工作部门审核。

（六）其他内容是否符合起草公文的有关要求。

第二十条 公文文稿经审核不宜发文的，应当退回起草部门并说明理由；符合发文条件但内容需作进一步研究和修改的，由起草部门修改后重新报送。

第二十一条 公文一般由发文机关主要领导审批签发。领导审批签发公文，应当签署意见、姓名和日期；圈阅或者签名的，视为同意。

第六章　公文办理

第二十二条　公文办理包括收文办理、发文办理和整理归档。

第二十三条　收文办理主要程序和办理方法按照下列规定执行：

（一）签收。对收到的公文应当逐件清点，核对无误后签收并登记；对标注“绝密·核心”“绝密”或者涉及特殊敏感事项的公文，应当按照规定程序和要求指定专人办理。

（二）审核。对收到的公文应当进行严格审核，审核的重点是：是否应当由本机关办理，是否符合行文规则，文种、格式是否符合要求，涉及其他机关或者部门职权范围内的事项是否已经协商一致，是否符合公文起草的其他要求。公文经审核不符合规定的，应当商来文机关作出处理，必要时可以退回来文机关并说明理由。

（三）承办。批办性公文应当提出拟办意见，报领导批示或者转有关部门办理；需要两个以上部门办理的，应当明确主办部门；紧急公文应当明确办理时限。承办部门对交办的公文应当及时办理，有明确时限要求的应当在规定时限内办理完毕。阅知性公文应当根据公文内容、要求和工作需要，确定范围后呈送。

（四）传批（传阅）。及时将公文呈送领导批示或者阅知，掌握公文去向，不得漏传、误传、延误。

（五）催办。及时了解掌握公文的办理进展情况，督促承办部门按照规定要求和时限办理完毕。

（六）答复。公文经领导审批后，应当及时答复来文机关，并根据需要告知相关部门。

第二十四条　发文办理主要程序和办理方法按照下列规定执行：

（一）复核。已经签批的公文，交付印制前应当认真核校公文的审批手续、内容、文种、格式等；需作实质性修改的，应当报签批人复审。

（二）登记。对复核后的公文，应当确定发文字号、分送范围和印制份数并详细登记。

（三）印制。公文印制必须确保质量和时效。涉密公文应当在符合保密要求的场所印制。

（四）核发。对公文的文字、格式和印刷质量等进行检查，登记后及时分发。

第二十五条　涉密公文应当通过机要交通、邮政机要通信、城市机要文件交换站或者收发件部门机要收发人员进行传递，通过符合军队保密规定的网络信息系统进行传输。

第二十六条　公文以及有关材料，应当按照档案管理规定，及时收集齐全、整理归档。联合办理的公文，原件由主办部门归档，其他部门保存复制件。

涉及特殊敏感事项的公文以及有关材料，按照相关规定保存和归档。

第七章　公文管理

第二十七条　各级机关应当建立健全本机关公文管理制度，确保管理严格规范，充分发挥公文效用。

第二十八条 公文确定密级前按照拟定的密级先行采取保密措施，确定密级后按照所定密级严格管理。绝密级公文应当由专人管理。

第二十九条 公文内容需要向社会公开的，发文机关应当对公开的内容、形式、时机进行审核，涉密公文还应当按照规定作脱密、解密处理，并经保密部门审核。

第三十条 公文的印发和传达范围应当严格按照发文机关的要求执行，未经发文机关批准不得变更。

上级机关的绝密级公文一般不得转发，需要转发的应当经发文机关批准。

第三十一条 复制、汇编涉密公文，应当符合保密规定，属于秘密级、机密级的，由团级以上机关批准；属于绝密级的，由原发文机关或者其上级机关批准。复制、汇编的公文视同原件管理。

复制件应当加盖复制机关戳记。翻印件应当注明翻印的机关名称、日期。汇编本的密级按照编入公文的最高密级标注。

第三十二条 公文的撤销和废止，由发文机关或者其上级机关根据职权范围和有关法律法规决定。公文被撤销的，视为自始无效；公文被废止的，自废止之日起失效。

第三十三条 涉密公文应当按照发文机关要求和有关规定进行清退或者销毁。

第三十四条 不具备归档和保存价值的公文，经批准后可以销毁。销毁涉密公文必须严格按照有关规定履行审批登记手续，确保不丢失、不漏销。个人不得私自销毁、留存涉密公文。

第三十五条 机关转隶或者合并时，公文应当随之转隶或者合并管理；机关撤销时，需要归档的公文应当按照有关规定移交档案管理部门。

工作人员离岗离职时，所在机关应当督促其将暂存、借用的公文按照有关规定移交、清退。

第八章 附 则

第三十六条 军队机关公文含电子公文。电子公文处理工作的具体办法另行制定。

第三十七条 作战文书、密码电报等的处理工作，参照本条例，另行制定规定。

军队机关内部的呈批件、呈阅件、简报、传真电报、电话记录、统计报表等文书的处理，参照本条例执行。

第三十八条 军事立法方面公文的处理，《军事立法工作条例》有特别规定的，按照其规定执行。

第三十九条 中国人民武装警察部队机关公文处理工作，执行本条例。

第四十条 本条例自 2017 年 10 月 1 日起施行。2005 年 10 月 2 日中央军委发布的《中国人民解放军机关公文处理条例》同时废止。

中华人民共和国国家标准
标点符号用法

国家标准 GB/T 15834—2011

1 范围

本标准规定了现代汉语标点符号的用法

本标准适用于汉语的书面语（包括汉语和外语混合排版时的汉语部分）。

2 术语和定义

下列术语和定义适用于本文件。

2.1 标点符号 punctuation

辅助文字记录语言的符号，是书面语的有机组成部分，用来表示语句的停顿、语气以及标示某些成分（主要是词语）的特定性质和作用。

注：数学符号、货币符号、校勘符号、辞书符号、注音符号等特殊领域的专门符号不属于标点符号。

2.2 句子 sentence

前后都有较大停顿、带有一定的语气和语调、表达相对完整意义的语言单位。

2.3 复句 complex sentence

由两个或多个在意义上有密切关系的分句组成的语言单位，包括简单复句（内部只有一层语义关系）和多重复句（内部包含多层语义关系）。

2.4 分句 clause

复句内两个或多个前后有停顿、表达相对完整意义、不带有句末语气和语调、有的前面可添加关联词语的语言单位。

2.5 语段 expression

指语言片段，是对各种语言单位（如词、短语、句子、复句等）不做特别区分时的统称。

3 标点符号的种类

3.1 点号

点号的作用是点断，主要表示停顿和语气。分为句末点号和句内点号。

3.1.1 句末点号

用于句末的点号，表示句末停顿和句子的语气。包括句号、问号、叹号。

3.1.2 句内点号

用于句内的点号，表示句内各种不同性质的停顿。包括逗号、顿号、分号、冒号。

3.2 标号

标号的作用是标明，主要标示某些成分（主要是词语）的特定性质和作用。包括引号、括号、破折号、省略号、着重号、连接号、间隔号、书名号、专名号、分隔号。

4 标点符号的定义、形式和用法

4.1 句号

4.1.1 定义

句末点号的一种，主要表示句子的陈述语气。

4.1.2 形式

句号的形式是“。”。

4.1.3 基本用法

4.1.3.1 用于句子末尾，表示陈述语气。使用句号主要根据语段前后有较大停顿、带有陈述语气和语调，并不取决于句子的长短。

示例 1：北京是中华人民共和国的首都。

示例 2：（甲：咱们走着去吧？）乙：好。

4.1.3.2 有时也可表示较缓和的祈使语气和感叹语气。

示例 1：请你稍等一下。

示例 2：我不由地感到，这些普通劳动者也同样是很值得尊敬的。

4.2 问号

4.2.1 定义

句末点号的一种，主要表示句子的疑问语气。

4.2.2 形式

问号的形式是“？”。

4.2.3 基本用法

4.2.3.1 用于句子末尾，表示疑问语气（包括反问、设问等疑问类型）。使用问号主要根据语段前后有较大停顿、带有疑问语气和语调，并不取决于句子的长短。

示例 1：你怎么还不回家去呢？

示例 2：难道这些普通的战士不值得歌颂吗？

示例 3：（一个外国人，不远万里来到中国，帮助中国的抗日战争。）这是什么精神？这是国际主义的精神。

4.2.3.2 选择问句中，通常只在最后一个选项的末尾用问号，各个选项之间一般用逗号隔开。当选项较短且选项之间几乎没有停顿时，选项之间可不用逗号。当选项较多或较长，或有意突出每个选项的独立性时，也可每个选项之后都用问号。

示例 1：诗中记述的这场战争究竟是真实的历史描述，还是诗人的虚构？

示例 2：这是巧合还是有意安排？

示例 3：要一个什么样的结尾：现实主义的？传统的？大团圆的？荒诞的？民族形式的？有象征意义的？

示例 4：（他看着我的作品称赞了我。）但到底是称赞我什么：是有几处画得好？还是什么都敢画？抑或只是一种对于失败者的无可奈何的安慰？我不得而知。

示例 5：这一切都是由客观的条件造成的？还是由行为的惯性造成的？

4.2.3.3 在多个问句连用或表达疑问语气加重时，可叠用问号。通常应先单用，再叠用，最多叠用三个问号。在没有异常强烈的情感表达需要时不宜叠用问号。

示例：这就是你的做法吗？你这个总经理是怎么当的？？你怎么竟敢这样欺骗消费者？？？

4.2.3.4 问号也有标号的用法，即用于句内，表示存疑或不详。

示例 1：马致远（1250？—1321），大都人，元代戏曲家、散曲家。

示例 2：钟嵘（？—518），颍川长社人，南朝梁代文学批评家。

示例 3：出现这样的文字错误，说明作者（编者？校者？）很不认真。

4.3 叹号

4.3.1 定义

句末点号的一种，主要表示句子的感叹语气。

4.3.2 形式

叹号的形式是"！"。

4.3.3 基本用法

4.3.3.1 用于句子末尾，主要表示感叹语气，有时也可表示强烈的祈使语气、反问语气等。使用叹号主要根据语段前后有较大停顿、带有感叹语气和语调或带有强烈的祈使、反问语气和语调，并不取决于句子的长短。

示例 1：才一年不见，这孩子都长这么高啦！

示例 2：你给我住嘴！

示例 3：谁知道他今天是怎么搞的！

4.3.3.2 用于拟声词后，表示声音短促或突然。

示例 1：咔嚓！一道闪电划破了夜空。

示例 2：咚！咚咚！突然传来一阵急促的敲门声。

4.3.3.3 表示声音巨大或声音不断加大时，可叠用叹号；表达强烈语气时，也可叠用叹号，最多叠用三个叹号。在没有异常强烈的情感表达需要时不宜叠用叹号。

示例 1：轰！！在这天崩地塌的声音中，女娲猛然醒来。

示例 2：我要揭露！我要控诉！！我要以死抗争！！！

4.3.3.4 当句子包含疑问、感叹两种语气且都比较强烈时（如带有强烈感情的反问句和带有惊愕语气的疑问句），可在问号后再加叹号（问号、叹号各一）。

示例 1：这么点困难就能把我们吓倒吗？！

示例 2：他连这些最起码的常识都不懂，还敢说自己是高科技人才？！

4.4 逗号

4.4.1 定义

句内点号的一种，表示句子或语段内部的一般性停顿。

4.4.2 形式

逗号的形式是“，”。

4.4.3 基本用法

4.4.3.1 复句内各分句之间的停顿，除了有时用分号（见 4.6.3.1），一般都用逗号。

示例 1：不是人们的意识决定人们的存在，而是人们的社会存在决定人们的意识。

示例 2：学历史使人更明智，学文学使人更聪慧，学数学使人更精细，学考古使人更深沉。

示例 3：要是不相信我们的理论能反映现实，要是不相信我们的世界有内在和谐，那就不可能有科学。

4.4.3.2 用于下列各种语法位置：

a）较长的主语之后。

示例 1：苏州园林建筑各种门窗的精美设计和雕镂功夫，都令人叹为观止。

b）句首的状语之后。

示例 2：在苍茫的大海上，狂风卷集着乌云。

c）较长的宾语之前。

示例 3：有的考古工作者认为，南方古猿生存于上新世至更新世的初期和中期。

d）带句内语气词的主语（或其他成分）之后，或带句内语气词的并列成分之间。

示例 4：他呢，倒是很乐观地、全神贯注地干起来了。

示例 5：（那是个没有月亮的夜晚。）可是整个村子——白房顶啦，白树木啦，雪堆啦，全看得见。

e）较长的主语中间、谓语中间或宾语中间。

示例6：母亲沉痛的诉说，以及亲眼见到的事实，都启发了我幼年时期追求真理的思想。

示例7：那姑娘头戴一顶草帽，身穿一条绿色的裙子，腰间还系着一根橙色的腰带。

示例8：必须懂得，对于文化传统，既不能不分青红皂白统统抛弃，也不能不管精华糟粕全盘继承。

f）前置的谓语之后或后置的状语、定语之前。

示例9：真美啊，这条蜿蜒的林间小路。

示例10：她吃力地站了起来，慢慢地。

示例11：我只是一个人，孤孤单单的。

4.4.3.3 用于下列各种停顿处：

a）复指成分或插说成分前后。

示例1：老张，就是原来的办公室主任，上星期已经调走了。

示例2：车，不用说，当然是头等。

b）语气缓和的感叹语、称谓语和呼唤语之后。

示例3：哎哟，这儿，快给我揉揉。

示例4：大娘，您到哪儿去啊？

示例5：喂，你是哪个单位的？

c）某些序次语（“第”字头、“其”字头及“首先”类序次语）之后。

示例6：为什么许多人都有长不大的感觉呢？原因有三：第一，父母总认为自己比孩子成熟；第二，父母总要以自己的标准来衡量孩子；第三，父母出于爱心而总不想让孩子在成长的过程中走弯路。

示例7：《玄秘塔碑》所以成为书法的范本，不外乎以下几方面的因素：其一，具有楷书点画、构体的典范性；其二，承上启下，成为唐楷的极致；其三，字如其人，爱人及字，柳公权高尚的书品、人品为后人所崇仰。

示例8：下面从三个方面讲讲语言的污染问题：首先，是特殊语言环境中的语言污染问题；其次，是滥用缩略语引起的语言污染问题；再次，是空话和废话引起的语言污染问题。

4.5 顿号

4.5.1 定义

句内点号的一种，表示语段中并列词语之间或某些序次语之后的停顿。

4.5.2 形式

顿号的形式是“、”。

4.5.3 基本用法

4.5.3.1 用于并列词语之间。

示例1：这里有自由、民主、平等、开放的风气和氛围。

示例2：造型科学、技艺精湛、气韵生动，是盛唐石雕的特色。

4.5.3.2 用于需要停顿的重复词语之间。

示例：他几次三番、几次三番地辩解着。

4.5.3.3 用于某些序次语（不带括号的汉字数字或“天干地支”类序次语）之后。

示例1：我准备讲两个问题：一、逻辑学是什么？二、怎样学好逻辑学？

示例2：风格的具体内容主要有以下四点：甲、题材；乙、用字；丙、表达；丁、色彩。

4.5.3.4 相邻或相近两数字连用表示概数通常不用顿号。若相邻两数字连用为缩略形式，宜用顿号。

示例1：飞机在6 000米高空水平飞行时，只能看到两侧八九公里和前方一二十公里范围内的地面。

示例2：这种凶猛的动物常常三五成群地外出觅食和活动。

示例3：农业是国民经济的基础，也是二、三产业的基础。

4.5.3.5 标有引号的并列成分之间、标有书名号的并列成分之间通常不用顿号。若有其他成分插在并列的引号之间或并列的书名号之间（如引语或书名号之后还有括注），宜用顿号。

示例1：“日”“月”构成“明”字。

示例2：店里挂着“顾客就是上帝”“质量就是生命”等横幅。

示例3：《红楼梦》《三国演义》《西游记》《水浒传》，是我国长篇小说的四大名著。

示例4：李白的“白发三千丈”（《秋浦歌》）、“朝如青丝暮成雪”（《将进酒》）都是脍炙人口的诗句。

示例5：办公室里订有《人民日报》（海外版）、《光明日报》和《时代周刊》等报刊。

4.6 分号

4.6.1 定义

句内点号的一种，表示复句内部并列关系分句之间的停顿，以及非并列关系的多重复句中第一层分句之间的停顿。

4.6.2 形式

分号的形式是“；”。

4.6.3 基本用法

4.6.3.1 表示复句内部并列关系的分句（尤其当分句内部还有逗号时）之间的停顿。

示例1：语言文字的学习，就理解方面说，是得到一种知识；就运用方面说，是养成一种习惯。

示例2：内容有分量，尽管文章短小，也是有分量的；内容没有分量，即使写得再长也没有用。

4.6.3.2 表示非并列关系的多重复句中第一层分句（主要是选择、转折等关系）之间的停顿。

示例1：人还没看见，已经先听见歌声了；或者人已经转过山头望不见了，歌声还余音袅袅。

示例2：尽管人民革命的力量在开始时总是弱小的，所以总是受压的；但是由于革命的力量代表历史发展的方向，因此本质上又是不可战胜的。

示例 3：不管一个人如何伟大，也总是生活在一定的环境和条件下；因此，个人的见解总难免带有某种局限性。

示例 4：昨天夜里下了一场雨，以为可以凉快些；谁知没有凉快下来，反而更热了。

4.6.3.3 用于分项列举的各项之间。

示例：特聘教授的岗位职责为：一、讲授本学科的主干基础课程；二、主持本学科的重大科研项目；三、领导本学科的学术队伍建设；四、带领本学科赶超或保持世界先进水平。

4.7 冒号

4.7.1 定义

句内点号的一种，表示语段中提示下文或总结上文的停顿。

4.7.2 形式

冒号的形式是“：”。

4.7.3 基本用法

4.7.3.1 用于总说性或提示性词语（如“说”“例如”“证明”等）之后，表示提示下文。

示例 1：北京紫禁城有四座城门：午门、神武门、东华门和西华门。

示例 2：她高兴地说：“咱们去好好庆祝一下吧！”

示例 3：小王笑着点了点头：“我就是这么想的。”

示例 4：这一事实证明：人能创造环境，环境同样也能创造人。

4.7.3.2 表示总结上文。

示例：张华上了大学，李萍进了技校，我当了工人：我们都有美好的前途。

4.7.3.3 用在需要说明的词语之后，表示注释和说明。

示例 1：（本市将举办首届大型书市。）主办单位：市文化局；承办单位：市图书进出口公司；时间：8 月 15 日—20 日；地点：市体育馆观众休息厅。

示例 2：（做阅读理解题有两个办法。）办法之一：先读题干，再读原文，带着问题有针对性地读课文。办法之二：直接读原文，读完再做题，减少先入为主的干扰。

4.7.3.4 用于书信、讲话稿中称谓语或称呼语之后。

示例 1：广平先生：……

示例 2：同志们、朋友们：……

4.7.3.5 一个句子内部一般不应套用冒号。在列举式或条文式表述中，如不得不套用冒号时，宜另起段落来显示各个层次。

示例：第十条　遗产按照下列顺序继承：

　　第一顺序，配偶、子女、父母。

　　第二顺序，兄弟姐妹、祖父母、外祖父母。

4.8 引号

4.8.1 定义

标号的一种，标示语段中直接引用的内容或需要特别指出的成分。

4.8.2 形式

引号的形式有双引号““””和单引号“‘’”两种。左侧的为前引号，右侧的为后引号。

4.8.3 基本用法

4.8.3.1 标示语段中直接引用的内容。

示例：李白诗中就有“白发三千丈”这样极尽夸张的语句。

4.8.3.2 标示需要着重论述或强调的内容。

示例：这里所谓的“文”，并不是指文字，而是指文采。

4.8.3.3 标示语段中具有特殊含义而需要特别指出的成分，如别称、简称、反语等。

示例1：电视被称作“第九艺术”。

示例2：人类学上常把古人化石统称为尼安德特人，简称“尼人”。

示例3：有几个“慈祥”的老板把捡来的菜叶用盐浸浸就算作工友的菜肴。

4.8.3.4 当引号中还需要使用引号时，外面一层用双引号，里面一层用单引号。

示例：他问：“老师，‘七月流火’是什么意思？”

4.8.3.5 独立成段的引文如果只有一段，段首和段尾都用引号；不止一段时，每段开头仅用前引号，只在最后一段末尾用后引号。

示例：我曾在报纸上看到有人这样谈幸福：

“幸福是知道自己喜欢什么和不喜欢什么。……

“幸福是知道自己擅长什么和不擅长什么。……

“幸福是在正确的时间做了正确的选择。……”

4.8.3.6 在书写带月、日的事件、节日或其他特定意义的短语（含简称）时，通常只标引其中的月和日；需要突出和强调该事件或节日本身时，也可连同事件或节日一起标引。

示例1：“5·12”汶川大地震

示例2：“五四”以来的话剧，是我国戏剧中的新形式。

示例3：纪念“五四运动”90周年

4.9 括号

4.9.1 定义

标号的一种，标示语段中的注释内容、补充说明或其他特定意义的语句。

4.9.2 形式

括号的主要形式是圆括号“(　　)”，其他形式还有方括号“[　　]”、六角括号“〔　　〕”和方头括号“【　　】”等。

4.9.3 基本用法

4.9.3.1 标示下列各种情况，均用圆括号：

a）标示注释内容或补充说明。

示例1：我校拥有特级教师（含已退休的）17人。

示例2：我们不但善于破坏一个旧世界，我们还将善于建设一个新世界！（热烈鼓掌）

b）标示订正或补加的文字。

示例3：信纸上用稚嫩的字体写着："阿夷（姨），你好！"。

示例4：该建筑公司负责的建设工程全部达到优良工程（的标准）。

c）标示序次语。

示例5：语言有三个要素：（1）声音；（2）结构；（3）意义。

示例6：思想有三个条件：（一）事理；（二）心理；（三）伦理。

d）标示引语的出处。

示例7：他说得好："未画之前，不立一格；既画之后，不留一格。"（《板桥集·题画》）

e）标示汉语拼音注音。

示例8："的（de）"这个字在现代汉语中最常用。

4.9.3.2 标示作者国籍或所属朝代时，可用方括号或六角括号。

示例1：[英]赫胥黎《进化论与伦理学》

示例2：〔唐〕杜甫著

4.9.3.3 报刊标示电讯、报道的开头，可用方头括号。

示例：【新华社南京消息】

4.9.3.4 标示公文发文字号中的发文年份时，可用六角括号。

示例：国发〔2011〕3号文件

4.9.3.5 标示被注释的词语时，可用六角括号或方头括号。

示例1：〔奇观〕奇伟的景象。

示例2：【爱因斯坦】物理学家。生于德国，1933年因受纳粹政权迫害，移居美国。

4.9.3.6 除科技书刊中的数学、逻辑公式外，所有括号（特别是同一形式的括号）应尽量避免套用。必须套用括号时，宜采用不同的括号形式配合使用。

示例：〔茸（róng）毛〕很细很细的毛。

4.10 破折号

4.10.1 定义

标号的一种，标示语段中某些成分的注释、补充说明或语音、意义的变化。

4.10.2 形式

破折号的形式是"——"。

4.10.3 基本用法

4.10.3.1 标示注释内容或补充说明（也可用括号，见 4.9.3.1；二者的区别另见 B.1.7）。

示例 1：一个矮小而结实的日本中年人——内山老板走了过来。

示例 2：我一直坚持读书，想借此唤起弟妹对生活的希望——无论环境多么困难。

4.10.3.2 标示插入语（也可用逗号，见 4.4.3.3）。

示例：这简直就是——说得不客气点——无耻的勾当！

4.10.3.3 标示总结上文或提示下文（也可用冒号，见 4.7.3.1、4.7.3.2）。

示例 1：坚强，纯洁，严于律己，客观公正——这一切都难得地集中在一个人身上。

示例 2：画家开始娓娓道来——

数年前的一个寒冬，……

4.10.3.4 标示话题的转换。

示例："好香的干菜，——听到风声了吗？"赵七爷低声说道。

4.10.3.5 标示声音的延长。

示例："嘎——"传过来一声水禽被惊动的鸣叫。

4.10.3.6 标示话语的中断或间隔。

示例 1："班长他牺——"小马话没说完就大哭起来。

示例 2："亲爱的妈妈，你不知道我多爱您。——还有你，我的孩子！"

4.10.3.7 标示引出对话。

示例：——你长大后想成为科学家吗？

——当然想了！

4.10.3.8 标示事项列举分承。

示例：根据研究对象的不同，环境物理学分为以下五个分支学科：

——环境声学；

——环境光学；

——环境热学；

——环境电磁学；

——环境空气动力学。

4.10.3.9 用于副标题之前。

示例：飞向太平洋

——我国新型号运载火箭发射目击记

4.10.3.10 用于引文、注文后，标示作者、出处或注释者。

示例 1：先天下之忧而忧，后天下之乐而乐。

——范仲淹

示例 2：乐浪海中有倭人，分为百余国。

——《汉书》

示例3：很多人写好信后把信笺折成方胜形，我看大可不必。（方胜，指古代妇女戴的方形首饰，用彩绸等制作，由两个斜方部分叠合而成。——编者注）

4.11 省略号

4.11.1 定义

标号的一种，标示语段中某些内容的省略及意义的断续等。

4.11.2 形式

省略号的形式是“……”。

4.11.3 基本用法

4.11.3.1 标示引文的省略。

示例：我们齐声朗诵起来：“……俱往矣，数风流人物，还看今朝。”

4.11.3.2 标示列举或重复词语的省略。

示例1：对政治的敏感，对生活的敏感，对性格的敏感，……这都是作家必须要有的素质。

示例2：他气得连声说：“好，好……算我没说。”

4.11.3.3 标示语意未尽。

示例1：在人迹罕至的深山密林里，假如突然看见一缕炊烟，……

示例2：你这样干，未免太……！

4.11.3.4 标示说话时断断续续。

示例：她磕磕巴巴地说：“可是……太太……我不知道……你一定是认错了。”

4.11.3.5 标示对话中的沉默不语。

示例：“还没结婚吧？”

“……”他飞红了脸，更加忸怩起来。

4.11.3.6 标示特定的成分虚缺。

示例：只要……就……

4.11.3.7 在标示诗行、段落的省略时，可连用两个省略号（即相当于十二连点）。

示例1：从隔壁房间传来缓缓而抑扬顿挫的吟咏声——

床前明月光，疑是地上霜。

…………

示例2：该刊根据工作质量、上稿数量、参与程度等方面的表现，评选出了高校十佳记者站。还根据发稿数量、提供新闻线索情况以及对刊物的关注度等，评选出了十佳通讯员。

…………

4.12 着重号

4.12.1 定义

标号的一种，标示语段中某些重要的或需要指明的文字。

4.12.2 形式

着重号的形式是“.”标注在相应文字的下方。

4.12.3 基本用法

4.12.3.1 标示语段中重要的文字。

示例 1：诗人需要表现，而不是证明。

示例 2：下面对本文的理解，不正确的一项是：……

4.12.3.2 标示语段中需要指明的文字。

示例：下边加点的字，除了在词中的读法外，还有哪些读法？

着急　子弹　强调

4.13 连接号

4.13.1 定义

标号的一种，标示某些相关联成分之间的连接。

4.13.2 形式

连接号的形式有短横线“-”、一字线“—”和浪纹线“～”三种。

4.13.3 基本用法

4.13.3.1 标示下列各种情况，均用短横线：

a）化合物的名称或表格、插图的编号。

示例 1：3-戊酮为无色液体，对眼及皮肤有强烈刺激性。

示例 2：参见下页表 2-8、表 2-9。

b）连接号码，包括门牌号码、电话号码，以及用阿拉伯数字表示年月日等。

示例 3：安宁里东路 26 号院 3-2-11 室

示例 4：联系电话：010-88842603

示例 5：2011-02-15

c）在复合名词中起连接作用。

示例 6：吐鲁番-哈密盆地

d）某些产品的名称和型号。

示例 7：WZ-10 直升机具有复杂天气和夜间作战的能力。

e）汉语拼音、外来语内部的分合。

示例 8：shuōshuō-xiàoxiào（说说笑笑）

示例 9：盎格鲁-撒克逊人

示例 10：让-雅克·卢梭（“让-雅克”为双名）

示例 11：皮埃尔·孟戴斯-弗朗斯（“孟戴斯-弗朗斯”为复姓）

4.13.3.2 标示下列各种情况，一般用一字线，有时也可用浪纹线：

a）标示相关项目（如时间、地域等）的起止。

示例 1：沈括（1031—1095），宋朝人。

示例2：2011年2月3日—10日

示例3：北京—上海特别旅客快车

b）标示数值范围（由阿拉伯数字或汉字数字构成）的起止。

示例4：25～30g

示例5：第五～八课

4.14 间隔号

4.14.1 定义

标号的一种，标示某些相关联成分之间的分界。

4.14.2 形式

间隔号的形式是“·”。

4.14.3 基本用法

4.14.3.1 标示外国人名或少数民族人名内部的分界。

示例1：克里丝蒂娜·罗塞蒂

示例2：阿依古丽·买买提

4.14.3.2 标示书名与篇（章、卷）名之间的分界。

示例：《淮南子·本经训》

4.14.3.3 标示词牌、曲牌、诗体名等和题名之间的分界。

示例1：《沁园春·雪》

示例2：《天净沙·秋思》

示例3：《七律·冬云》

4.14.3.4 用在构成标题或栏目名称的并列词语之间。

示例：《天·地·人》

4.14.3.5 以月、日为标志的事件或节日，用汉字数字表示时，只在一、十一和十二月后用间隔号；当直接用阿拉伯数字表示时，月、日之间均用间隔号（半角字符）。

示例1：“九一八”事变　“五四”运动

示例2：“一·二八”事变　“一二·九”运动

示例3：“3·15”消费者权益日　“9·11”恐怖袭击事件

4.15 书名号

4.15.1 定义

标号的一种，标示语段中出现的各种作品的名称。

4.15.2 形式

书名号的形式有双书名号“《　》”和单书名号“〈　〉”两种。

4.15.3 基本用法

4.15.3.1 标示书名、卷名、篇名、刊物名、报纸名、文件名等。

示例 1：《红楼梦》（书名）

示例 2：《史记·项羽本记》（卷名）

示例 3：《论雷峰塔的倒掉》（篇名）

示例 4：《每周关注》（刊物名）

示例 5：《人民日报》（报纸名）

示例 6：《全国农村工作会议纪要》（文件名）

4.15.3.2 标示电影、电视、音乐、诗歌、雕塑等各类用文字、声音、图像等表现的作品的名称。

示例 1：《渔光曲》（电影名）

示例 2：《追梦录》（电视剧名）

示例 3：《勿忘我》（歌曲名）

示例 4：《沁园春·雪》（诗词名）

示例 5：《东方欲晓》（雕塑名）

示例 6：《光与影》（电视节目名）

示例 7：《社会广角镜》（栏目名）

示例 8：《庄子研究文献数据库》（光盘名）

示例 9：《植物生理学系列挂图》（图片名）

4.15.3.3 标示全中文或中文在名称中占主导地位的软件名。

示例：科研人员正在研制《电脑卫士》杀毒软件。

4.15.3.4 标示作品名的简称。

示例：我读了《念青唐古拉山脉纪行》一文（以下简称《念》），收获很大。

4.15.3.5 当书名号中还需要书名号时，里面一层用单书名号，外面一层用双书名号。

示例：《教育部关于提请审议〈高等教育自学考试试行办法〉的报告》

4.16 专名号

4.16.1 定义

标号的一种，标示古籍和某些文史类著作中出现的特定类专有名词。

4.16.2 形式

专名号的形式是一条直线，标注在相应文字的下方。

4.16.3 基本用法

4.16.3.1 标示古籍、古籍引文或某些文史类著作中出现的专有名词，主要包括人名、地名、国名、民族名、朝代名、年号、宗教名、官署名、组织名等。

示例 1：孙坚人马被刘表率军围得水泄不通。（人名）

示例 2：于是聚集冀、青、幽、并四州兵马七十多万准备决一死战。（地名）

示例 3：当时乌孙及西域各国都向汉派遣了使节。（国名、朝代名）

示例 4：从咸宁二年到太康十年，匈奴、鲜卑、乌桓等族人徙居塞内。（年号、民族名）

4.16.3.2 现代汉语文本中的上述专有名词，以及古籍和现代文本中的单位名、官职名、事件名、会议名、书名等不应使用专名号。必须使用标号标示时，宜使用其他相应标号（如引号、书名号等）。

4.17 分隔号

4.17.1 定义

标号的一种，标示诗行、节拍及某些相关文字的分隔。

4.17.2 形式

分隔号的形式是“／”。

4.17.3 基本用法

4.17.3.1 诗歌接排时分隔诗行（也可使用逗号和分号，见 4.4.3.1/4.6.3.1）。

示例：春眠不觉晓／处处闻啼鸟／夜来风雨声／花落知多少。

4.17.3.2 标示诗文中的音节节拍。

示例：横眉／冷对／千夫指，俯首／甘为／孺子牛。

4.17.3.3 分隔供选择或可转换的两项，表示“或”。

示例：动词短语中除了作为主体成分的述语动词之外，还包括述语动词所带的宾语和／或补语。

4.17.3.4 分隔组成一对的两项，表示“和”。

示例 1：13/14 次特别快车

示例 2：羽毛球女双决赛中国组合杜婧／于洋两局完胜韩国名将李孝贞／李敬元。

4.17.3.5 分隔层级或类别。

示例：我国的行政区划分为：省（直辖市、自治区）／省辖市（地级市）／县（县级市、区、自治州）／乡（镇）／村（居委会）。

5 标点符号的位置和书写形式

5.1 横排文稿标点符号的位置和书写形式

5.1.1 句号、逗号、顿号、分号、冒号均置于相应文字之后，占一个字位置，居左下，不出现在一行之首。

5.1.2 问号、叹号均置于相应文字之后，占一个字位置，居左，不出现在一行之首。两个问号（或叹号）叠用时，占一个字位置；三个问号（或叹号）叠用时，占两个字位置；问号和叹号连用时，占一个字位置。

5.1.3 引号、括号、书名号中的两部分标在相应项目的两端，各占一个字位置。其中前一半不出现在一行之末，后一半不出现在一行之首。

5.1.4 破折号标在相应项目之间，占两个字位置，上下居中，不能中间断开分处上行之末和下行之首。

5.1.5 省略号占两个字位置，两个省略号连用时占四个字位置并须单独占一行。省略号不能中间断开分处上行之末和下行之首。

5.1.6 连接号中的短横线比汉字“一”略短，占半个字位置；一字线比汉字“一”略长，占一个字位置；浪纹线占一个字位置。连接号上下居中，不出现在一行之首。

5.1.7 间隔号标在需要隔开的项目之间，占半个字位置，上下居中，不出现在一行之首。

5.1.8 着重号和专名号标在相应文字的下边。

5.1.9 分隔号占半个字位置，不出现在一行之首或一行之末。

5.1.10 标点符号排在一行末尾时，若为全角字符则应占半角字符的宽度（即半个字位置），以使视觉效果更美观。

5.1.11 在实际编辑出版工作中，为排版美观、方便阅读等需要，或为避免某一小节最后一个汉字转行或出现在另外一页开头等情况（浪费版面及视觉效果差），可适当压缩标点符号所占用的空间。

5.2 竖排文稿标点符号的位置和书写形式

5.2.1 句号、问号、叹号、逗号、顿号、分号和冒号均置于相应文字之下偏右。

5.2.2 破折号、省略号、连接号、间隔号和分隔号置于相应文字之下居中，上下方向排列。

5.2.3 引号改用双引号“﹃”“﹄”和单引号“﹁”“﹂”，括号改用“︵”“︶”，标在相应项目的上下。

5.2.4 竖排文稿中使用浪线式书名号“﹏”，标在相应文字的左侧。

5.2.5 着重号标在相应文字的右侧，专名号标在相应文字的左侧。

5.2.6 横排文稿中关于某些标点不能居行首或行末的要求，同样适用于竖排文稿。

附录 A
（规范性附录）
标点符号用法的补充规则

A.1 句号用法补充规则

图或表的短语式说明文字，中间可用逗号，但末尾不用句号。即使有时说明文字较长，前面的语段已出现句号，最后结尾处仍不用句号。

示例 1：行进中的学生方队

示例 2：经过治理，本市市容市貌焕然一新。这是某区街道一景

A.2 问号用法补充规则

使用问号应以句子表示疑问语气为依据，而并不根据句子中包含有疑问词。当含有疑问词的语段充当某种句子成分，而句子并不表示疑问语气时，句末不用问号。

示例 1：他们的行为举止、审美趣味，甚至读什么书，坐什么车，都在媒体掌握之中。

示例 2：谁也不见，什么也不吃，哪儿也不去。

示例 3：我也不知道他究竟躲到什么地方去了。

A.3 逗号用法补充规则

用顿号表示较长、较多或较复杂的并列成分之间的停顿时，最后一个成分前可用“以及（及）”进行连接，“以及（及）”之前应用逗号。

示例：压力过大、工作时间过长、作息不规律，以及忽视营养均衡等，均会导致健康状况的下降。

A.4 顿号用法补充规则

A.4.1 表示含有顺序关系的并列各项间的停顿，用顿号，不用逗号。下例解释“对于”一词用法，“人”“事物”“行为”之间有顺序关系（即人和人、人和事物、人和行为、事物和事物、事物和行为、行为和行为等六种对待关系），各项之间应用顿号。

示例：〔对于〕表示人，事物，行为之间的相互对待关系。（误）

〔对于〕表示人、事物、行为之间的相互对待关系。（正）

A.4.2 用阿拉伯数字表示年月日的简写形式时，用短横线连接号，不用顿号。

示例：2010、03、02（误）

2010–03–02 （正）

A.5 分号用法补充规则

分项列举的各项有一项或多项已包含句号时，各项的末尾不能再用分号。

示例：本市先后建立起三大农业生产体系：一是建立甘蔗生产服务体系。成立糖业服务公司，主要给农民提供机耕等服务；二是建立蚕桑生产服务体系。……；三是建立热作服务体系。……。（误）

本市先后建立起三大农业生产体系：一是建立甘蔗生产服务体系。成立糖业服务公司，主要给农民提供机耕等服务。二是建立蚕桑生产服务体系。……。三是建立热作服务体系。……。（正）

A.6 冒号用法补充规则

A.6.1 冒号用在提示性话语之后引起下文。表面上类似但实际不是提示性话语的，其后用逗号。

示例1：郦道元《水经注》记载："沼西际山枕水，有唐叔虞祠。"（提示性话语）

示例2：据《苏州府志》载，苏州城内大小园林约有150多座，可算名副其实的园林之城。（非提示性话语）

A.6.2 冒号提示范围无论大小（一句话、几句话甚至几段话），都应与提示性话语保持一致（即在该范围的末尾要用句号点断）。应避免冒号涵盖范围过窄或过宽。

示例：艾滋病有三个传播途径：血液传播，性传播和母婴传播，日常接触是不会传播艾滋病的。（误）

艾滋病有三个传播途径：血液传播，性传播和母婴传播。日常接触是不会传播艾滋病的。（正）

A.6.3 冒号应用在有停顿处，无停顿处不应用冒号。

示例1：他头也不抬，冷冷地问："你叫什么名字？"（有停顿）

示例2：这事你得拿主意，光说"不知道"怎么行？（无停顿）

A.7 引号用法补充规则

“丛刊”“文库”“系列”“书系”等作为系列著作的选题名，宜用引号标引。当“丛刊”等为选题名的一部分时，放在引号之内，反之则放在引号之外。

示例1：“汉译世界学术名著丛书”

示例2：“中国哲学典籍文库”

示例3：“20世纪心理学通览”丛书

A.8 括号用法补充规则

括号可分为句内括号和句外括号。句内括号用于注释句子里的某些词语，即本身就是句子的一部分，应紧跟在被注释的词语之后。句外括号则用于注释句子、句群或段落，即本身结构独立，不属于前面的句子、句群或段落，应位于所注释语段的句末点号之后。

示例：标点符号是辅助文字记录语言的符号，是书面语的有机组成部分，用来表示语句的停顿、语气以及标示某些成分（主要是词语）的特定性质和作用。（数学符号、货币符号、校勘符号等特殊领域的专门符号不属于标点符号。）

A.9 省略号用法补充规则

A.9.1 不能用多于两个省略号（多于12点）连在一起表示省略。省略号须与多点连续的连珠号相区别（后者主要是用于表示目录中标题和页码对应和连接的专门符号）。

A.9.2 省略号和“等”“等等”“什么的”等词语不能同时使用。在需要读出来的地方用“等”“等等”“什么的”等词语，不用省略号。

示例：含有铁质的食物有猪肝、大豆、油菜、菠菜……等。（误）

含有铁质的食物有猪肝、大豆、油菜、菠菜等。（正）

A.10 着重号用法补充规则

不应使用文字下加直线或波浪线等形式表示着重。文字下加直线为专名号形式(4.16)；文字下加浪纹线是特殊书名号(A.13.6)。着重号的形式统一为相应项目下加小圆点。

示例：下面对本文的理解，不正确的一项是（误）

下面对本文的理解，不正确的一项是（正）

A.11 连接号用法补充规则

浪纹线连接号用于标示数值范围时，在不引起歧义的情况下，前一数值附加符号或计量单位可省略。

示例：5 公斤~100 公斤（正）

5~100 公斤（正）

A.12 间隔号用法补充规则

当并列短语构成的标题中已用间隔号隔开时，不应再用“和”类连词。

示例：《水星·火星和金星》（误）

《水星·火星·金星》（正）

A.13 书名号用法补充规则

A.13.1 不能视为作品的课程、课题、奖品奖状、商标、证照、组织机构，会议、活动等名称，不应用书名号。下而均为书名号误用的示例：

示例 1：下学期本中心将开设《现代企业财务管理》《市场营销》两门课程。

示例 2：明天将召开《关于“两保两挂”的多视觉理论思考》课题立项会。

示例 3：本市将向 70 岁以上（含 70 岁）老年人颁发《敬老证》。

示例 4：本校共获得《最佳印象》《自我审美》《卡拉 OK》等六个奖杯。

示例 5：《闪光》牌电池经久耐用。

示例 6：《文史杂志社》编辑力量比较雄厚。

示例 7：本市将召开《全国食用天然色素应用研讨会》。

示例 8：本报将于今年暑假举行《墨宝杯》书法大赛。

A.13.2 有的名称应根据指称意义的不同确定是否用书名号。如文艺晚会指一项活动时，不用书名号；而特指一种节目名称时，可用书名号。再如展览作为一种文化传播的组织形式时，不用书名号；特定情况下将某项展览作为一种创作的作品时，可用书名号。

示例 1：2008 年重阳联欢晚会受到观众的称赞和好评。

示例 2：本台将重播《2008 年重阳联欢晚会》。

示例 3：“雪域明珠——中国西藏文化展”今天隆重开幕。

示例 4：《大地飞歌艺术展》是一部大型现代艺术作品。

A.13.3 书名后面表示该作品所属类别的普通名词不标在书名号内。

示例：《我们》杂志

A.13.4 书名有时带有括注。如果括注是书名、篇名等的一部分，应放在书名号之内，反之则应放在书名号之外。

示例1：《琵琶行（并序）》

示例2：《中华人民共和国民事诉讼法（试行）》

示例3：《新政治协商会议筹备会组织条例（草案）》

示例4：《百科知识》（彩图本）

示例5：《人民日报》（海外版）

A.13.5 书名、篇名末尾如有叹号或问号，应放在书名号之内。

示例1：《日记何罪！》

示例2：《如何做到同工又同酬？》

A.13.6 在古籍或某些文史类著作中，为与专名号配合，书名号也可改用浪线式“﹏”，标注在书名下方。这可以看作是特殊的专名号或特殊的书名号。

A.14 分隔号用法补充规则

分隔号又称正斜线号，须与反斜线号“＼”相区别（后者主要是用于编写计算机程序的专门符号）。使用分隔号时，紧贴着分隔号的前后通常不用点号。

附录 B
（资料性附录）
标点符号若干用法的说明

B.1 易混标点符号用法比较

B.1.1 逗号、顿号表示并列词语之间停顿的区别

逗号和顿号都表示停顿，但逗号表示的停顿长，顿号表示的停顿短。并列词语之间的停顿一般用顿号，但当并列词语较长或其后有语气词时，为了表示稍长一点的停顿，也可用逗号。

示例1：我喜欢吃的水果有苹果、桃子、香蕉和菠萝。

示例2：我们需要了解全局和局部的统一，必然和偶然的统一，本质和现象的统一。

示例3：看游记最难弄清位置和方向，前啊，后啊，左啊，右啊，看了半天，还是不明白。

B.1.2 逗号、顿号在表列举省略的“等”“等等”之类词语前的使用

并列成分之间用顿号，末尾的并列成分之后用“等”“等等”之类词语时，“等”类词前不用顿号或其他点号；并列成分之间用逗号，末尾的并列成分之后用“等”类词时，“等”类词前应用逗号。

示例1：现代生物学、物理学、化学、数学等基础科学的发展，带动了医学科学的进步。

示例2：写文章前要想好：文章主题是什么，用哪些材料，哪些详写，哪些略写，等等。

B.1.3 逗号、分号表示分句间停顿的区别

当复句的表述不复杂、层次不多，相连的分句语气比较紧凑、分句内部也没有使用逗号表示停顿时，分句间的停顿多用逗号。当用逗号不易分清多重复句内部的层次（如分句内部已有逗号），而用句号又可能割裂前后关系的地方，应用分号表示停顿。

示例1：她拿起钥匙，开了箱上的锁，又开了首饰盒上的锁，往老地方放钱。

示例2：纵比，即以一事物的各个发展阶段作比；横比，则以此事物与彼事物相比。

B.1.4 顿号、逗号、分号在标示层次关系时的区别

句内点号中，顿号表示的停顿最短、层次最低，通常只能表示并列词语之间的停顿；分号表示的停顿最长、层次最高，可以用来表示复句的第一层分句之间的停顿；逗号介于两者之间，既可表示并列词语之间的停顿，也可表示复句中分句之间的停顿。若分句内部已用逗号，分句之间就应用分号（见 B.1.3 示例 2）。用分号隔开的几个并列分句不能由逗号统领或总结。

示例1：有的学会烤烟，自己做挺讲究的纸烟和雪茄；有的学会蔬菜加工，做的番茄酱能吃到冬天；有的学会蔬菜腌渍、窖藏，使秋菜接上春菜。

示例2：动物吃植物的方式多种多样，有的是把整个植物吃掉，如原生动物；有的是把植物的大部分吃掉，如鼠类；有的是吃掉植物的要害部位，如鸟类吃掉植物的嫩芽。（误）

动物吃植物的方式多种多样：有的是把整个植物吃掉，如原生动物；有的是把植物的大部分吃掉，如鼠类；有的是吃掉植物的要害部位，如鸟类吃掉植物的嫩芽。（正）

B.1.5 冒号、逗号用于“说”“道”之类词语后的区别

位于引文之前的“说”“道”后用冒号。位于引文之后的“说”“道”分两种情况：处于句末时，其后用句号；“说”“道”后还有其他成分时，其后用逗号。插在话语中间的“说”“道”类词语后只能用逗号表示停顿。

示例1：他说：“晚上就来家里吃饭吧。”

示例2：“我真的很期待。”他说。

示例3：“我有件事忘了说……”他说，表情有点为难。

示例4：“现在请皇上脱下衣服，”两个骗子说，“好让我们为您换上新衣。”

B.1.6 不同点号表示停顿长短的排序

各种点号都表示说话时的停顿。句号、问号、叹号都表示句子完结，停顿最长。分号用于复句的分句之间，停顿长度介于句末点号和逗号之间，而短于冒号。逗号表示一句话中间的停顿，又短于分号。顿号用于并列词语之间，停顿最短。通常情况下，各种点号表示的停顿由长到短为：句号＝问号＝叹号＞冒号（指涵盖范围为一句话的冒号）＞分号＞逗号＞顿号。

B.1.7 破折号与括号表示注释或补充说明时的区别

破折号用于表示比较重要的解释说明，这种补充是正文的一部分，可与前后文连读；而括号表示比较一般的解释说明，只是注释而非正文，可不与前后文连读。

示例1：在今年——农历虎年，必须取得比去年更大的成绩。

示例2：哈雷在牛顿思想的启发下，终于认出了他所关注的彗星（该星后人称为哈雷彗星）。

B.1.8 书名号、引号在“题为……”“以……为题”格式中的使用

“题为……”“以……为题”中的“题”，如果是诗文、图书、报告或其他作品可作为篇名、书名看待时，可用书名号；如果是写作、科研、辩论、谈话的主题，非特定作品的标题，应用引号。即“题为……”“以……为题”中的“题”应根据其类别分别按书名号和引号的用法处理。

示例1：有篇题为《柳宗元的诗》的文章，全文才2 000字，引文不实却达11处之多。

示例2：今天一个以“地球·人口·资源·环境”为题的大型宣传活动在此间举行。

示例3：《我的老师》写于1956年9月，是作者应《教师报》之约而写的。

示例4：“我的老师”这类题目，同学们也许都写过。

B.2 两个标点符号连用的说明

B.2.1 行文中表示引用的引号内外的标点用法

当引文完整且独立使用，或虽不独立使用但带有问号或叹号时，引号内句末点号应保留。除此之外，引号内不用句末点号。当引文处于句子停顿处（包括句子末尾）且引号内未使用点号时，引号外应使用点号；当引文位于非停顿处或者引号内已使用句末点号时，引号外不用点号。

示例1：“沉舟侧畔千帆过．病树前头万木春。”他最喜欢这两句诗。

示例2：书价上涨令许多读者难以接受，有些人甚至发出“还买得起书吗？”的疑问。

示例3：他以“条件还不成熟，准备还不充分”为由，否决了我们的提议。

示例4：你这样“明日复明日”地要拖到什么时候？

示例5：司马迁为了完成《史记》的写作，使之“藏之名山”，忍受了人间最大的侮辱。

示例6：在施工中要始终坚持“把质量当生命”。

示例7：“言之无文，行而不远”这句话，说明了文采的重要。

示例8：俗话说：“墙头一根草，风吹两边倒。”用这句话来形容此辈再恰当不过。

B.2.2 行文中括号内外的标点用法

括号内行文末尾需要时可用问号、叹号和省略号。除此之外，句内括号行文末尾通常不用标点符号。句外括号行文末尾是否用句号由括号内的语段结构决定：若语段较长、内容复杂，应用句号。句内括号外是否用点号取决于括号所处位置：若句内括号处于句子停顿处，应用点号。句外括号外通常不用点号。

示例1：如果不采取（但应如何采取呢？）十分具体的控制措施，事态将进一步扩大。

示例2：3分钟过去了（仅仅才3分钟！），从眼前穿梭而过的出租车竟达32辆！

示例3：她介绍时用了一连串比喻（有的状如树枝，有的貌似星海……），非常形象。

示例4：科技协作合同（包括科研、试制、成果推广等）根据上级主管部门或有关部门的计划签订。

示例5：应把夏朝看作原始公社向奴隶制国家过渡时期。（龙山文化遗址里，也有俯身葬。俯身者很可能就是奴隶。）

示例6：问：你对你不喜欢的上司是什么态度？

答：感情上疏远，组织上服从。（掌声，笑声）

示例7：古汉语（特别是上古汉语），对于我来说，有着常人无法想象的吸引力。

示例8：由于这种推断尚未经过实践的考验，我们只能把它作为假设（或假说）提出来。

示例9：人际交往过程就是使用语词传达意义的过程。（严格说，这里的“语词”应为语词指号。）

B.2.3 破折号前后的标点用法

破折号之前通常不用点号；但根据句子结构和行文需要，有时也可分别使用句内点号或句末点号。破折号之后通常不会紧跟着使用其他点号；但当破折号表示语音的停顿或延长时，根据语气表达的需要，其后可紧接问号或叹号。

示例1：小妹说："我现在工作得挺好，老板对我不错，工资也挺高。——我能抽支烟吗？"（表示话题的转折）

示例2：我不是自然主义者，我主张文学高于现实，能够稍稍居高临下地去看现实，因为文学的任务不仅在于反映现实。光描写现存的事物还不够，还必须记住我们所希望的和可能产生的事物。必须使现象典型化。应该把微小而有代表性的事物写成重大的和典型的事物。——这就是文学的任务。（表示对前几句话的总结）

示例3："是他——？"石一川简直不敢相信自己的耳朵。

示例4："我终于考上大学啦！我终于考上啦——！"金石开兴奋得快要晕过去了。

B.2.4 省略号前后的标点用法

省略号之前通常不用点号。以下两种情况例外：省略号前的句子表示强烈语气、句末使用问号或叹号时；省略号前不用点号就无法标示停顿或表明结构关系时。省略号之后通常也不用点号，但当句末表达强烈的语气或感情时，可在省略号后用问号或叹号；当省略号后还有别的话、省略的文字和后面的话不连续且有停顿时，应在省略号后用点号；当表示特定格式的成分虚缺时，省略号后可用点号。

示例1：想起这些，我就觉得一辈子都对不起你。你对梁家的好，我感激不尽！……

示例2：他进来了，……一身军装，一张朴实的脸．站在我们面前显得很高大，很年轻。

示例3：这，这是……？

示例4：动物界的规矩比人类还多，野骆驼、野猪、黄羊……，直至塔里木兔、跳鼠，都是各行其路，决不混淆。

示例5：大火被渐渐扑灭，但一片片油污又旋即出现在遇难船旁……。清污船迅速赶来，并施放围栏以控制油污。

示例6：如果……，那么……。

B.3 序次语之后的标点用法

B.3.1 "第""其"字头序次语，或"首先""其次""最后"等做序次语时，后用逗号（见4.4.3.3）。

B.3.2 不带括号的汉字数字或"天干地支"做序次语时，后用顿号（见4.5.3.2）。

B.3.3 不带括号的阿拉伯数字、拉丁字母或罗马数字做序次语时，后面用下脚点（该符号属于外文的标点符号）。

示例1：总之，语言的社会功能有三点：1．传递信息，交流思想；2．确定关系，调节关系；3．组织生活，组织生产。

示例2：本课一共讲解三个要点：A. 生理停顿；B. 逻辑停顿；C. 语法停顿。

B.3.4 加括号的序次语后面不用任何点号。

示例1：受教育者应履行以下义务：（一）遵守法律、法规；（二）努力学习，完成规定的学习任务；（三）遵守所在学校或其他教育机构的制度。

示例2：科学家很重视下面几种才能：(1) 想象力；(2) 直觉的理解力；(3) 数学能力。

B.3.5 阿拉伯数字与下脚点结合表示章节关系的序次语末尾不用任何点号。

示例：3　停顿

3.1　生理停顿

3.2　逻辑停顿

B.3.6 用于章节、条款的序次语后宜用空格表示停顿。

示例：第一课　春天来了

B.3.7 序次简单、叙述性较强的序次语后不用标点符号。

示例：语言的社会功能共有三点：一是传递信息；二是确定关系；三是组织生活。

B.3.8 同类数字形式的序次语，带括号的通常位于不带括号的下一层。通常第一层是带有顿号的汉字数字；第二层是带括号的汉字数字；第三层是带下脚点的阿拉伯数字；第四层是带括号的阿拉伯数字；再往下可以是带圈的阿拉伯数字或小写拉丁字母。一般可根据文章特点选择从某一层序次语开始行文。选定之后应顺着序次语的层次向下行文，但使用层次较低的序次语之后不宜反过来再使用层次更高的序次语。

示例：一、……

（一）……

1．……

(1) ……

①／a.……

B.4 文章标题的标点用法

文章标题的末尾通常不用标点符号，但有时根据需要可用问号、叹号或省略号。

示例1：看看电脑会有多聪明，让它下盘围棋吧

示例2：猛龙过江：本店特色名菜

示例3：严防“电脑黄毒”危害少年

示例4：回家的感觉真好

——访大赛归来的本市运动员

示例5：里海是湖，还是海？

示例6：人体也是污染源！

示例7：和平协议签署之后……

中华人民共和国国家标准
出版物上数字用法

国家标准 GB/T 15835—2011

1 范围

本标准规定了出版物上汉字数字和阿拉伯数字的用法。

本标准适用于各类出版物（文艺类出版物和重排古籍除外）。政府和企事业单位公文，以及教育、媒体和公共服务领域的数字用法，也可参照本标准执行。

2 规范性引用文件

下列文件对于本文件的应用是必不可少的。凡是注日期的引用文件，仅注日期的版本适用于本文件。凡是不注日期的引用文件，其最新版本（包括所有的修改单）适用于本文件。

GB/T 7408—2005 数据元和交换格式 信息交换 日期和时间表示法

3 术语和定义

下列术语和定义适用于本文件。

3.1 计量 measuring

将数字用于加、减、乘、除等数学运算。

3.2 编号 numbering

将数字用于为事物命名或排序，但不用于数学运算。

3.3 概数 approximate number

用于模糊计量的数字。

4 数字形式的选用

4.1 选用阿拉伯数字

4.1.1 用于计量的数字

在使用数字进行计量的场合，为达到醒目、易于辨识的效果，应采用阿拉伯数字。

示例1：-125.03　34.05%　63%～68%　1:500　97/108

当数值伴随有计量单位时，如：长度、容积、面积、体积、质量、温度、经纬度、音量、频率等等，特别是当计量单位以字母表达时，应采用阿拉伯数字。

示例2：523.56km（523.56千米） 346.87L（346.87升） $5.34m^2$（5.34平方米）
$567mm^2$（567立方毫米） 605g（605克） 100~150kg（100~150千克）
34~39℃（34~39摄氏度） 北纬40°（40度） 120dB（120分贝）

4.1.2 用于编号的数字

在使用数字进行编号的场合，为达到醒目、易于辨识的效果，应采用阿拉伯数字。

示例：电话号码：98888
邮政编码：100871
通信地址：北京市海淀区复兴路11号
电子邮件地址：x186@186.net
网页地址：http://127.0.0.1
汽车号牌：京A00001
公交车号：302路公交车
道路编号：101国道
公文编号：国办发〔1987〕9号
图书编号：ISBN 978-7-80184-224-4
刊物编号：CN11-1399
章节编号：4.1.2
产品型号：PH-3000型计算机
产品序列号：C84XB-JYVFD-P7HC4-6XKRJ-7M6XH
单位注册号：02050214
行政许可登记编号：0684D10004-828

4.1.3 已定型的含阿拉伯数字的词语

现代社会生活中出现的事物、现象、事件，其名称的书写形式中包含阿拉伯数字，已经广泛使用而稳定下来，应采用阿拉伯数字。

示例：3G手机 MP3播放器 G8峰会 维生素B_{12} 97号汽油
“5·27”事件 “12·5”枪击案

4.2 选用汉字数字

4.2.1 非公历纪年

干支纪年、农历月日、历史朝代纪年及其他传统上采用汉字形式的非公历纪年等等，应采用汉字数字。

示例：丙寅年十月十五日 庚辰年八月五日 腊月二十三 正月初五 八月十五中秋
秦文公四十四年 太平天国庚申十年九月二十四日 清咸丰十年九月二十日
藏历阳木龙年八月二十六日 日本庆应三年

4.2.2 概数

数字连用表示的概数、含“几”的概数，应采用汉字数字。

示例：三四个月　一二十个　四十五六岁　五六万套　五六十年前
　　几千　二十几　一百几十　几万分之一

4.2.3 已定型的含汉字数字的词语

汉语中长期使用已经稳定下来的包含汉字数字形式的词语，应采用汉字数字。

示例：万一　一律　一旦　三叶虫　四书五经　星期五　四氧化三铁
　　八国联军　七上八下　一心一意　不管三七二十一　一方面
　　二百五　半斤八两　五省一市　五讲四美　相差十万八千里
　　八九不离十　白发三千丈　不二法门　二八年华　五四运动
　　“一·二八”事变　“一二·九”运动

4.3 选用阿拉伯数字与汉字数字均可

如果表达计量或编号所需要用到的数字个数不多，选择汉字数字还是阿拉伯数字在书写的简洁性和辨识的清晰性两方面没有明显差异时，两种形式均可使用。

示例1：17号楼（十七号楼）　3倍（三倍）　第5个工作日（第五个工作日）
　　100多件（一百多件）　20余次（二十余次）　约300人（约三百人）
　　40天左右（四十天左右）　50上下（五十上下）　50多人（五十多人）
　　第25页（第二十五页）　第8天（第八天）　第4季度（第四季度）
　　第45页（第四十五页）　共235位同学（共二百三十五位同学）　0.5（零点五）
　　76岁（七十六岁）　120周年（一百二十周年）　1/3（三分之一）
　　公元前8世纪（公元前八世纪）　20世纪80年代（二十世纪八十年代）
　　公元253年（公元二五三年）　1997年7月1日（一九九七年七月一日）
　　下午4点40分（下午四点四十分）　4个月（四个月）　12天（十二天）

如果要突出简洁醒目的表达效果，应使用阿拉伯数字；如果要突出庄重典雅的表达效果，应使用汉字数字。

示例2：北京时间2008年5月12日14时28分
　　十一届全国人大一次会议（不写为“11届全国人大1次会议”）
　　六方会谈（不写为“6方会谈”）

在同一场合出现的数字，应遵循“同类别同形式”原则来选择数字的书写形式。如果两数字的表达功能类别相同（比如都是表达年月日时间的数字），或者两数字在上下文中所处的层级相同（比如文章目录中同级标题的编号），应选用相同的形式。反之，如果两数字的表达功能不同，或所处层级不同，可以选用不同的形式。

示例3：2008年8月8日　二〇〇八年八月八日（不写为“二〇〇八年8月8日”）
　　第一章　第二章……第十二章（不写为“第一章　第二章……第12章”）
　　第二章的下一级标题可以用阿拉伯数字编号：2.1，2.2，……

应避免相邻的两个阿拉伯数字造成歧义的情况。

示例4：高三3个班　　高三三个班（不写为“高33个班”）

　　　高三2班　　高三（2）班（不写为“高32班”）

有法律效力的文件、公告文件或财务文件中可同时采用汉字数字和阿拉伯数字。

示例5：2008年4月保险账户结算日利率为万分之一点五七五零（0.015750%）

　　　35.5元（35元5角　三十五元五角　叁拾伍圆伍角）

5 数字形式的使用

5.1 阿拉伯数字的使用

5.1.1 多位数

为便于阅读，四位以上的整数或小数，可采用以下两种方式分节：

——第一种方式：千分撇

整数部分每三位一组，以“,”分节。小数部分不分节。四位以内的整数可以不分节。

示例1：624,000　　92,300,000　　19,351,235.235767　　1256

——第二种方式：千分空

从小数点起，向左和向右每三位数字一组，组间空四分之一个汉字，即二分之一个阿拉伯数字的位置。四位以内的整数可以不加千分空。

示例2：55 235 367.346 23　　98 235 358.238 368

注：各科学技术领域的多位数分节方式参照GB 3101—1993的规定执行。

5.1.2 纯小数

纯小数必须写出小数点前定位的“0”，小数点是齐阿拉伯数字底线的实心点“.”。

示例：0.46不写为.46或0。46

5.1.3 数值范围

在表示数值的范围时，可采用波浪式连接号“～”或一字线连接号“—”。前后两个数值的附加符号或计量单位相同时，在不造成歧义的情况下，前一个数值的附加符号或计量单位可省略。如果省略数值的附加符号或计量单位会造成歧义，则不应省略。

示例：−36～−8℃　　400—429页　　100—150kg　　12 500 ～ 20 000元

　　9亿～16亿（不写为9—16亿）　13万元～17万元（不写为13～17万元）

　　15%～30%（不写为15～30%）　4.3×10^6～5.7×10^6（不写为4.3～5.7×10^6）

5.1.4 年月日

年月日的表达顺序应按照口语中年月日的自然顺序书写。

示例1：2008年8月8日　　1997年7月1日

“年”“月”可按照GB/T 7408—2005的5.2.1.1中的扩展格式，用“-”替代，但年月日不完整时不能替代。

示例 2：2008–8–8　　1997–7–1　　8 月 8 日（不写为 8–8）

2008 年 8 月（不写为 2008–8）

四位数字表示的年份不用简写为两位数字。

示例 3：“1990 年”不写为“90 年”

月和日是一位数时，可在数字前补“0”。

示例 4：2008–08–08　　1997–07–01

5.1.5 时分秒

计时方式既可采用 12 小时制，也可采用 24 小时制。

示例 1：11 时 40 分（上午 11 时 40 分）　21 时 12 分 36 秒（晚上 9 时 12 分 36 秒）

时分秒的表达顺序应按照口语中时、分、秒的自然顺序书写。

示例 2：15 时 40 分　　14 时 12 分 36 秒

“时”“分”也可按照 GB/T 7408—2005 的 5.3.1.1 和 5.3.1.2 中的扩展格式，用“:”替代。

示例 3：15:40　　14:12:36

5.1.6 含有月日的专名

含有月日的专名采用阿拉伯数字表示时，应采用间隔号“·”将月、日分开，并在数字前后加引号。

示例：“3·15”消费者权益日

5.1.7 书写格式

5.1.7.1 字体

出版物中的阿拉伯数字，一般应使用正体二分字身，即占半个汉字位置。

示例：234　　57.236

5.1.7.2 换行

一个用阿拉伯数字书写的数值应在同一行中，避免被断开。

5.1.7.3 竖排文本中的数字方向

竖排文字中的阿拉伯数字按顺时针方向转 90 度。旋转后要保证同一个词语单位的文字方向相同。

示例：

示例一

雪花牌BCD188型家用电冰箱容量是一百八十八升，功率为一百二十五瓦，市场售价两千零五十元，返修率仅为百分之零点一五。

示例二

海军J12号打捞救生船在太平洋上航行了十三天，于一九九〇年八月六日零时三十分返回基地。

5.2 汉字数字的使用

5.2.1 概数

两个数字连用表示概数时，两数之间不用顿号“、”隔开。

示例：二三米　　一两个小时　　三五天　　一二十个　　四十五六岁

5.2.2 年份

年份简写后的数字可以理解为概数时，一般不简写。

示例：“一九七八年”不写为“七八年”

5.2.3 含有月日的专名

含有月日的专名采用汉字数字表示时，如果涉及一月、十一月、十二月，应用间隔号“·”将表示月和日的数字隔开，涉及其他月份时，不用间隔号。

示例：“一二·八”事变　　“一二·九”运动　　五一国际劳动节

5.2.4 大写汉字数字

——大写汉字数字的书写形式

零、壹、贰、叁、肆、伍、陆、柒、捌、玖、拾、佰、仟、万、亿

——大写汉字数字的适用场合

法律文书和财务票据上，应采用大写汉字数字形式记数。

示例：3,504（叁仟伍佰零肆圆）　　39,148（叁万玖仟壹佰肆拾捌圆）

5.2.5“零”和“〇”

阿拉伯数字“0”有“零”和“〇”两种汉字书写形式。一个数字用作计量时，其中“0”的汉字书写形式为“零”，用作编号时，“0”的汉字书写形式为“〇”。

示例：“3052（个）”的汉字数字形式为“三千零五十二”（不写为“三千〇五十二”）

“95.06”的汉字数字形式为“九十五点零六”（不写为“九十五点〇六”）

“公元2012（年）”的汉字数字形式为“二〇一二”（不写为“二零一二”）

5.3 阿拉伯数字与汉字数字同时使用

如果一个数值很大，数值中的“万”“亿”单位可以采用汉字数字，其余部分采用阿拉伯数字。

示例1：我国1982年人口普查人数为10亿零817万5 288人。

除上面情况之外的一般数值，不能同时采用阿拉伯数字与汉字数字。

示例2：108可以写作“一百零八”，但不应写作“1百零8”“一百08”

4 000可以写作“四千”，但不能写作“4千”

中华人民共和国国家标准
校对符号及其用法

国家标准 GB/T 14706—93

1 主题内容与适用范围

本标准规定了校对各种排版校样的专用符号及其用法。

本标准适用于中文（包括少数民族文字）各类校样的校对工作。

2 引用标准

GB 9851 印刷技术术语

3 术语

3.1 校对符号 proofreader's mark

以特定图形为主要特征的、表达校对要求的符号。

4 校对符号及用法示例

编号	符号形态	符号作用	符号在文中和页边用法示例	说明
			一、字符的改动	
1	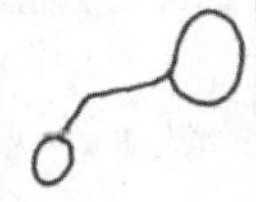	改正	增高出版物质量。（提） 改革开改（放）	改正的字符较多，圈起来有困难时，可用线在页边画清改正的范围 必须更换的损、坏、污字也用改正符号画出
2		删除	提高出版物物质质量。	
3	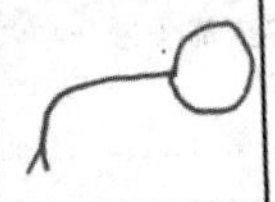	增补	要搞好校工作。（对）	增补的字符较多，圈起来有困难时，可用线在页边画清增补的范围
4	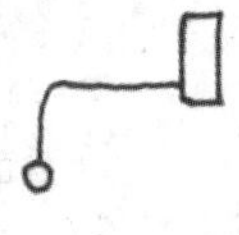	改正上下角	16=42（2） H_2SO4（4） 尼古拉.费欣（·） 0.25+0.25=0.5（.） 举例:2×3=6（:） X:Y=1:2（:）	

续表

编号	符号形态	符号作用	符号在文中和页边用法示例	说　明
		二、字符方向位置的移动		
5		转　正	字符颠倒要转正。	
6		对　调	认真经验总结。 认真验结经总。	用于相邻的字词 用于隔开的字词
7		接　排	要重视校对工作， 提高出版物质量。	
8		另 起 段	完成了任务。明年……	
9	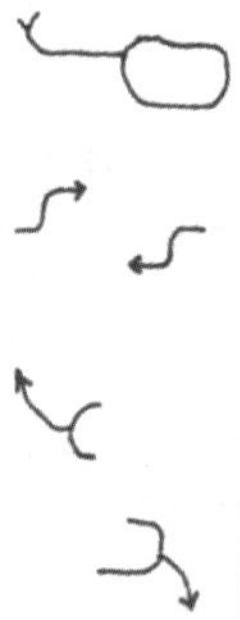	转　移	校对工作，提高出 版物质量要重视。 "。以上引文均见中文新版《 列宁全集》。 编者　年　月 …… 各位编委：	用于行间附近的转移 用于相邻行首末衔接字符的推移 用于相邻页首末衔接行段的推移
10	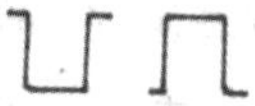 或 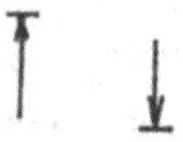	上 下 移	序号 | 名　称 | 数量 01 | 显微镜 | 2	字符上移到缺口左右水平线处 字符下移到箭头所指的短线处
11	 或 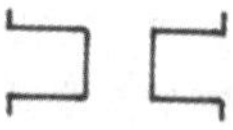	左 右 移	要重视校对工 作，提高出版物质量。 3 4　5 6　5 欢呼　歌　唱	字符左移到箭头所指的短线处 字符左移到缺口上下垂直线处 符号画得太小时，要在页边重标

续表

编号	符号形态	符号作用	符号在文中和页边用法示例	说　明
12	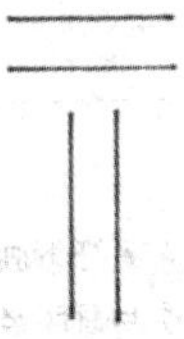	排　齐	校对工作非常重要。 必须提高印刷质量，缩短印制周期。　国家标准	
13	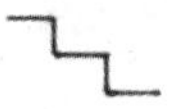	排阶梯形	RH_2	
14		正　图		符号横线表示水平位置，竖线表示垂直位置，箭头表示上方

三、字符间空距的改动

编号	符号形态	符号作用	符号在文中和页边用法示例	说　明
15	V >	加大空距	VVV 一、校对程序　V >校对胶印读物、影印书刊的注意事项：　>	表示在一定范围内适当加大空距 横式文字画在字头和行头之间
16	∧ <	减小空距	∧ 二、校对程　序　∧ <校对胶印读物、影印书刊的注意事项：　<	表示不空或在一定范围内适当减小空距 横式文字画在字头和行头之间
17		空 1 字距 空 1/2 字距 空 1/3 字距 空 1/4 字距	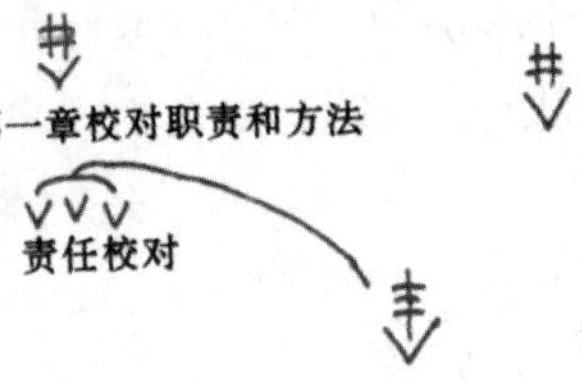 第一章校对职责和方法 1. 责任校对	多个空距相同的，可用引线连出，只标示一个符号
18	Y	分　开	GooYdmorning!　Y	用于外文

续表

编号	符号形态	符号作用	符号在文中和页边用法示例	说　明
			四、其　他	
19	△	保　留	认真搞好校对工作。	除在原删除的字符下画△外，并在原删除符号上画两竖线
20	○＝	代　替	○色的程度不同，从淡○色到深○色具有多种层次，如天○色、湖○色、海○色、宝○色…… ○＝蓝	同页内有两个或多个相同的字符需要改正的，可用符号代替，并在页边注明
21	○○○	说　明	第一章　校对的职责　改黑体	说明或指令性文字不要圈起来，在其字下画圈，表示不作为改正的文字。如说明文字较多时，可在首末各三字下画圈

5 使用要求

5.1 校对校样，必须用色笔（墨水笔、圆珠笔等）书写校对符号和示意改正的字符，但是不能用灰色铅笔书写。

5.2 校样上改正的字符要书写清楚。校改外文，要用印刷体。

5.3 校样中的校对引线要从行间画出。墨色相同的校对引线不可交叉。

中华人民共和国国家标准 科学技术报告、学位论文 和学术论文的编写格式

国家标准　GB 7713—87

1 引言

1.1 制订本标准的目的是为了统一科学技术报告、学位论文和学术论文（以下简称报告、论文）的撰写和编辑的格式，便利信息系统的收集、存储、处理、加工、检索、利用、交流、传播。

1.2 本标准适用于报告、论文的编写格式，包括形式构成和题录著录，及其撰写、编辑、印刷、出版等。

本标准所指报告、论文可以是手稿，包括手抄本和打字本及其复制品；也可以是印刷本，包括发表在期刊或会议录上的论文及其预印本、抽印本和变异本；作为书中一部分或独立成书的专著；缩微复制品和其他形式。

1.3 本标准全部或部分适用于其他科技文件，如年报、便览、备忘录等，也适用于技术档案。

2 定义

2.1 科学技术报告

科学技术报告是描述一项科学技术研究的结果或进展或一项技术研制试验和评价的结果；或是论述某项科学技术问题的现状和发展的文件。

科学技术报告是为了呈送科学技术工作主管机构或科学基金会等组织或主持研究的人等。科学技术报告中一般应该提供系统的或按工作进程的充分信息，可以包括正反两方面的结果和经验，以便有关人员和读者判断和评价，以及对报告中的结论和建议提出修正意见。

2.2 学位论文

学位论文是表明作者从事科学研究取得创造性的结果或有了新的见解，并以此为内容撰写而成、作为提出申请授予相应的学位时评审用的学术论文。

学士论文应能表明作者确已较好地掌握了本门学科的基础理论、专门知识和基本技能，并具有从事科学研究工作或担负专门技术工作的初步能力。

硕士论文应能表明作者确已在本门学科上掌握了坚实的基础理论和系统的专门知识，并对所研究课题有新的见解，有从事科学研究工作或独立担负专门技术工作的能力。

博士论文应能表明作者确已在本门学科上掌握了坚实宽广的基础理论和系统深入的专门知识，并具有独立从事科学研究工作的能力，在科学或专门技术上做出了创造性的成果。

2.3 学术论文

学术论文是某一学术课题在实验性、理论性或观测性上具有新的科学研究成果或创新见解和知识的科学记录；或是某种已知原理应用于实际中取得新进展的科学总结，用以提供学术会议上宣读、交流或讨论；或在学术刊物上发表；或作其他用途的书面文件。

学术论文应提供新的科技信息，其内容应有所发现、有所发明、有所创造、有所前进，而不是重复、模仿、抄袭前人的工作。

3 编写要求

报告、论文的中文稿必须用白色稿纸单面缮写或打字；外文稿必须用打字。可以用不褪色的复制本。

报告、论文宜用 A4（210mm × 297mm）标准大小的白纸，应便于阅读、复制和拍摄缩微制品。报告、论文在书写、扫字或印刷时，要求纸的四周留足空白边缘，以便装订、复制和读者批注。每一面的上方（天头）和左侧（订口）应分别留边 25mm 以上，下方（地脚）和右侧（切口）应分别留边 20mm 以上。

4 编写格式

4.1 报告、论文章、条的编号参照国家标准 GB1.1《标准化工作导则标准编写的基本规定》第 8 章“标准条文的编排”的有关规定，采用阿拉伯数字分级编号。

4.2 报告、论文的构成（略）

5 前置部分

5.1 封面

5.1.1 封面是报告、论文的外表面，提供应有的信息，并起保护作用。

封面不是必不可少的。学术论文如作为期刊、书或其他出版物的一部分，无需封面；如作为预印本、抽印本等单行本时，可以有封面。

5.1.2 封面上可包括下列内容：

a. 分类号 在左上角注明分类号，便于信息交换和处理。一般应注明《中国图书资料类法》的类号，同时应尽可能注明《国际十进分类法 UDC》的类号。

b．本单位编号 一般标注在右上角。学术论文无必要。

c．密级视报告、论文的内容，按国家规定的保密条例，在右上角注明密级。如系公开发行，不注密级。

d．题名和副题名或分册题名 用大号字标注于明显地位。

e．卷、分册、篇的序号和名称 如系全一册，无需此项。

f．版本 如草案、初稿、修订版等。如系初版，无需此项。

g．责任者姓名 责任者包括报告、论文的作者、学位论文的导师、评阅人、答辩委员会主席以及学位授予单位等。必要时可注明个人责任者的职务、职称、学位、所在单位名称及地址；如责任者系单位、团体或小组，应写明全称和地址。

在封面和题名页上，或学术论文的正文前署名的个人作者，只限于那些对于选定研究课题和制订研究方案、直接参加全部或主要部分研究工作并作出主要贡献，以及参加撰写论文并能对内容负责的人，按其贡献大小排列名次。至于参加部分工作的合作者、按研究计划分工负责具体小项的工作者、某一项测试的承担者，以及接受委托进行分析检验和观察的辅助人员等，均不列入。这些人可以作为参加工作的人员一一列入致谢部分，或排于脚注。

如责任者姓名有必要附注汉语拼音时，必须遵照国家规定，即姓在名前，名连成一词，不加连字符，不缩写。

h．申请学位级别 应按《中华人民共和国学位条例暂行实施办法》所规定的名称进行标注。

i．专业名称 系指学位论文作者主修专业的名称。

j．工作完成日期 包括报告、论文提交日期，学位论文的答辩日期，学位的授予日期，出版部门收到日期（必要时）。

k．出版项 出版地及出版者名称，出版年、月、日（必要时）。

5.2 封二

报告的封二可标注送发方式，包括免费赠送或价购，以及送发单位和个人；版权规定；其他应注明事项。

5.3 题名页

题名页是对报告、论文进行著录的依据。

学术论文无需题名页。

题名页置于封二和衬页之后，成为另页的右页。

报告、论文如分装两册以上，每一分册均应各有其题名页。在题名页上注明分册名称和序号。

题名页除 5.1 规定封面应有的内容并取得一致外，还应包括下列各项：

单位名称和地址，在封面上未列出的责任者职务、职称、学位、单位名称和地址，参加部分工作的合作者姓名。

5.4 变异本

报告、论文有时适应某种需要，除正式的全文正本以外，要求有某种变异本，如：节本、摘录本、为送请评审用的详细摘要本、为摘取所需内容的改写本等。

变异本的封面上必须标明“节本、摘录本或改写本”字样，其余应注明项目，参见 5.1 的规定执行。

5.5 题名

5.5.1 题名是以最恰当、最简明的词语反映报告、论文中最重要的特定内容的逻辑组合。

题名所用每一词语必须考虑到有助于选定关键词和编制题录、索引等二次文献可以提供检索的特定实用信息。

题名应该避免使用不常见的缩略词、首字母缩写字、字符、代号和公式等。题名一般不宜超过 20 字。

报告、论文用作国际交流，应有外文（多用英文）题名。外文题名一般不宜超过 10 个实词。

5.5.2 下列情况可以有副题名：

题名语意未尽，用副题名补充说明报告论文中的特定内容；

报告、论文分册出版，或是一系列工作分几篇报道，或是分阶段的研究结果，各用不同副题名区别其特定内容；

其他有必要用副题名作为引申或说明者。

5.5.3 题名在整本报告、论文中不同地方出现时，应完全相同，但眉题可以节略。

5.6 序或前言

序并非必要。报告、论文的序，一般是作者或他人对本篇基本特征的简介，如说明研究工作缘起、背景、主旨、目的、意义、编写体例，以及资助、支持、协作经过等；也可以评述和对相关问题研究阐发。这些内容也可以在正文引言中说明。

5.7 摘要

5.7.1 摘要是报告、论文的内容不加注释和评论的简短陈述。

5.7.2 报告、论文一般均应有摘要，为了国际交流，还应有外文（多用英文）摘要。

5.7.3 摘要应具有独立性和自含性，即不阅读报告、论文的全文，就能获得必要的信息。摘要中有数据、有结论，是一篇完整的短文，可以独立使用，可以引用，可以用于工艺推广。摘要的内容应包含与报告、论文同等量的主要信息，供读者确定有无必要阅读全文，也供文摘等二次文献采用。摘要一般应说明研究工作目的、实验方法、结果和最终结论等，而重点是结果和结论。

5.7.4 中文摘要一般不宜超过 200—300 字；外文摘要不宜超过 250 个实词。如遇特殊需要，字数可以略多。

5.7.5 除了实在无变通办法可用以外，摘要中不用图、表、化学结构式、非公知公用的符号和术语。

5.7.6 报告、论文的摘要可以用另页置于题名页之后，学术论文的摘要一般置于题名和作者之后、正文之前。

5.7.7 学位论文为了评审，学术论文为了参加学术会议，可按要求写成变异本式的摘要，不受字数规定的限制。

5.8 关键词

关键词是为了文献标引工作从报告、论文中选取出来用以表示全文主题内容信息款目的单词或术语。

每篇报告、论文选取 3—8 个词作为关键词，以显著的字符另起一行，排在摘要的左下方。如有可能，尽量用《汉语主题词表》等词表提供的规范词。

为了国际交流，应标注与中文对应的英文关键词。

5.9 目次页

长篇报告、论文可以有目次页，短文无需目次页。

目次页由报告、论文的篇、章、条、附录、题录等的序号、名称和页码组成，另页排在序之后。

整套报告、论文分卷编制时，每一分卷均应有全部报告、论文内容的目次页。

5.10 插图和附表清单

报告、论文中如图表较多，可以分别列出清单置于目次页之后。

图的清单应有序号、图题和页码。表的清单应有序号、表题和页码。

5.11 符号、标志、缩略词、首字母缩写、计量单位、名词、术语等的注释表

符号、标志、缩略词、首字母缩写、计量单位、名词、术语等的注释说明汇集表，应置于图表清单之后。

6 主体部分

6.1 格式

主体部分的编写格式可由作者自定，但一般由引言（或绪论）开始，以结论或讨论结束。

主体部分必须由另页右页开始。每一篇（或部分）必须另页起。如报告、论文印成书刊等出版物，则按书刊编排格式的规定。

全部报告、论文的每一章、条的格式和版面安排，要求划一，层次清楚。

6.2 序号

6.2.1 如报告、论文在一个总题下装为两卷（或分册）以上，或分为两篇（或部分）以上，各卷或篇应有序号。可以写成：第一卷、第二分册；第一篇、第二部分等。用外文撰写的报告、论文，其卷（分册）和篇（部分）的序号，用罗马数字编码。

6.2.2 报告、论文中的图、表、附注、参考文献、公式、算式等，一律用阿拉伯数字分别依序连续编排序号。序号可以就全篇报告、论文统一按出现先后顺序编码，对长篇报告、论文也可以分章依序编码。其标注形式应便于互相区别，可以分别为：图 1、图 2.1；表 2、表 3.2；附注 1)；文献 [4]；式 (5)、式 (3.5) 等。

6.2.3 报告、论文一律用阿拉伯数字连续编页码。页码由书写、打字或印刷的首页开始，

作为第 1 页，并为右页另页。封面、封二、封三和封底不编入页码。可以将题名页、序、目次页等前置部分单独编排页码。页码必须标注在每页的相同位置，便于识别。

力求不出空白页，如有，仍应以右页作为单页页码。

如在一个总题下装成两册以上，应连续编页码。如各册有其副题名，则可分别独立编页码。

6.2.4 报告、论文的附录依序用大写正体 A，B，C，……编序号，如：附录 A。

附录中的图、表、式、参考文献等另行编序号，与正文分开，也一律用阿拉伯数字编码，但在数码前冠以附录序码，如：图 A1；表 B2；式(B3)；文献 [A5] 等。

6.3 引言（或绪论）

引言（或绪论）简要说明研究工作的目的、范围、相关领域的前人工作和知识空白、理论基础和分析、研究设想、研究方法和实验设计、预期结果和意义等。应言简意赅，不要与摘要雷同，不要成为摘要的注释。一般教科书中有的知识，在引言中不必赘述。

比较短的论文可以只用小段文字起着引言的效用。

学位论文为了需要反映出作者确已掌握了坚实的基础理论和系统的专门知识，具有开阔的科学视野，对研究方案作了充分论证，因此，有关历史回顾和前人工作的综合评述，以及理论分析等，可以单独成章，用足够的文字叙述。

6.4 正文

报告、论文的正文是核心部分，占主要篇幅，可以包括：调查对象、实验和观测方法、仪器设备、材料原料、实验和观测结果、计算方法和编程原理、数据资料、经过加工整理的图表、形成的论点和导出的结论等。

由于研究工作涉及的学科、选题、研究方法、工作进程、结果表达方式等有很大的差异，对正文内容不能作统一的规定。但是，必须实事求是，客观真切，准确完备，合乎逻辑，层次分明，简练可读。

6.4.1 图

图包括曲线图、构造图、示意图、图解、框图、流程图、记录图、布置图、地图、照片、图版等。

图应具有“自明性”，即只看图、图题和图例，不阅读正文，就可理解图意。

图应编排序号（见 6.2.2)。

每一图应有简短确切的题名，连同图号置于图下。必要时，应将图上的符号、标记、代码，以及实验条件等，用最简练的文字，横排于图题下方，作为图例说明。

曲线图的纵横坐标必须标注“量、标准规定符号、单位”。此三者只有在不必要标明（如无量纲等）的情况下方可省略。坐标上标注的量的符号和缩略词必须与正文中一致。

照片图要求主题和主要显示部分的轮廓鲜明，便于制版。如用放大缩小的复制品，必须清晰，反差适中。照片上应该有表示目的物尺寸的标度。

6.4.2 表

表的编排，一般是内容和测试项目由左至右横读，数据依序竖排。表应有自明性。

表应编排序号（见 6.2.2）。

每一表应有简短确切的题名，连同表号置于表上。必要时，应将表中的符号、标记、代码，以及需要说明事项，以最简练的文字，横排于表题下，作为表注，也可以附注于表下。附注序号的编排，见 6.2.2。表内附注的序号宜用小号阿拉伯数字并加圆括号置于被标注对象的右上角，如：××× (1)，不宜用星号“*”，以免与数学上共轭和物质转移的符号相混。

表的各栏均应标明“量或测试项目、标准规定符号、单位”。只有在无必要标注的情况下方可省略。表中的缩略词和符号，必须与正文中一致。

表内同一栏的数字必须上下对齐。表内不宜用“同上”“同左”和类似词，一律填入具体数字或文字。表内“空白”代表未测或无此项，“—”或“…”（因“—”可能与代表阴性反应相混）代表未发现，“0”代表实测结果确为零。

如数据已绘成曲线图，可不再列表。

6.4.3 数学、物理和化学式

正文中的公式、算式或方程式等应编排序号（见 6.2.2），序号标注于该式所在行（当有续行时，应标注于最后一行）的最右边。

较长的式，另行居中横排。如式必须转行时，只能在 +，−，×，÷，<，>处转行。上下式尽可能在等号“=”处对齐。

（示例略）

小数点用“.”表示。大于 999 的整数和多于三位数的小数，一律用半个阿拉伯数字符的小间隔分开，不用千位撇。对于纯小数应将 0 列于小数点之前。

示例：应该写成 94 652.023 567；0.314 325

不应写成 94,652.023,567；.314,325

应注意区别各种字符，如：拉丁文、希腊文、俄文、德文花体、草体；罗马数字和阿拉伯数字；字符的正斜体、黑白体、大小写、上下角标（特别是多层次，如“三踏步”）、上下偏差等。

（示例略）

6.4.4 计量单位

报告、论文必须采用 1984 年 2 月 27 日国务院发布的《中华人民共和国法定计量单位》，并遵照《中华人民共和国法定计量单位使用方法》执行。使用各种量、单位和符号，必须遵循国家标准的规定执行。单位名称和符号的书写方式一律采用国际通用符号。

6.4.5 符号和缩略词

符号和缩略词应遵照国家标准的有关规定执行。如无标准可循，可采纳本学科或本专业的权威性机构或学术团体所公布的规定；也可以采用全国自然科学名词审定委员会编印的各学科词汇的用词。如不得不引用某些不是公知公用的，且又不易为同行读者所理解的，或系作者自定的符号、记号、缩略词、首字母缩写字等时，均应在第一次出现时一一加以说明，给以明确的定义。

6.5 结论

报告、论文的结论是最终的、总体的结论，不是正文中各段的小结的简单重复。结论应该准确、完整、明确、精练。

如果不可能导出应有的结论，也可以没有结论而进行必要的讨论。

可以在结论或讨论中提出建议、研究设想、仪器设备改进意见、尚待解决的问题等。

6.6 致谢

可以在正文后对下列方面致谢：

国家科学基金、资助研究工作的奖学金基金、合同单位、资助或支持的企业、组织或个人；

协助完成研究工作和提供便利条件的组织或个人；

在研究工作中提出建议和提供帮助的人；

给予转载和引用权的资料、图片、文献、研究思想和设想的所有者；

其他应感谢的组织或个人。

6.7 参考文献表

按照 GB 7714—87《文后参考文献著录规则》的规定执行。

7 附录

附录是作为报告、论文主体的补充项目，并不是必需的。

7.1 下列内容可以作为附录编于报告、论文后，也可以另编成册。

a．为了整篇报告、论文材料的完整，但编入正文又有损于编排的条理和逻辑性，这一类材料包括比正文更为详尽的信息、研究方法和技术更深入的叙述，建议可以阅读的参考文献题录，对了解正文内容有用的补充信息等；

b．由于篇幅过大或取材于复制品而不便于编入正文的材料；

c．不便于编入正文的罕见珍贵资料；

d．对一般读者并非必要阅读，但对本专业同行有参考价值的资料；

e．某些重要的原始数据、数学推导、计算程序、框图、结构图、注释、统计表、计算机打印输出件等。

7.2 附录与正文连续编页码。每一附录的各种序号的编排见 4.2 和 6.2.4。

7.3 每一附录均另页起。如报告、论文分装几册。凡属于某一册的附录应置于该册正文之后。

8 结尾部分（必要时）

为了将报告、论文迅速存储入电子计算机，可以提供有关的输入数据。

可以编排分类索引、著者索引、关键词索引等。

封三和封底（包括版权页）。